Rhywbeth

I Ian a Macsen

60 Rhywbeth

SIONED WILIAM

Diolch:
I Meleri Wyn James a phawb yn y Lolfa
ac i Alaw Mai Edwards o Gyngor Llyfrau Cymru.

Argraffiad cyntaf: 2025
© Hawlfraint Sioned Wiliam a'r Lolfa Cyf., 2025

*Mae hawlfraint ar gynnwys y llyfr hwn ac mae'n anghyfreithlon
i lungopïo neu atgynhyrchu unrhyw ran ohono trwy unrhyw ddull
ac at unrhyw bwrpas (ar wahân i adolygu) heb gytundeb
ysgrifenedig y cyhoeddwyr ymlaen llaw*

Llun y clawr: Dorry Spikes
Cynllun y clawr: Sion Ilar

Rhif Llyfr Rhyngwladol: 978 1 80099 764 6

Dymuna'r cyhoeddwyr gydnabod cymorth ariannol
Cyngor Llyfrau Cymru

Cyhoeddwyd ac argraffwyd yng Nghymru
ar bapur o goedwigoedd cynaladwy
gan Y Lolfa Cyf., Talybont, Ceredigion SY24 5HE
e-bost ylolfa@ylolfa.com
gwefan www.ylolfa.com
ffôn 01970 832 304

Awst

Anwen

Prynu potel fawr o jin
Llefen yn y bath

Nia

Dadbacio
Agor y post
Danfon cardiau cyfeiriad newydd!

Delyth

Darllen *Be a Cougar After the Menopause*
Trio Nordic Wonder Legs
Therapi gwaed?

Anwen

O'dd yr wythnos 'na yn Ffrainc ym Mehefin yn berffeth. *Gîte* yn lle pabell, ddim yn rhy dwym, Angharad wedi cwpla ei Lefel A, Huw wedi dod gyda ni o'i wirfodd a Rhys ddim mewn *grump*. Dim gormod o fosgitos chwaith. O'dd y bwyd yn ffab ac yn gymharol rad achos o'dd yr archfarchnad anhygoel 'ma o fewn cyrraedd. Felly, BBQ bob nos a jyst yn lyfli eistedd mas yn siarad a joio. Ac yna, y diwrnod ar ôl i ni ddod adre, fe golles i Rhys. Jyst fel'na. Bydde Mam yn gweud bod pethe drwg wastod yn digwydd ar ôl i chi ga'l amser da.

Nia

Sôn am newid bywyd – fe gawson ni wyliau tramor hyfryd am y tro cynta erioed ac mae Ger wedi gorffen yn y plwyf! Chwarae teg i'r Esgob am roi benthyg ei fila yn Sardinia i ni. Allen ni fyth fod wedi fforddio'r fath wyliau heblaw am hynny. Ond oherwydd ei garedigrwydd (a ffleits rhad Ryanair), fe gawson ni brofi darn bach o'r nefoedd ar y ddaear. Roedd pob cegaid o fwyd yn odidog a phob golygfa'n syfrdanol. Ac er ei bod hi damaid yn rhy boeth i ni wneud lot o gerdded, roedd nofio yn y môr glas (na, gwyrddlas mewn gwirionedd) yn brofiad wna i ei drysori am byth. Ro'n i'n teimlo bod popeth yn bosibl ac yn llawn cyffro am y bennod newydd sydd o'n blaenau ni.

A nawr, ry'n ni 'nôl yng Nghaerdydd. Ddim yn siŵr sut dw i'n teimlo am yrfa newydd Ger fel caplan gwirfoddol yn y carchar. Jyst gobeithio bydd e'n medru poeni llai am y swydd yma na'r un ddiwetha. A'n bod ni'n dau yn cael tipyn mwy o amser i fwynhau ein hunain, yn lle gwitho oriau gwallgo, fel yr oedden ni yn y Ficerdy. Rhaid i ni hefyd roi trefn ar ein fflat newydd yn Rhiwbeina (diolch byth am arian Mam a Dad, dyw pensiwn Ger ddim yn mynd yn bell iawn), a chael amser hefyd, gobeithio, i gynllunio mwy o deithiau. Trên i Sgandinafia? Cerdded yn yr Alban? Taith fwyd i'r Eidal? A fferi o Gaergybi i'r Iwerddon falle – alla i ddim credu bo ni ddim wedi bod yno. Ond dim Saga. Alla i ddim godde'r syniad o fod ar gwch gyda haid o hen bobol bleidleisiodd dros Brexit.

Ac mae'r farf yn ôl! Pan ddaeth Justin Welby yn Archesgob fe ddiflannodd y llwyn gwallt Rowan Williamsaidd. Ond ar ein gwyliau fe sylwais fod y blew wedi dechrau aildyfu. Yn rhwyddach nag eillio bob dydd am wn i. Ond mae Welby wedi mynd erbyn hyn ac fe ddaeth y farf yn ôl. Oes cysylltiad? Rhaid i fi ofyn i Ger.

Mae e wedi prynu beic, sy'n beth da o ran iechyd ac yn y blaen, ond dw i ddim yn hollol siŵr am y dillad *lycra* tynn sy'n 'gwbwl angenrheidiol', yn ôl Ger. Dywedodd e, 'fi'n *streamlined* nawr, ti'n gweld, Nia.' Hmmm.

Mae e hefyd wedi ffeindio'r hen chwarëydd recordiau (do'n i ddim yn gwybod ei fod e wedi dod â hwnna gyda fe o'r Ficerdy), ond mae 'na sawl bocs sydd heb ei agor yn y stafell sbâr ac fe symudon ni ar dipyn o ruthr felly dw i'n siŵr fod 'na lot bethau eraill dw i wedi anghofio amdanyn nhw yn y rheini. Beth bynnag, law yn llaw â'r chwarëydd daeth yr hen recordiau – Tecwyn Ifan, Edward H ac Ail Symudiad. Mae'n teimlo fel tasen ni'n ail-fyw ein hieuenctid ffôl yn Aber. Dw i ddim yn credu bod Ger wedi cadw'r *tank top* blewog oren na'r het Sherlock Holmes, ac fe aeth y tandem i ebargofiant rai blynyddoedd yn ôl. Diolch byth. Ond piti am y farf.

Delyth

Cwrs ioga'r haf ddim yn llwyddiant. Bosib iawn taw fi oedd ar fai – wedi dewis y cwrs anghywir, heb wario digon, efallai? Dw i'n ennill yn dda, oni ddylwn i fynd i lefydd hyfryta'r byd i ymlacio a manteisio ar yr holl driniaethau newydd sydd ar gael? A dim ond mewn *wellness spa* drud y caf i'r pethau hynny. Ac ydy e'n beth drwg mod i'n chwennych *pillow menu* a Nutribullet yn fy stafell?

Anwen

A'r rheswm do'dd Rhys ddim mewn *grump* ar y gwylie, wrth gwrs, o'dd bod y diawl wedi penderfynu rhedeg bant gyda merch hanner ei oedran e. Dim ond pum mlynedd yn hŷn na Llio yw hi. Alla i weld beth ma fe'n ca'l mas o'r berthynas ond, wir Dduw, beth yn y byd ma croten mor ifanc yn gweld mewn dyn dros ei drigain? Y babis sydd bellach ar y ffordd, sbo. Neu ody hi'n meddwl bod 'dag e arian?

Smo fe'n ffôl am ei oedran, ma hynny'n wir – ma digon o wallt ar ei ben a dim gormod o ryche ar ei wyneb. Ond diawl – bydd yn rhaid iddi fyw 'da dyn sy'n siarad yn ddibaid am ei broblemau *prostate*, yn stwffo Rennies ar ôl pob pryd ac yn gwingo wrth eistedd achos ei fod e'n dal i ddisgwyl am drinieth ar gyfer ei *haemorrhoids*. A bydd rhaid iddi atgoffa fe i gymeryd ei dabledi pwysau gwaed. A nawr wi'n tybied bod Viagra ar y rhestr cyffurie. Ha! A beth am i ni beidio anghofio am yr eli drewllyd 'na sy'n dod mas pan mae cefn tost 'dag e – fe gaiff hi lot o hwyl yn rwto hwnna mewn i dop ei ben ôl e. A sai'n credu bydd e'n lot o help iddi pan fydd y babis yn deffro yn y nos. O'dd 'da Rhys y ddawn i gysgu drwy unrhyw lefen.

Wi mor grac, yn ffeindio'n hunan yn torri papur yn ddarne mân heb sylweddoli beth wi'n neud. Dorres i gwpwl o hysbysebion pitsa yn gonffeti ddoe. Ac ma'r papur lleol yn rhacs yn y bag ailgylchu.

Blydi Rhys! O'n i'n meddwl y bydden ni'n heneiddio gyda'n gilydd. Yn bartneriaid. O'n i'n ffaelu credu'r peth pan wedodd e bod e'n mynd â 'ngadel i. Wherthin wnes i a gweud 'yeah right!'

Ond pan wedodd e, 'Na, An, wi mofyn bach o hapusrwydd cyn bod e'n rhy hwyr,' sylweddoles i fod y diawl o ddifri. Edryches i'n syn arno fe.

A'th e mla'n, 'Wi'n dal yn gymharol ifanc ac mae Emma'n neud i fi deimlo'n fyw eto. Yn llawn egni. Sori, ond mae'n rhaid i fi gymeryd y cyfle 'ma. Mae'r plant yn ddigon hen, fe fyddan nhw'n deall.'

Wel, gas e hwnna'n *wrong*. Ma'n nhw'n tampan.

Delyth

Parti ymddeol arall. Catrin yn Jones Jones Jones a Jones y tro hyn. Siampên a *canapés* eitha da, *blinis* ac eog, tartenni caws, *choux buns* sawrus a chig eidion. Gormod o carbs, fel arfer, ond yr ansawdd yn dda. Yn well na'r areithiau beth bynnag. Bydd ymadawiad Catrin yn gadael bwlch mawr yn y cwmni, bla bla bla. Dymuniadau gorau iddi yn y dyfodol, bla bla bla... siŵr ei bod hi'n edrych ymlaen at weld y byd, bla bla bla... Roedd Catrin yn ymddangos yn ddigon hapus – yn wir roedd hi'n sôn yn awchus am deithio ac am y gwaith gwirfoddol oedd ganddi ar y gweill. Swnio'n erchyll.

Dw i ddim yn barod i ymddeol eto. Ddim o gwbwl. Ac mae eisiau profiad ac awdurdod yn y busnes yma, on'd oes? Mae'r cleients fel tasen nhw'n gwerthfawrogi hynny, beth bynnag. Pan fo pethe'n ddrwg maen nhw angen rhywun sy'n deall ei stwff, on'd y'n nhw? A dw i'n mwynhau'r gwaith o hyd. Deall yn syth beth sy'n bwysig mewn dogfen gyfreithiol. Ffeindio dadl sy'n llorio'r heriwr. Chwarae'n gelfydd gyda geiriau i achub y dydd yn y llys. Dim ond 62 ydw i wedi'r cyfan. A beth bynnag, mae sawl un o'r barnwyr yn hŷn na fi. Na. Dim sôn am ymddeol eto. A dw i'n dal i edrych yn dda. Does dim rhaid i chi edrych fel rhywun o'r gofod nawr – *fillers, peels*, ambell *tuck* bach – mae llaw fedrus yn gallu gwneud gwyrthiau. *60 is the new 40* wedi'r cyfan.

Wedi dweud hyn, mae'n rhaid cyfadde nad yw'r cwmni'n lle cystal i weithio ers i ni gael ein prynu gan y cwmni mawr 'na o Lundain. Wedi bod yn meddwl am hyn cryn dipyn yn ddiweddar. Er mod i'n uwch bartner mae 'na haenen arall o awdurdod uwch fy mhen i nawr. Ac mae hyn yn fy mhoeni'n fwy nag oeddwn i wedi'i ddisgwyl. Gormod o ffylied yn dod i lawr o Head Office ac yn ein trin ni'r *bumpkins* yn hollol nawddogol, fel tasen ni'n deall dim am eu byd nhw a'u *fancy London ways*.

Anwen

O, Dduw mawr, bydd Llio a Cai 'ma mewn awr. A sai 'di cliro dim. Peil anferth o stwff ar ford y gegin o hyd. Wi'n trio cliro ond wi'n ffeindio'n hunan jyst yn gwthio peil o stwff rownd y ford. Ac ma peth ohono fe 'ma ers wythnose.

Eith Llio'n wyllt achos ma 'na gyment o bethe gall Cai gwympo drostyn nhw. Falle taw'r peth gore i fi neud yw cliro rhywfaint o'r stafell fyw a chau'r drws ar bob stafell arall. Ma Angharad mas felly dyle hwnna witho. A sai'n mofyn pregeth chwaith am bo fi (eto) 'di methu sorto mwy o stwff Rhys. Smo Llio'n deall bod 'da fi sawl pennod o *Married at First Sight Australia* heb eu watsio ar *series link*?

Diolch i'r nefo'dd fod Huw wedi dangos i fi shwd i witho'r teli. Eironig taw ffaelu dodi'r teledu mla'n o'dd y peth loriodd fi fwya ar ôl i Rhys fynd. Ond nid mater o wasgu botwm yw e erbyn hyn. Ma 'na bump blydi *remote*! O'dd rhaid i Huw sgrifennu'r cwbwl lot lawr, un cam ar y tro. 'Yn gynta tro Apple TV ymlaen gan ddefnyddio'r teclyn cynta, yna tro'r teledu mla'n drwy wasgu'r botwm coch ar y set. Ar y GWAELOD, Mam! Yna piga'r *remote* llwyd sydd â sticer rhif dau arno fe (o'dd rhaid iddo fe labelu popeth) a gwasga'r botwm coch ar y chwith.' Ac yn y bla'n. God, o'dd e'n edrych arna i fel tasen i'n rhyw fath o ddeinosor. Eniwe, fi'n gwbod beth wi'n neud nawr.

Ac ma Llio'n ddigon o farn yn gweud wrtha i am ymuno â grŵp llyfre neu ddechre gwersi crochenwaith. Crochenwaith! WTF, ys dywedai Angharad. Ma Huw yn deall yn well, fi'n meddwl. Ma 'na rwbeth itha cysurus amdano fe. Y garddio sy'n gyfrifol, wi'n meddwl. Ma fe 'di arfer disgwyl i blanhigion wneud eu pethe, felly dyw e ddim ar ruthr gwyllt fel y ma Llio drwy'r amser. Hapus jyst i ishte 'da fi yn yr ardd yn watsio'r blode'n tyfu. Fe sy'n gweld ishe Rhys fwya, am wn i. Er ma fe'n gwrthod siarad 'dag e. Ma Angharad mor *stroppy* sai'n gwbod beth ma hi'n meddwl, nac yn wir beth i'w weud wrthi fydd ddim yn ei phechu. Dyw hi ddim wedi siarad gyda fi o gwbwl am Rhys. Ond, o jyw, wela i ishe hi pan eith hi i'r coleg. Diolch i'r nefo'dd gafodd hi'r canlyniade iawn yn ei Lefel A, felly Panty amdani.

Pam wnest ti hyn, Rhys? Nid fel hyn o'dd hi fod. O'n i'n mynd i fynd i gigs a theithio a byw bywyd, unwaith i Angharad fynd. A nawr sai'n siŵr beth wna i. Bydde fe'n rhwyddach tase'r diawl wedi marw. O leia bydden i'n gallu dala 'mhen i lan. A bydde pobol yn cydymdeimlo. Dod â caserols draw i'r tŷ. Cynnig helpu. Ond, na. O'dd rhaid iddo fe 'ddechre pennod newydd'. Gyda hi. A'r blydi babis. Gobeithio na fyddan nhw'n cysgu wincad. Gawn ni weld shwd eith hwnna lawr gyda Mr Grumpy.

Nia

Roedd ymadawiad Rhys yn sioc ofnadwy. Doedd dim syniad gydag Anwen ei fod e'n gweld rhywun arall. Rhyw ferch ifanc, a hithe'n disgwyl efeilliaid! Ym mis Ionawr! Druan o Anwen.

Dydw i ddim yn hoffi beirniadu neb ond mae'n anodd ffeindio unrhyw beth positif i'w ddweud am ymddygiad Rhys. Ac mae Anwen, druan, yn torri ei chalon. Mae hapusrwydd mor fregus. Fel y dywedais i wrth Ger, mae rhywbeth fel hyn yn gwneud i chi feddwl yn galed am bethau. Dw i am fwynhau'r blynyddoedd nesa 'ma. Ry'n ni'n eitha ffit. Yn gymharol ifanc. Allwn ni deithio. Newid byd. Cerdded. Bwyta. Mwynhau bob dydd i'r eitha.

Delyth

Codi am chwech i wneud dosbarth HIT yn y *gym*. Yna cawod a brecwast wrth fy nesg (iogwrt, probiotics a smwddi sbigoglys a llaeth ceirch – iym!). Darllen y *Times* wrth fwyta a gweld erthygl am gadw'n heini ar ôl trigain. Mae'r rhestr yn cynnwys nifer o bethau dw i'n eu gwneud yn barod. Ioga, Pilates, rhedeg a cherdded Norwyeg ac ati. Yn ôl bob sôn mae codi pwysau yn wych i fenywod canol oed, yn helpu gyda'r esgyrn. Rhaid cyfadde mod i'n edrych ymlaen at y cwrs *taster* yn y *gym* fory. Hoffi'r syniad o godi pwysau – o fod yn fenyw gref. Bod yn *hench* yw'r uchelgais yn ôl y *Times*. Oedd hefyd yn dweud mor bwysig yw dysgu sut i godi pwysau'n iawn – rhaid i chi amddiffyn eich cefn, ma 'na rhyw dric gyda phlygu'r pengliniau. Bydd yn rhaid i fi wneud yn siŵr mod i'n dysgu hynny'n iawn – yr erthygl yn rhestru ambell stori erchyll am wneud gormod yn rhy gynnar. Beth bynnag, fe fydd Damien y *coach* yn gwybod beth i'w wneud.

Wedi bod yn darllen llyfr newydd – *Release the Strongwoman in You* – sy'n cynnwys nifer o ymarferion diddorol. Ambell un yn llafar sydd damaid yn annisgwyl. Rhaid troi'n belen fach a bod yn eich cwrcwd ynghanol eich mat ioga, cyn neidio i fyny gyda'ch breichiau a'ch coesau ar led, yn gweiddi'n uchel 'using your diaphragm to generate a roar'. Heb drio eto. Meddwl y bydd rhaid i fi wneud yn siŵr fod y dyn lawr llawr wedi mynd allan gynta.

Roedd y sgan DEXA preifat ges i werth bob ceiniog. Mor dda deall nad oes *osteoporosis* yn fy esgyrn i. Ysgwn i os ydy Nia ac Anwen wedi cael sgan? Rhaid i fi ofyn. Ond yn garedig, wrth gwrs – ddim eisiau iddyn nhw feddwl mod i'n beirniadu. Teimlo'n eitha smyg – ond does dim syndod mewn gwirionedd – rydw i wedi bod mor ofalus dros y blynyddoedd. Wel dyna ni, mae'n werth gwneud fy *yogilates* bob bore felly. A diolch i'r nefoedd na fues i erioed yn smygwr.

Yr iechyd corfforol yn iawn felly. Ond yr hyn sy'n digwydd yn fy meddwl ddim hanner cystal. Anodd cyfadde hyn, hyd yn oed yn fy nyddiadur, ond anaml fydda i'n llwyddo i fwynhau fy hun ar y funud. Sy'n torri fy nghalon.

Efallai dylwn i ailddechrau adrodd fy nywediadau positif bob bore, ro'n i'n arfer cael tipyn o ryddhad o'u defnyddio adeg y busnes 'na gyda Syr David ac Arfon. 'Rydw i yn haeddiannol', 'Rydw i yn deilwng' a 'Rydw i'n haeddu bod yn hapus'. Rhwydd eu dweud wrth gwrs ond anodd eu credu. Bydd rhaid i fi wneud rhywbeth, yn bendant – wedi cael braw heddiw wrth ddarllen bod unigrwydd cynddrwg i chi â phymtheg o sigarennau'r dydd! Ond wedyn sut mae newid arfer blynyddoedd?

Anwen

Ma Rhys ishe *quickie divorce*. Do'dd dim clem 'da fi gallech chi neud pethe mor glou. Ond 'na ni, dyw Rhys ddim am drio cwnsela ac eniwe ma'r blydi babis ar y ffordd. Felly dyna ni. Diwedd tri deg mlynedd o briodas. Drosodd mewn cachad cleren, ys dywedai Mam.

Y pethe bach sy'n torri calon. Y National Trust yn dal i hala cerdyn teulu. *Golwg* yn dod bob wythnos iddo fe. Y bil trydan. Yn ei enw e. A does 'da fi ddim mo'r egni i sorto'r pethe 'ma eto. Wi'n gweud eto, bydde fe'n rhwyddach 'se Rhys wedi marw – o leia fydden i ddim yn teimlo'n gyment o fethiant yn trio esbonio pam fod ishe tynnu enw Rhys oddi ar yr holl danysgrifiadau a'r bils bondigrybwyll. Ymddengys fod yr hyn a elwir yn 'sadmin', gan y *Guardian*, pan fo rhywun yn marw yr un mor anodd pan fo dyn canol oed yn rhedeg bant gyda rhywun hanner ei oedran.

Rhwbeth arall i Llio bregethu amdano, sbo – bydde hi wedi sorto'r holl bethe 'ma mas yn syth, wrth gwrs, ma hi mor drefnus. Ond whare teg ma hi'n wyllt gacwn gyda'i thad. Wel, ma'r tri plentyn yn grac ofnadwy. Wedi brifo hefyd. Sdim un ohonon nhw'n fo'lon siarad 'dag e. Glywes i Angharad yn gweud wrth Llio ei bod hi'n meddwl ei fod e'n *disgustin*g. Yn ffaelu credu taw dim ond pum mlynedd yn hŷn na Llio yw'r Emma 'ma, yn ddigon ifanc i fod yn ferch i Rhys. Am beth ma'n nhw'n siarad, gwedwch? Wel, falle bod dim lot o siarad, dyna'r broblem. A nawr drychwch lle'r y'n ni.

Delyth

Diwedd yr haf. Angen dillad newydd i'r hydref dw i'n meddwl. Dillad gaeaf yn y siopau'n barod er ei bod hi'n dal mor gynnes. Ond mae'n rhaid cael rhywbeth i godi calon gyda'r tywydd oer ar y ffordd. O leia does dim rhaid i fi feddwl am fynd yn ôl i'r ysgol, mae diwedd yr haf bob amser yn fy atgoffa i o hynny – rhyw ymateb paflofaidd mae'n siŵr. Roedd mynd yn ôl i'r ysgol yn deimlad mor ofnadwy. Ond wedyn doedd bod adre ddim llawer gwell chwaith. Ddim yn siŵr pa un oedd waetha, a dweud y gwir – oerni'r *dorm* neu dŷ Mam a Dad.

Dillad newydd i godi calon – a therapydd newydd, efallai? Heb drio un newydd ers tipyn nawr. Ystyried nofio gwyllt hefyd – yr oerni'n gwneud gwyrthiau, yn ôl Wim Hoff. Mae e damaid yn rhy eithafol – ddim yn meddwl y byddai eistedd mewn bwced o iâ yn gweithio i fi. Ond mae nofio mewn dŵr oer yn apelio – yn help mawr i leddfu iselder ysbryd, mae'n debyg. Wedi dweud hynny dw i ddim yn siŵr iawn lle fydden i'n gwneud hyn – mae'r afonydd i gyd mor llygredig a dw i ddim yn ffansïo ymuno gyda Blue Tits Ynys y Barri chwaith, yr unig grŵp gwyllt allen i ffeindio'n lleol. Ond efallai bod yna lefydd eraill posibl – werth gwneud tamaid mwy o ymchwil beth bynnag. Rhaid gwneud rhywbeth i baratoi at y misoedd oer a thywyll sydd o 'mlaen i.

Y codi pwysau'n mynd yn dda iawn. Rwy'n mwynhau'r teimlad o bŵer a chadernid ac mae meddwl am yr holl ddynion negyddol sydd wedi bod yn fy mywyd yn help mawr – wedi codi 10k wrth feddwl am Arfon!

Anwen

Diwedd yr haf gwaetha fy mywyd. A dim clem beth i'w wneud nesa. Symud 'nôl i Lambed? Ma Gill yno, wrth gwrs. Allen i brynu tŷ ffantastig 'da arian y tŷ yng Nghaerdydd – golygfeydd gwych ac yn y bla'n. Wâc yn y wlad bob dydd. Ond ydw i 'di arfer gormod â bywyd dinesig erbyn hyn? Y cyfleustra a'r egni. Ac ma'r plant yma – sai'n mofyn bod yn rhy bell oddi wrthyn nhw. 'Mond hanner yr arian gaf i, wrth gwrs. Eith hwnna ddim yn bell yng Nghaerdydd.

Eniwe, sdim gobeth 'da fi neud penderfyniad mor fawr ar hyn o bryd. Y dyddie 'ma wi'n ffaelu penderfynu beth i'w ga'l i frecwast heb sôn am bethe pwysicach. Ac yn amal iawn wi'n mynd heb fwyd. Dim lot o flas ar unrhyw beth. Wedi gweud hynny, wi ddim wedi colli pwyse o gwbwl. Ond falle taw'r tri Mars bar wi'n stwffo heb eu blasu bob dydd sy'n gyfrifol am hynny.

Nia

Wedi rhoi tamaid o liw yn fy ngwallt, dim byd dramatig, jyst arlliw o liw mêl yw e, felly dim 'hard regrowth lines', beth bynnag yw'r rheini. Ond dw i ddim yn meddwl y gwna i hyn eto. Sylwodd Ger ddim ac mae e'n ormod o drafferth. Roedd rhaid i fi roi'r past yn fy ngwallt ac aros 20 munud cyn rinsio ac yna ychwanegu past arall ac aros eto cyn rinsio!

Ddeallais i erioed sut i ddefnyddio colur ar fy ngwyneb chwaith. Dim ots. Well gen i wario'r arian ar lyfrau. A dw i byth yn edrych yn y drych rhyw lawer beth bynnag. Doedd neb yn gwneud yn tŷ ni pan o'n i'n blentyn, roedd Mam a 'nhad yn credu bod balchder yn rhywbeth i'w osgoi. Mae Ger yn dweud mod i'n berffaith fel ydw i. Ond wedyn mae eisiau sbectol newydd arno fe.

Anwen

Edryches i yn y drych gynne. Llyged mwll a chylchoedd du o'u cwmpas, crychau mawr rhwng fy aeliau a phob ochr i 'ngheg. Croen braidd yn felyn. Yr ychydig liw ges i yn Ffrainc wedi hen ddiflannu. Golwg wedi blino arna i. Wedi syrffedu.

Delyth

Derbyniad yn y Senedd. Yr un wynebau ag arfer. Ond wedi heneiddio, y cnawd yn llac, y lliw wedi diflannu. Wel, pe na bawn i'n lliwio fy aeliau a 'ngwallt innau, byswn i'n wyn o 'nghorun i 'nhraed.

Nia

Gwirfoddoli yn y banc bwyd. Mae'r ciw yn anferth heddiw. Cywilydd ofnadwy ar wynebau'r rhai sydd yno. Blas methiant fel halen ar y gwynt.

Anwen

Teimlo'n uffernol o isel ar ôl darllen erthygl am fenywod dros drigain. Yn ôl y magasîns 'ma ma 'na lot ddylen i fod yn neud i osgoi *skin tags, age spots, wrinkles and jowls*. H.y. cael digon o gwsg (ie, diolch Rhys am neud hwnna'n amhosib), dim stres (ha!) a lot o ymarfer corff (mwy o ha!). Ma'r cylchgrawn yn awgrymu taw blaenoriaethe merched dros drigain yw yfed digon o ddŵr, defnyddio hufen croen uffernol o gymhleth a drud, ca'l *regular check-ups* gyda'r doctor (amlwg dyw'r awdur ddim wedi bod i'n syrjeri ni'n ddiweddar), gwisgo lliwiau llachar a gwenu'n amal. Ha blydi ha.

Felly dyw e ddim yn ddigon ein bod ni'n heneiddio, nawr ma'n rhaid i ni deimlo'n euog am beidio neud digon o ymdrech i aros yn ifanc. Dylen ni i gyd fod fel Andie MacDowell a Julianne Moore. Yn ôl yr erthygl, 'they're ageing backwards'! Ac, odyn, ma'n nhw'n edrych yn dda, wel, yn anhygoel o dda rili, ond fetia i fod 'da nhw rhywun yn neud eu colur a threfnu pa ddillad i'w gwisgo. A ddarllenes i'n rhywle fod Julianne Moore wedi cyfadde ei bod hi wastod yn llwgu er mwyn aros yn dene? Pwy fath o fywyd yw hwnna? O ddifri, o'n i'n meddwl y bydden i'n gallu stopio poeni am y pethe 'ma pan o'n i'n hŷn ond nawr ma hyd yn oed WalesOnline yn stwffo hyn arnon ni, 'Welsh beauties Carol Vorderman and Angharad Mair, still gorgeous in their 60's!' ac yn y bla'n. Ac yn ôl y *Guardian* ma'n ddechre cyfnod newydd i ni i gyd – ma 'na erthygl wythnosol am bobol sy 'di dechre busnes, neu newid gyrfa ar ôl cyrraedd trigain. Nag y'n nhw wedi blino? Ac ar ben y cwbwl, yn ôl WalesOnline, fe gafodd Felicity Kendal ei thatŵ cynta ar ei phen-blwydd yn 60. Sy'n awgrymu ei bod hi wedi cael sawl un ers hynny. Nawr wi'n teimlo'n euog am fethu cael un tatŵ.

Wylies i ripît o *Gwesty Aduniad* neithiwr. O'n i wedi ei weld e o'r bla'n, ond wna'th e les i fi – ma'n od, dw i 'di ffaelu gadel fynd lot ers i Rhys adel ond ma gwylio rhwbeth sentimental am fywydau pobol eraill yn hala fi i lefen yn syth, sy'n gyment o ryddhad. Ma fe 'run peth gyda *The Repair Shop* – pan fo rhywun yn gweld eu tedi nhw wedi'i adfer, neu rwbeth o'dd yn perthyn i'w ta-cu, dw i'n malu'n ddarne mân. Ma fe'n gwmws 'run peth gyda ffilms ar y we yn dangos pobol yn ymddwyn yn garedig neu'n achub cathod bach neu fabis. Ond do's dim deigryn yn cwympo heblaw am hynny. Pan dw i'n meddwl am Rhys, am ein priodas, wi cyn syched â'r Sahara. Sy'n rhyfedd achos dw i ar goll hebddo fe. Pwy feddylie? Ar ôl yr holl gonan wnes i amdano fe, wi'n gweld ishe'r diawl. Ydy hyn yn normal – shwd allwch chi ddyheu am rywun yr y'ch chi'n ei gasáu?

Shwd ma rhywun yn dysgu byw yn fy 'new normal' arbennig i, ys gwn i?

Nia

Dros swper heno (*chicken forestière*, rysáit Delia Smith, a glased o Merlot o Asda), awgrymodd Geraint mod i'n ystyried gwirfoddoli fel ymwelydd carchar. Dywedodd e fod neb yn ymweld â rhai pobol – a bod ambell un yn siarad Cymraeg hefyd. Torcalonnus. Ond o, jyw – ydy e'n hunanol iawn i gyfadde nad yw'r syniad yn apelio rhyw lawer? Ar ôl blynyddoedd o wasanaethu yn y plwyf, dw i jyst ishe tamaid o hwyl a dim cyfrifoldeb. A dw i 'di cael digon o deimlo'n euog am bopeth hefyd. 'Yffach gols', ys dywedai Dai Sgaffalde, dw i'n gwirfoddoli yn y banc bwyd unwaith yr wythnos, mi ddylai hynny fod yn ddigon, o's bosib?

A dyw chwilio ar y we am bethau cyffrous i'w gwneud ar

ôl ymddeol ddim yn lot o help chwaith – ar ôl gŵglo dyw'r atebion i rai *60 something* ddim yn codi calon rhywun. Gwaith gwirfoddol sy'n dod i'r brig – darllen gyda phlant ifanc, codi arian i elusennau, gweithio mewn siop Oxfam. Neu ymuno â dosbarthiadau nos – coginio, garddio? Mae 'na grŵp *chat and crochet for the over 60's* yn ein llyfrgell leol, yn ôl pob sôn. Neu fe allwch chi ddysgu gwau neu gwiltio yn y coleg technegol. Ac ieithoedd wrth gwrs – Arabeg, Somaleg, Pwyleg neu Eidaleg a llawer mwy. Swnio fel gormod o waith rhywsut. A doedd gen i ddim dawn ieithyddol yn yr ysgol – methu cofio gair o Ffrangeg ar ôl dwy flynedd o wersi, felly beth sy'n gwneud i fi feddwl y bydden i'n fwy llwyddiannus fel oedolyn?

Mi allwn i ddysgu i ddawnsio falle. *Ballroom*? Ddim yn siŵr am hyn. Mae *Strictly*'n hwyl ond beth taswn i'n gorfod dawnsio gyda ryw hen ddyn bleidleisiodd dros Farage ac sy'n meddwl bod siarad Cymraeg yn wastraff amser?

Anwen

Wedi darllen am ffenomenon o'r enw *widow brain*. Ydy hwnna 'run peth â *divorce brain*? Teimlo fel tasech chi ar goll mewn cwmwl mawr trwchus ac yn methu cyflawni dim? Ie. 'Na'n gwmws fel ma hi gyda fi. Ddim yn cwpla unrhyw dasgiau – wi'n dechre cliro, neu sgrifennu llythyr ond yn ffaelu canolbwyntio.

A dyw'r diawl haciodd i fewn i fy nghownt e-bost i neithiwr ddim wedi helpu pethe. O'dd trio sorto'r peth ar y dudalen broblemau yn wastraff amser, achos es i bron yn dwlali yn mynd rownd a rownd mewn cylchoedd yn clicio ar lunie o foto-beics a grisie, ac am ryw reswm do'n i byth yn ca'l yr ateb cywir. Wedyn o'dd yr awr hales i ar y ffôn gyda

Roopa o India bron â 'nghwpla i a dw i ddim callach o hyd, er iddi neud ei gore i esbonio. Dim clem shwd ddigwyddodd hyn na shwd y caiff y cownt ei adfer. Bydde Rhys wedi sorto fe mewn munudau, wrth gwrs, ond o'n i ddim hyd yn oed yn gallu cynnal sgwrs ffôn deidi. Mor *embarrassing* bo fi wedi dechre crio. O'dd e'n amlwg nad oedd Roopa yn gwbod beth i'w weud, er o'dd hi'n neis iawn, chwarae teg. Ond o'dd e'n anodd peidio teimlo fel methiant llwyr!

Bydd yn rhaid i fi ofyn i Huw i fy helpu eto. Ac wi'n casáu gorfod gofyn am help am bethe technegol fel hen berson ond ma 'na negeseuon pwysig yn cyrraedd fy nghownt am yr ysgariad ac ma'n rhaid i fi eu gweld nhw. Rhai oddi wrth cyfreithiwr Rhys. Nid bo fi mofyn darllen nhw, wrth gwrs – ond ma'n rhaid i fi wynebu'r ffaith fod lot 'da ni i'w sorto. Whare teg i Del am ffeindio cyfreithwraig i fi. O'n i ddim yn gwbod lle o'dd dechre. Mi fuodd un gyda ni pan brynon ni'r tŷ ddeng mlynedd ar hugain yn ôl ond ma fe wedi hen ymddeol. Dw i'n gwbod ei bod hi'n rhwydd i Del argymell Lowri a hithau, wedi'r cyfan, yn gwitho yn ei swyddfa. Ond doedd dim rhaid iddi neud. Ac yn ôl Del ma Lowri'n *dab hand* ar ga'l y gorau mewn setliad. Nid bo'r arian yn meddwl dim i fi nawr. On'd yw e'n od?

Delyth

Hysbysebion Saga a sut i dalu am angladd ar fy nghyfrif Facebook.

Nia

Bore yn y fflat yn dadbacio rhai o'r bocsys ddaeth draw o'r Ficerdy. Nifer o bethau (gwasgwr garlleg, *fondue set*, hen lyfrau coginio ac yn y blaen) roeddwn i wedi anghofio amdanyn nhw. Sy'n gwneud i fi feddwl, gan mod i ddim yn eu defnyddio nhw, y dylwn i fynd â'r cwbwl lot draw i Oxfam yn syth. Gwell i fi beidio sôn amdanyn nhw wrth Ger – mae e'n fwy o *hoarder* na fi. Byswn i'n ddigon hapus i gael gwared o'r bocsys i gyd heb eu hagor.

Dw i'n meddwl ei fod yn beth da ein bod ni wedi symud allan o'r plwyf, fel yr awgrymwyd gan yr Eglwys. Am un peth, does dim perygl dod ar draws hen blwyfolion wrth siopa neu hamddena. Ond mae'n bwysig hefyd rhoi cyfle i Siân, y ficer newydd, i wneud ei marc a setlo heb bod Ger yn edrych dros ei hysgwydd. Ac mae'n neis dod i nabod ardal newydd.

Roedd yn braf cael mynd allan i'r balconi bob hyn a hyn i gael tamaid o awyr iach ac eistedd yn yr haul. Bydd yn rhaid i fi gael teclynnau i fwydo'r adar a chwpwl o botiau a phlanhigion. Falle all Ger a fi fynd i'r ganolfan arddio newydd 'na yn yr Eglwys Newydd dros y penwythnos. Gobeithio bydd e ar gael dydd Sadwrn – mae e wedi bod mor brysur ers i ni ddod yn ôl o'r gwyliau. Mae ganddo lai o ddiwrnodau rhydd nag oeddwn i wedi'i ddisgwyl gan ei fod e wedi ymuno gyda phwyllgorau lleol sawl mudiad – Cyfeillion y Ddaear, Freedom from Torture a War on Want, ac yn gwneud mwy gyda Chymdeithas y Cymod hefyd. Mae gan Ger gymaint o egni, yn dal i fod yn awyddus i 'wneud cyfraniad'. Tra mod i'n hapus jyst i ymlacio a diogi.

O leia dw i wedi dechrau ar y dasg o ddanfon cardiau newid cyfeiriad. Yn rhyfedd iawn daeth cerdyn oddi wrth Eirwen bore 'ma (wedi ei ddanfon ymlaen o'r Ficerdy), mae hi'n mynd o nerth i nerth, medde hi, yn rhedeg sawl plwyf yng ngogledd Lloegr ac yn eu 'harwain nhw i gyd at y golau'.

Ddim yn credu y danfona i gerdyn newid cyfeiriad ati hi.

Anwen

Sawl un yn fy annog i brynu ci pan eith Angharad i'r coleg. Bydd yn gwmni, medden nhw, ac yn neud i fi deimlo'n fwy diogel. Ond ma 'na broblem. Dw i ddim yn lico anifeiliaid. Na phobol sy'n lico anifeiliaid.

Delyth

Yn ôl erthygl yn y FT mae pobol yn aros yn ganol oed lot yn hirach dyddie 'ma – tan eu saithdegau! Yn Siapan mae pobol yn dal ati i weithio dipyn yn hirach na maen nhw yn y wlad yma ac mae profiad yn rhywbeth i'w arddel a'i chwennych yno. Mae gwaith yn cael ei ystyried yn 'ikigai' neu yn 'rheswm i fyw' – a dw i'n deall hynny. Ond mae'n gwneud i fi feddwl, beth wna i pan fydd dim gwaith yn fy mywyd? Mae yna opsiynau, on'd oes? Ustus heddwch, cyfarwyddwr anweithredol, ac yn y blaen? Mae 'na bethau eraill i'w gwneud? Sy'n dod â statws a strwythur i fywyd rhywun?

Llyfr newydd *Stay Young, Say NO to Ageing* yn addawol. Yn ôl yr awdur (Americanes sy'n edrych yn dda iawn er ei bod yn ei saithdegau), does dim rhaid i neb edrych nac ymddwyn yn hen y dyddie yma. Y peth pwysig yw eich bod chi'n *dressing your truth*. Ddim yn hollol siŵr beth mae hynny'n ei olygu – bod yn *authentic*, medde hi. Ac mae'n wir, mae dydd y perm a'r gwallt glas neu lafant wedi hen ddiflannu. Ry'n ni'n edrych dipyn yn iau na chenhedlaeth ein rhieni, on'd y'n ni? Y rhai ohonom a anwyd yn y chwedegau. Mae ymarfer corff yn allweddol, yn ôl y llyfr. Wel, dw i'n gwneud digon o hwnna. A bwyta grawnwin! *Superfood* newydd mae'n debyg. Wel, mae hynny'n rhwydd hefyd. A meithrin agwedd bositif. Hmmm, mae hynny'n fwy o sialens...

Nia

Gwahoddiad yn y papur i wirfoddoli gyda'r Ymddiriedolaeth Genedlaethol. Mae'n rhyfedd – pan y'ch chi dros drigain mae'n ymddangos fel tase pawb am i chi weithio iddyn nhw. Ond does neb yn fodlon talu.

Anwen

Delyth wedi awgrymu bo fi'n trio rhai o sesiynau *Yoga with Adriene* ar y cyfrifiadur. I 'godi dy galon' medde hi. Wel, fe dries i un bore 'ma ac o'dd e'n lot rhy anodd i fi. Anogodd Del fi i whilo am un o'dd yn fy 'siwtio', felly es i lawr y rhes o fideos bach a thrio sawl un. Ond yr unig un o'dd ddim yn ormod i fi oedd *Chair Yoga for Seniors*. Man a man i fi gyfadde, wna'th y profiad ddim byd i 'godi fy nghalon'.

Delyth

Wedi bod yn edrych ar wefan Gwyneth Paltrow. Lot o bethau neis i'w prynu. Clustog sidan i arbed cael rhychau ar eich wyneb wrth i chi gysgu, masg wyneb siocled, peiriant *massage*. Er, does dim lot o newid allan o fil o bunnoedd unwaith i chi brynu'r mwclis a'r clustdlysau gogoneddus sydd ar dudalen flaen y wefan. Ond, ys dywedai Jennifer Aniston yn yr hysbysebion teledu 'na, *I'm worth it*!

Mae 'na adran 'wellness' ar y wefan ac fe gochais o'm corun i'm sawdl pan welais i rai o'r eitemau oedd ar werth. Does 'da fi ddim syniad beth yw pwrpas rhai o'r teclynnau hyd yn oed. A dw i ddim yn meddwl mod i am ffeindio mas chwaith. Ocê, wi'n gwybod bod hynny'n gwneud fi'n dipyn o *prude* ond wi 'di dod i'r oedran nawr lle sdim tamaid o ots gyda fi. Fues i erioed yn un oedd yn mwynhau rhyw – o'dd y tro cynta gyda Roderick yn eiliad o dynerwch ar noson hunllefus ac ro'n i mor ddiolchgar amdano fe. Ac o'dd bod gyda Stuart yn neis, ond man a man i fi gyfaddef, doedd dim tân gwyllt nac utgyrn yn seinio. Roedd e'n hyfryd bod gyda rhywun – ond y cwmni o'n i'n ei hoffi fwyaf. Cael partner i ddod gyda fi i bethe – ciniawau, arddangosfeydd ac ati. A chael rhywun i chwerthin gyda nhw. Dyna beth rwy'n ei golli fwyaf.

Symudais i mlaen yn gyflym at yr adran deithio. Cwpwl o awgrymiadau da am lefydd i aros a bwyta ym Mharis. Falle af i yno am benwythnos. Mae 'na westy gwych ar gyfer pobol sy'n dioddef o alergeddau – clustogau a chwiltiau arbennig, bwydlen ddi-glwten, heb gnau na *toxins*. £500 y noson. A phob math o driniaethau diddorol yn y sba. Pam lai? A fyddai tamaid o faldod yn rhoi agwedd mwy positif i fi? Efallai?

Anwen

Es i mas gyda Mali am noson. O'n i'n arfer bod mor agos – y plant yn ffrindie ac aethon ni ar sawl gwylie gyda'n gilydd. A buodd Rhys a finne yn gefen i Siôn a Mali pan a'th hi off 'da'r crwt ifanc 'na. Eu 'blip' nhw, fel ma Mali'n ei alw e nawr. A'th hi 'nôl i'r gwaith rhyw dair blynedd yn ôl – ishe mwy o *jingle* yn ei phoced, medde hi (mwy o gyfle i fflyrtio, weden i), ac ma'i horiau hi'n hir, felly dy'n ni ddim yn cwrdd yn amal.

Wedi cyrraedd ei *peak*, medde hi, yn byw bywyd llawer mwy crand nag o'dd hi. Ma hi'n mynd i'r opera er mwyn y nefo'dd! Ac ma hi ar sawl bwrdd hefyd – ddim yn siŵr beth ma hwnna'n meddwl yn union ond ma fe'n swno'n *posh*.

Gwrddon ni yn yr Ivy ac o'n i'n meddwl i ddechre y bydde popeth yn iawn. Geson ni wydred o ffiz ac ordro bwyd. Ond pan ddechreuon ni drafod Rhys sylweddoles i ei bod hi'n gwbod mwy am yr affêr nag o'n i!

Fe ymddiheurodd hi, a gweud ei bod hi ddim yn teimlo taw ei lle hi o'dd gweud wrtha i, a'i bod hi a Siôn wedi ca'l swper gyda Rhys ac Emma yn ddiweddar. Ar ôl seibiant anghyfforddus a finne'n edrych lawr ar fy ngwydred ofynnes i,

'Wel lle pwy oedd gweud, 'te, Mali? I weud wrtha i bod fy ngŵr i'n ca'l affêr?'

Edrychodd hi'n euog iawn a dechre mwmian rhwbeth am Siôn yn bod yn gefen i Rhys a bod Emma yn ifanc ond yn 'annwyl' a bod Rhys yn amlwg yn 'hapus iawn'.

Wedodd hi, 'Falle bydd hyn yn gyfle newydd i ti hefyd, An? Ti'n ddigon ifanc i gwrdd â rhywun arall, mae ishe i ti fod yn bositif.'

Hy! Digon rhwydd iddi hi weud hyn yn ei dillad Max Mara a gyda'i thripiau busnes i Baris a'i *blow dry* dair gwaith yr wythnos.

O'n i'n teimlo mor ddigalon – o'n i bron â chodi a

mynd o'na. Finne heb job, na gŵr a chyn bo hir dim cartre chwaith.

Dw i'n meddwl bod Mali wedi gweld mor isel o'n i achos roddodd hi gwtsh i fi a gweud 'rhaid i ni wneud mwy o hyn, An'. Ac arllwys rhagor o ffiz i fi.

I don't think so, Mali, meddylies i.

O'dd y sgwrs yn anodd wedi hynny – drafodon ni'r plant a rhyw fân sgwrsio am bobol o'n ni'n nabod. Ond o'n i'n teimlo'n rhy chwerw i fwynhau'r siarad gwag. Gwples i fy mhryd a gweud bod 'da fi ben tost. Dodes i arian ar y ford a mynd.

Nia

Ro'n i'n digwydd bod yn y llyfrgell pan oedd y cylch *chat and crochet* yn cwrdd. Bues i'n clustfeinio wrth esgus edrych ar lyfrau yn yr adran goginio. Roedd y sgwrs o gwmpas y bwrdd yn gwneud i'r *Daily Mail* edrych fel *lefties* peryglus. Dim ffiars o beryg.

Anwen

Galwodd Huw draw am baned. Eisteddon ni yn yr ardd. Awgrymodd e cwpwl o syniadau diddorol i wella'r plannu ac aildrefnu. Do'n i ddim am sôn am y ffaith y bydd yn rhaid gwerthu'r tŷ – ddim ishe sbwylo'r prynhawn drwy weud y bydd Rhys ishe arian i'r blydi babis.

Whilo am fflat bach wna i, sbo. Ddaw Llio a Huw ddim 'nôl i fyw adre nawr ac os ga i fflat gyda dwy stafell wely bydd lle i Angharad ddod adre o'r coleg. Byse *roof terrace* yn neis. Fel sy 'da Nia a Ger. Dim clem beth yw pris tai rownd ffor' hyn. Bydd rhaid i fi ddechre whilo, sbo.

Galwodd Llio a Cai yn y prynhawn. Ma fe'n nabod rhifau a siape ac yn gallu enwi nhw yn Gymraeg a Saesneg. Dechreuodd Llio siarad am ryw grŵp chwarae Montessori – ma James yn awyddus bod y *Boy Wonder* yn ca'l pob cyfle. Dyw Miri Mawr ddim yn neud digon i'w ysgogi e, yn ôl Llio.

'Wir Dduw, Mam, 'na gyd maen nhw'n gwneud yw chwarae gwag a chanu hwiangerddi. Mae'r mamau yno i glebran a stwffo bisgits yn fwy na dim byd arall. Ac mae'r cornel crefft yn jôc! Mae'r Montessori yn cynnig *structured play* ac mae lot o'r plant yn mynd ymlaen i *prep* o fanna.'

Rhaid bo fi'n edrych arni'n hollol syn achos fe wedodd hi (gan edrych damed yn euog), 'Wel, mae James am iddo fe fynd i'r Cathedral School yn y pen draw.' O'n i'n ffaelu credu 'nghlustie! Ma James wedi bod yn grêt i Llio mewn sawl ffordd ac ma hi'n dwli arno fe. Ac ma fe'n ddigon neis, am wn i. Ond o'n i wedi ame ers amser ei fod e'n itha llugoer am Gymreictod. Fydd Cai bach ddim yn tywyllu drws unrhyw ysgol Gymraeg felly. Ma fe'n torri 'nghalon i. A bydd Rhys yn tampan.

Wel, bydde'r Rhys o'n i'n meddwl bo fi'n nabod yn tampan. Sai mor siŵr am y boi adawodd fi am ryw ffifflen gwrddodd e mewn bar yn Rhyl. Smo hwnnw'n meddwl yn bellach na'i gopish.

Nia

Ry'n ni'n cyfarfod yn y caffi bore 'ma, y tro cynta ers oesoedd, ac yn bendant y tro cynta ers i Rhys fynd. Mae wedi bod yn rhy hir o lawer ers i'r tair ohonon ni fod yno. Deall yn iawn wrth gwrs. Doedd Anwen ddim am weld neb ond, fel ddywedodd Del, roedd yn bwysig ein bod ni'n parhau i gysylltu gyda hi, a dangos ein bod ni wastod yna iddi. Meddwl ei bod hi yn reddfol am aros yn y tŷ yn lle wynebu'r byd tu fas, a phwy all feio hi? Dw i'n falch ein bod ni wedi llwyddo i'w chymell hi i ddod draw i'r caffi heddiw – er y bydd y tro cynta yn anodd iddi. Mae'n siŵr ei bod yn teimlo fel cwch heb angor heb Rhys.

Anwen

Rhaid i fi wynebu'r caffi heddiw. Dim esgus 'da fi beidio. Cai yn y blincin Montessori, Angharad mas am y dydd a Nia a Del mor awyddus i fi ymuno â nhw.

Delyth

Diwrnod digon anodd i Anwen. Ro'n i'n poeni sut byddai hi'n ymdopi. Y tro diwetha ro'n ni i gyd gyda'n gilydd fel hyn roedd hi'n llawn hwyl am y gwyliau oedd i ddod yn Ffrainc a'r cynlluniau oedd ganddi hi a Rhys yn yr hydref pan fyddai Angharad, y cyw melyn ola, wedi mynd i'r coleg. Mae'n anodd peidio anghofio ei llawenydd y diwrnod hwnnw. A nawr mae e gyda rhyw ferch hanner ei oedran.

Rhyfedd na wnaeth Anwen sylwi ei fod e'n cael affêr. Ond wedyn roedd e i ffwrdd yn gweithio yn eitha aml wrth gwrs. Dyna pryd ffeindiodd e'r ferch 'ma. Sydd ddim llawer yn hŷn na Llio.

Anwen

Wel, 'na ni, fi wedi neud e. O'dd e'n blydi uffernol i ddechre, o'n i jyst yn ishte 'na'n ffaelu gweud dim, y dagre'n cronni a'r baned yn oeri o mla'n i. Y *carrot cake* yn blasu fel blawd llif. Del a Nia'n llawn consýrn wrth gwrs. Ond o'n i'n styc rhywsut. O'r diwedd da'th Gennaro – sef mab Enzo (sy'n rhedeg y caffi ers diwedd Gorffennaf, ma'n debyg), o'dd yn neud i fi deimlo'n blydi hen ar ben popeth arall – â phaned dwym a *cannoli* i fi ac fe wedodd Del rywbeth niwrotig am godi lefel y siwgr yn fy ngwaed yn rhy glou, ac fe ddechreues i wherthin a theimlo'n well yn sydyn. O'dd hi'n edrych bach yn grac i ddechre ond fe feddalodd hi a gweud bod e'n neis fy ngweld i'n gwenu.

Delyth

Roedd Anwen yn edrych yn drist ofnadwy nes i rwtsh siwgraidd Gennaro godi ei chalon hi. Doeddwn i ddim yn gwbwl hapus gyda'i hagwedd nawddoglyd hi (mae codi lefelau siwgr yn sydyn fel'na YN gofyn am drwbl), ond roedd e'n braf gweld ei bod hi wedi llonni.

Ddywedwn i ddim mo hyn wrth neb ond dw i'n synnu braidd bod Anwen wedi ei llorio mor llwyr ar ôl colli Rhys. Dim ond ei feirniadu oedd hi'n gwneud yn y caffi bob wythnos. A ches i byth mo'r argraff eu bod nhw'n hapus iawn. Ond, dyna ni, mae'n debyg fod rhywun yn dod i arfer â byw gyda rhywun arall. Ac mae pethau'n bur wahanol iddi nawr. Y gaeaf ar ei ffordd, yr oriau'n hir a'r unigedd yn gwasgu. *Welcome to my World* o'n i'n meddwl yn dawel fach.

Nia

Roedd Delyth yn amyneddgar iawn gydag Anwen a buodd Gennaro yn garedig iawn hefyd. Roedd tamaid o liw ym mochau Anwen erbyn diwedd y bore. Ac fe lifodd y sgwrs yn well ar ôl i Gennaro ddod â'r *cannoli*. Roedd Anwen yn ddoniol (fel y mae hi bob amser) yn sôn wrthon ni am ei *sadmin*, ond ro'n i'n gallu gweld bod y chwerthin yn anodd iddi a'i bod hi'n fregus iawn. Ac roedd ei disgrifiad o weld enw Rhys ar y cylchgronau sy'n dal i lanio ar y mat yn dorcalonnus. Soniodd hi fod sawl un o'i chydnabod yn anesmwyth yn ei chwmni nawr. Rhai yn methu ffeindio'r geiriau cywir, eraill yn gwneud jôcs anaddas a chroengaled ('o, wel, o leia ti sy'n rheoli'r *remote* nawr'), neu'n rhaffu ystrydebau a bron yn awchu iddi chwarae ei rhan fel gweddw dda, i fod yn ddagreuol ac i dderbyn cydymdeimlad. Eraill yn croesi'r ffordd er mwyn ei hosgoi.

Cofio pobol felly gyda fi. Neb am siarad gyda'r wraig hesb na'r eneth gath ei gwrthod.

Delyth

'Nôl i'r swyddfa yn y prynhawn ar ôl y caffi. Tipyn o waith newydd ar y gweill sy'n beth da. Ond mae 'na un cwmwl bach ar y gorwel – mae dyn o Head Office yn dod i'n gweld ni wythnos nesa. Fe ddaeth e-bost prynhawn 'ma yn gofyn i bawb i fod yn y swyddfa ar y diwrnod hwnnw. Fydd ddim yn anodd gan fod y rhan fwyaf ohonon ni wedi dechrau gweithio 'nôl yn y swyddfa o leia bedwar diwrnod yr wythnos ers tipyn nawr. Yn falch o'r cwmni a'r egni. Ond pam mae hwn yn dod nawr, ys gwn i? *Redundancies*? Gobeithio ddim, wir.

Anwen

O'dd gweld Nia a Del heddi yn neis ac fe gododd e fy nghalon i fymryn, ond ma'n agosáu at ddau o'r gloch y bore nawr a dyma fi eto yn methu cysgu. Dim gobaith caneri. Yn llawn amheuon ac ofnau sy'n rhuthro i'r wyneb unwaith i fi gau fy llygaid.

Alla i ddim cyfadde hyn wrth neb ond fi'n poeni am y ffaith bo fi wedi conan gyment am Rhys pan o'n i'n briod. O'dd ffawd yn gwrando? Ai cosb yw hyn am bo fi mor anniolchgar am yr hyn o'dd 'da fi? Ai bai fi yw e fod Rhys wedi mynd? Falle bo fi wedi ei gau e mas rhywsut? Ond diawch, ro'dd e mor fyr ei dymer drwy'r amser. Byth ishe neud dim byd, 'mond watsio'r teli. A do'dd ganddo ddim diddordeb yn y gwely ers blynyddo'dd. A blydi hel, fe stopodd gynta, nid fi. O'n i'n gofyn ond o'dd e byth *in the mood*. Ac o'dd e'n amal yn cysgu erbyn i fi gyrraedd lan beth bynnag. Neu'n esgus cysgu. Sai'n gwybod. Eniwe wedyn golles i ddiddordeb a do'dd Rhys ddim yn bictiwr deniadol yn yr hen gryse T rhacslyd 'na o'dd e'n mynnu eu gwisgo i'r gwely.

Ond ma'n amlwg bod e ishe'r ferch ifanc 'ma mwy na fi. A phwy all feio fe – pan wi'n edrych yn y drych wi'n gweld hen fenyw dew yn edrych 'nôl arna i. Ma'r meddyliau hyn yn troi a throi o gwmpas fy mhen i ac alla i ddim dianc rhagddyn nhw, na siarad 'da neb amdanyn nhw. Ddim blydi Mali. Na'r plant wrth reswm. Falle Gill? Sai'n credu bydde Nia a Del yn deall. Bues i'n conan lot wrthyn nhw dros y blynyddo'dd. A rhag 'y nghywilydd i fe ddychmyges i fwy nag unwaith sut fydde fy mywyd i heb Rhys. Heb ei dymer ddrwg a'i agweddau negyddol at bopeth. O'n i'n meddwl y byswn i'n hapusach ar fy mhen fy hun. Ond diawch o'n i'n *wrong*.

Nia

Banc bwyd eto heddiw. Mae pawb yn hyfryd ar y cyfan ond mae 'na ddynes yna sy'n fy atgoffa i o Eirwen. Meiriona yw ei henw hi ac mae'n llawn 'cyngor' ac yn gwybod yn well na phawb. Yn gwybod y ffordd orau i bacio bocsys, i drefnu'r silffoedd, i roi cyngor ymarferol ('dw i wedi cael fy hyfforddi gan y Citizens Advice, wyddoch chi'), i dderbyn y bwyd wrth y lorïau ('ddysgais i sut i yrru *fork lift* yn Affrica'), ac i osod y bwyd yn yr oergell. Dyw e ddim yn syndod ei bod yn un o'r bobol hynny fu'n chwistrellu'r brechlyn Covid ('roedd yn rhaid i fi chwarae fy rhan, Nia'), nac yn wir ei bod yn aelod selog o dîm yr RNLI yn y Barri. Dydw i ddim yn meddwl ei bod hi'n mynd allan ar y cwch achub, ond a bod yn hollol onest, byswn i'n synnu dim petawn i'n clywed ei bod yn gyrru'r bali peth.

Delyth

Fe ddaeth y dyn o Head Office. 'Call me Justin.' Wnes i ddim cymeryd ato fe. Yn dweud pethau fel 'it's a two way street,' a 'I want you all to feel seen'. Ges i sgwrs un i un gydag e ar ôl y cyfarfod staff ac fe gododd e 'ngwrychyn i'n syth. Gofyn am lawer gormod o fanylion am sut yr oeddwn i'n gweithio ac am fy 'work life balance'. Dim sôn am *redundancies* diolch byth. Wel, hyd yn hyn beth bynnag.

Dywedodd e, 'I just want to get the best out of you, Dellyth'. Roedd yn rhaid i fi esbonio nad oedd dwy 'l' yn y fy enw ond gan ei fod e'n mynnu galw Dafydd yn 'Daffid' dw i ddim yn meddwl bod honno'n frwydr yr ydw i'n mynd i'w hennill yn rhwydd.

Anwen

Wel, 'na Awst drosodd, diolch byth. Yr haf ar ben a dw i'n wynebu'r blydi gaea ar ben fy hunan. Wel, ddim ar ben fy hun yn llwyr – ma 'da fi deulu, sy'n help mawr. Ac ma'n fwy na sydd gyda Delyth wrth gwrs. Ond unwaith i Angharad fynd bydd y lle 'ma mor dawel.

A be wna i yng nghanol y nos heb rochian Rhys drws nesa i fi? Heb ei gorff yn twymo'r gwely, hebddo fe'n troi fel mochyn hapus yn ei gwsg, ac yn dwyn y dwfe? O'dd e'n arfer hala colled arna i, yn codi'n stwrllyd yn ganol nos i fynd i'r tŷ bach ac yn fy neffro i bob tro. Ond nawr fe dalen i rwbeth i ga'l fy neffro fel'na eto.

Nia

Bu'n rhaid i fi fynd draw i'r ganolfan arddio ar fy mhen fy hun, roedd Geraint gyda chriw Cyfeillion y Ddaear drwy'r dydd. Fe brynais i declyn i fwydo'r adar, cwpwl o botiau teracota a phlanhigion (pansis porffor a melyn ddylai bara drwy'r gaeaf, yn ôl y siop), ac roedd yn dipyn o brofiad chwilota o gwmpas y silffoedd – mae'r llefydd 'ma'n gwerthu popeth erbyn hyn. Dillad 'gwledig', sef welis, gilets gwyrdd, cotiau Barbour a chrysau gwlanen. Mae 'na ddewis anferth o ganhwyllau persawrus, gydag enwau fel Ylang Ylang Explosion, Roasted Turmeric Surprise ac Essence of Pine Forest. Hefyd, pob math o lyfrau garddio neu hanes lleol a rhesi o lyfrau am yr ail ryfel byd. Gyda CDs Vera Lynn, Glenn Miller a *Songs that Won the War* ar y silffoedd drws nesa.

Roedd 'na losin sugno hen ffasiwn, 'authentic gobstoppers like Grandma used to make', ac ardal gyfan yn gwerthu teganau i'r hyn a elwir yn *furbabies* – sef anifeiliaid anwes. Pwy feddylie? Roedd dillad iddyn nhw hefyd: cotiau gaeaf a chrysau pêl-droed i gŵn ac *onesies* croen llewpart i gathod! Mae 'na adran bysgod egsotig yn agor yna mis nesa. Wrth dalu, ystyriais brynu ffynnon ddŵr ar gyfer y balconi. Ond roedden nhw i gyd mor ddrud – a does dim lle beth bynnag. Ac, wedi meddwl, onid yw dŵr sy'n rhedeg yn gwneud i rywun feddwl am fynd i'r tŷ bach? Ddim yn meddwl byddai Geraint yn gwerthfawrogi hynny, mae'n mynd yn ddigon aml fe y mae hi.

Wnes i ddim mwynhau eistedd yn y caffi ar fy mhen fy hun yn yfed te. Roedd yn unig iawn heb Geraint. Ac fe ges i flas, mae'n debyg, o'r hyn mae Del yn ei deimlo (a nawr Anwen, wrth gwrs).

Anwen

Dries i'n galed i gliro ford y gegin heddi. Ond do'n i ddim yn gwbod lle i roi unrhyw beth. Ma pentyrre o bapure a rwtsh ymhobman. Yn y pen draw es i eistedd o flaen y teli a watsio *Bargain Hunt*. Ond ma cyfreithiwr Rhys (o'dd e wedi ffeindio un cyn fy ngadel i ma'n amlwg) wedi gofyn am 'timeline for sale'. Sy'n golygu y bydd rhaid i fi roi'r tŷ ar y farchnad cyn bo hir. Ac sy'n bendant yn meddwl y bydd yn rhaid i fi neud lot o gliro.

Delyth

Mae Justin yn llawn nonsens *touchy feely, woke*. A chelwydd yw e i gyd beth bynnag achos mae'n amlwg ei fod e yma i edrych am ffyrdd i arbed arian. Eisiau llai o bobol yn y swyddfa mae e, a llai o rent a thrydan ac yn y blaen. Dyna pam mae e'n gofyn i bawb am eu *work life balance* – gweld mantais gweithlu yn defnyddio eu tai eu hunain ac yn talu costau'u hunain. Ddim yn malio botwm corn, mewn gwirionedd, a ydy'r staff yn hapus. A chuddio popeth tu ôl i haenen siwgraidd annioddefol.

Ges i fwy na digon yn y swyddfa heddiw ac ro'n i'n falch i gael dianc i barti ymddeol arall. Mae gymaint ohonyn nhw ar hyn o bryd. Roedd Marged Melangell yno gyda gŵr rhif 4. Rhyw ddyn busnes o Lundain yw hwn sy'n wreiddiol o Aberteifi, glywes i fe'n dweud bod gydag e 'dŷ godidog ar y Cei yn Aberaeron'. Wrth gwrs 'nny. A bwrdd parhaol yn yr Harbourmaster hefyd, dw i'n siŵr.

Efallai y dylwn i brynu rhywle yn y gorllewin. Ro'n i'n hoffi edrych ar y môr hyd yn oed pan o'n i ar fy ngwaetha yn Aber. Dianc yno ar benwythnosau efallai. Ond beth yw'r pwynt mewn gwirionedd? Mi fyddwn i'r un mor unig yno ag ydw i yng Nghaerdydd.

Nia

Mae popeth yn y fflat yn ei le ac mae 'na le i bopeth! Ambell focs ar ôl yn y stafell sbâr ond dw i am fynd drwyddyn nhw pan fydd Ger adre a'i feddwl ar y gwaith. Er, dw i ddim yn siŵr pryd yn union fydd hynny. Dries i sôn am y bocsys neithwr dros swper ond fe ddechreuodd e drafod rhywun mae e wedi dechrau mentora yn y carchar ac roedd e mor frwdfrydig doeddwn i ddim am dorri ar draws ei hwyl. Mae e wedi prynu *wall planner* a lot o ffeiliau newydd i gadw ei holl bapurau pwyllgor a rhai y carchar ac ati. Popeth wedi ei drefnu yn ôl patrwm lliwiau arbennig! Driodd e esbonio'i system i fi ond es i ar goll braidd rhywle rhwng encil Cymdeithas y Cymod a phenwythnos ymprydio War on Want.

Delyth

Profiad rhyfedd. Daeth merch ata i yn y *gym* a dweud taw hi oedd Lisa, wyres Syr David. Rhyfedd o fyd! Yn byw yn y Rhath, wedi gwneud gradd mewn Astudiaethau Celtaidd yng Ngholeg yr Iesu, Rhydychen ac yn dipyn o seren a dweud y gwir. Mae hi'n wyneb cyfarwydd ar S4C ac wedi ysgrifennu dwy nofel yn barod. Yn hardd iawn – y gwallt hir wedi ei rannu yn y canol 'na sydd gan bob merch ifanc y dyddie hyn – *highlights* aur, aeliau trwchus a llygaid mawr glas. Mor hyderus, mor ifanc. Ac mor wahanol i fi!

Roedd y derbyniad i ddathlu merched mewn busnes heno yn eitha neis am unwaith. Diodydd a byrfwydydd (di-glwten a llysieuol gan fwya) a bach o rwydweithio. Yna adre, tabled cysgu a gwely.

Nia

Gawson ni noson hyfryd heno, stroganoff porc Delia Smith, cwpwl o lasys o win coch a siawns am sgwrs go iawn. Fe fynnais i fod Ger yn newid allan o'r *lycra* (sy'n edrych bach yn rhyfedd gyda'i goler wen) cyn bwyta ac o'dd e'n braf ei weld e'n ymlacio'n iawn yn ei hen siwmper frown a'r cords meddal 'na brynon ni o Marks ar ei ben-blwydd. Ro'n i'n meddwl wrth wrando arno fe'n siarad am y carchar mod i damaid yn genfigennus ohono, yn amlwg yn mwynhau ei hunan yn gwneud yr holl waith gwirfoddol 'ma.

Dw i ddim yn teimlo 'run peth o gwbwl. Mae Meiriona

yn y banc bwyd yn fy atgoffa i ormod o Eirwen, ac er mod i'n mwynhau rhannau o'r gwaith gwirfoddol (ac yn gwybod mor bwysig yw ei wneud) alla i ddim dweud mod i wedi fy ysbrydoli gan y profiadau dw i'n eu cael yno. Mae'r gwirfoddolwyr eraill yn neis iawn, er ei fod yn amlwg bod nifer ohonyn nhw'n unig ac yn chwilio am gwmni neu rywbeth i lanw eu diwrnodau. Ac mae hynny'n rhannol wir amdana i, wrth gwrs, am ffeindio rywbeth i'w wneud tra mae Ger allan. Ond o, jyw, mae'r rhai sy'n defnyddio'r adnodd yn sobor o drist – wedi eu torri, rhywsut, gan dlodi a chywilydd.

Dros fwyd, cytunodd Ger y byddai gwyliau arall cyn bo hir yn syniad da – ac fe addawodd e feddwl pryd byddai'n gyfleus iddo. Gwych – mynd i ddechrau ymchwilio bore fory. Fe gwtsion ni ar y soffa a dechrau siarad am y pethe roedden ni'n eu colli ar ôl gadael y plwyf. Doeddwn i ddim yn gallu meddwl am lot ond roedd Ger yn sôn am bethe fel gwasanaethu a bod yn dyst i brofiadau pwysig ei blwyfolion. Sy'n esbonio unwaith yn rhagor pam taw fi oedd y wraig a fe oedd y ficer!

Yn y pen draw fe gawson ni baned o Horlicks yr un fel hen bobol. A finne'n teimlo mor ffodus. Yn trio peidio â meddwl am Anwen a Del, rhag y 'nghywilydd i.

Delyth

Buon ni'n trafod y Cyfnod Clo yn y caffi bore 'ma. Nia oedd wedi clywed rhywun yn trafod *Party-gate* ar y radio. Wrth gwrs, welais i ddim llawer o wahaniaeth o ran unigedd yn ystod y cyfnod yna. Ocê, fe welais i eisiau'r caffi, do. Ond do'n i ddim yn meindio'r Zooms. A dw i 'di hen arfer â bod ar ben fy hun. Yr unig beth oedd yn boen oedd y diffyg triniaethau – torri gwallt, *botox* ac ati. Bu'n rhaid i mi ddibynnu ar bethau fel fy mheiriant *facial sauna* a'r masg 'na brynais i sy'n taro tonnau radio ar eich hwyneb. Torri 'ngwallt gyda siswrn wedi ei ordro ar y we. A'r golau siâp cylch 'na oedd yn gwneud gymaint o wahaniaeth pan oedd rhywun yn Zoomio. A defnyddio pob *filter* posib ar y cyfrifiadur wrth gwrs! Cofio rhuthro i gael apwyntiadau gwallt a *facial* yr EILIAD ro'n ni'n cael gwneud.

Nia

Roedd rhyw ffŵl ar y radio bore 'ma yn datgan bod 'pawb wedi torri'r rheolau' yn ystod y Cyfnod Clo. Wel, wnaethon ni ddim. Na'n plwyfolion ni chwaith. Cofio'r angladdau erchyll 'na. Pawb yn sefyll ar wahân, neb yn cael estyn cysur. Dim coflaid hyd yn oed. Sefyll yn stond heb gyffwrdd. A deall wedyn bod y ffyliaid 'na yn Downing St wrthi'n cynnal partis. Ro'n i'n wyllt pan glywais i hwnna.

Anwen

Man a man cyfadde, ro'dd 'na bethe o'n i'n lico am y Cyfnod Clo, a bydden i ddim yn meindio bod 'nôl 'na nawr. Rhys, Angharad a fi yn ein bybl bach clyd. Watsio teli – *The Americans*, *Tiger King*, lot o stwff S4C o'n i heb watsio o'r bla'n. God, o'n i'n hala ORIE o fla'n y teli – watsies i bob pennod o *Suits*, er mwyn dyn. Gwbod mwy na ddylen i felly am yrfa Meghan Markle cyn iddi gwrdd â'r Cochyn.

O'dd e'n grêt paratoi prydie a bwyta gyda'n gilydd. Wel, swper o'dd uchafbwynt y dydd, ontyfe? A neud bara am y tro cynta erio'd! (Dim bo fi wedi neud lot o fara ers hynny). Bwydo'r adar. A phaneidiau o de yn yr ardd ffrynt gyda'r cymdogion. Geson ni lot o hwyl yn neud hynny ac yn clapio bob nos Iau wrth gwrs. Ddes i i nabod pobol o'n i wedi nodio pen arnyn nhw ers blynyddo'dd. Ac ma'n dda fod rhywfaint o'r teimlad cymdogol 'na'n dal i fynd. Er, aethon ni i ffwrdd dros adeg y blydi Coroni, o'n i'n synnu gyment o ffys o'dd rhai o'r cymdogion am neud – lwyddon ni i osgoi'r te parti diolch i'r nefo'dd. Ond o'dd e'n dda cwrdd â phobol fel Margaret drws nesa ond dau, sy'n wythdeg pump ac yn byw ar ei phen ei hun. Ma pawb yn garcus iawn ohoni hi o hyd – y rota siopa yn dal i fynd ac ma sawl un ohonon ni'n dal i alw i'w gweld hi.

Peth arall o'dd yn neis o'dd y Zooms 'da hen ffrindie – o'dd Gill yn dda am gasglu criw Aber at ei gilydd. Siarades i fwy gyda nhw yn ystod y Cyfnod Clo na chynt na chwedyn! Ha! Drion ni ymuno â chwis rhieni ysgol Angharad ond withodd hwnna ddim – o'dd pawb yn siarad ar draws ei gilydd.

Fe gerddon ni lot yn lleol (gerddes i mwy pry'ny nag erio'd o'r bla'n a dw i heb golli'r arfer sy'n bownd o fod yn beth da am wn i), a ffeindio parcie a strydo'dd pert o'n i ddim yn gwbod amdanyn nhw. A Rhys a finne'n siarad yn iawn am bethe, o'dd yn lyfli. Fe sylwes i ar y gwanwyn am y tro cynta ers blynyddo'dd – y coed yn glasu, y blode'n dod.

O'dd, o'dd 'na lot o bethe da am y Cyfnod Clo. Wedi gweud hynny, dw i'n falch nad o'dd Mam o gwmpas – byse hi wedi ei llorio gan yr unigedd a'r ofn. Ond, o, jyw licsen i fod 'nôl yn y swigen gartrefol 'na nawr.

Delyth

Ddeffrais i bore 'ma wedi gwneud penderfyniad. Mae'n rhaid i fi drio bod yn fwy positif. Felly dyma restru'r pethau da yn fy mywyd. Dw i'n mwynhau fy ngwaith, fy ymweliadau â'r caffi a'r theatr. Mae gen i fflat hyfryd yn llawn pethau neis. Mae gen i ddigon o arian i fforddio tripiau hyfryd (felly mae'n rhaid i fi drefnu rhai!), dw i'n mwynhau ymweld â'r *gym*. Mi ddylai hynny fod yn ddigon i unrhyw un?

Penderfynais fynd draw i edrych ar glwb iechyd newydd yn Rhiwbeina – mae ganddo lot fawr o gyfleusterau da fel pyllau oer, llinellau IV i gael fitaminau a *bone broth on demand*. Gwerth pob ceiniog.

Anwen

Ma'n dda bo fi wedi dechre cerdded gyment – yn llesol i fenywod canol o'd, yn ôl eitem ar Radio Cymru – o'dd Shân Cothi yn siarad am y peth bore 'ma 'da rhyw ddoctor. Ma cerdded yn magu esgyrn cryf ac yn dda i'r galon. O'dd y doctor yn sôn am 'gerdded yn y foment' – sylwi ar y byd o'ch cwmpas chi, rhestru'r hyn ry'ch chi'n ei weld – coed, blode, ac yn y blaen. Yn neud i chi aros yn y presennol yn hytrach na meddwl am y dyfodol (neu yn fy achos i, wrth gwrs, y gorffennol) ac yn ca'l profiad dyfnach sy'n bwydo'r enaid. Swno'n dda.

Ond sai'n credu gall e witho i fi ar y foment achos pan dw i'n mynd mas am dro y dyddie 'ma wi'n ffeindio bo fi mor blydi grac am bopeth. Wi'n grac am ddynion canol oed sy'n gyrru beic ar y pafin, pobol sy'n stopio'n sydyn i ga'l sgwrs, reit ynghanol y pafin, pobol sydd ddim yn edrych lle ma'n nhw'n mynd achos bo'n nhw'n edrych ar eu blincin mobeils a phobol sy'n mofyn i fi lico'u cŵn nhw! Pam ydw i'n teimlo fel hyn? Fi fel rhyw Rambo *post menopausal* yn whilo am ffeit drwy'r amser.

Nia

Mis Medi ar y gorwel. Rhaid cyfadde mod i'n teimlo damaid yn isel – does gen i ddim mo 'run egni â Ger i gyflawni pethau. Mae e'n rhuthro o un peth i'r llall ar gefn ei feic, yn pwyllgora, yn protestio ac yn procio. Bydd rhaid i fi gael gair am y dillad seiclo 'ma – dy'n nhw ddim yn gwneud cymwynas ag e, ys dywedai Mam – ond dw i ddim am ei frifo. Mae e'n ddigon tenau, chwarae teg, ond dyw'r ffordd mae'r *lycra*'n glynu at bob rhan o'i gorff ddim yn weddus rhywsut...

Un peth sy'n synnu fi yw ei fod yn dal mor egnïol ar ddiwedd y dydd. Ac wrth gwrs dw i'n falch o gael y fath sylw. Ond dw i wedi blino weithiau a ddim wastod 'in the mood'. Ac yn teimlo'n ddrwg mod i'n siomi Ger.

Medi

Anwen

Ffeindio rheswm i godi o'r gwely
Byta cwpwl o fisgedi yn lle'r paced cyfan
Osgoi Mali

Delyth

Prynu tabledi tyrmerig a phupur du
Hyperbaric Oxygen Therapy?
Osgoi Justin

Nia

Cael Ger i feddwl am ein gwyliau nesa
Trio llaeth ceirch mewn te
Osgoi Meiriona

Anwen

Dechreues i edrych drwy focsed yn llawn o stwff sy 'di bod gyda fi ers dyddie coleg. Jyw, dechreuodd yr atgofion lifo 'nôl. Do'n i ddim yn gwerthfawrogi mor lwcus oedden i'n cael mynd i'r coleg. Cyfnod heb gyfrifoldeb, cyfle i fethu ac arbrofi. Fe hales i ormod o amser yn gaib, wi'n gwbod hynny. Ond, diolch byth, fe gallies i rywfaint yn yr ail flwyddyn a dechre mwynhau'r cwrs. O'n i'n arfer lico actio a mynd i'r theatr. Wedi anghofio gyment bues i'n neud y ddau. Lot o gynhyrchiadau yn yr Adran Ddrama, wrth gwrs, ond gweithdai hefyd gyda chwmnïau anhygoel o Ewrop – *avant garde* iawn, bois o Wlad Pwyl a Denmarc. Ac o'n i lan yn Theatr y Werin bob wythnos yn stiwardio er mwy ca'l gweld dramâu am ddim. Jyw, o'dd e'n hwyl. O'dd bod yn greadigol yn fwy naturiol rhywsut – cystadlu (a blydi ennill) yn y Ryng-Gol, llenydda achos bo fi'n joio neud.

Beth a'th yn *wrong*? Alla i ddim beio popeth ar fod yn fam, o'n i wedi stopo ymhell cyn hynny. Pwyse dysgu falle? Wedi blino gormod i neud mwy na chynllunio gwersi? Neu'r diogi 'na sydd wedi bod yn rhan annatod ohona i erio'd. Wel, yn ôl Mam beth bynnag. Ma'n od shwd dw i 'di dechre meddwl yn ddiweddar am yr holl bethe negyddol o'dd hi'n arfer gweud wrtha i pan o'n i'n blentyn. Bo fi'n siarad gormod i ddenu dyn a ddim yn neud y gore o'n hunan. Blydi hel, Mam. O'dd hi'n casáu'r ffaith bo fi wastod mewn jîns. Byth yn gwisgo sodle uchel a ffrogie bach pert fel o'dd hi'n neud yn y pumdegau. Ond wedyn, o'dd hi wastod yn gweld bai ar bawb a phopeth nid jyst fi. Ac, a bod yn deg iddi, chafodd hi ddim lot o blentyndod – fe gollodd ei mam yn ifanc a chafodd hi ddim lot o gyfle i neud mwy na phriodi a rhedeg ffarm. O'dd hi ishe mwy falle? Wedodd hi erio'd air wrtha i i awgrymu hynny, ond nawr wi'n dechre meddwl, falle ei bod hi'n rhwystredig iawn a dyna pam o'dd hi mor grac drwy'r amser?

O'dd hi'n uffernol o ofergoelus hefyd a wastod yn disgwyl y gwaetha. A do'dd bod yn weddw yng Nghaerdydd yn ei blynyddo'dd ola ddim yn bicnic iddi, druan. O'dd hi am symud mewn aton ni wrth gwrs. Ond bydde Rhys wedi cerdded mas 'sen i wedi cytuno i hynny – o'dd hi'n hala naw math o iselder arno fe. A whare teg – o'n i ddim ishe hi 'ma chwaith, yn beirniadu popeth ac yn ymyrryd. O'dd hi'n ddigon gwael am neud hynny o bell. O'dd hi'n dwli ar ei hwyrion, oedd yn beth neis – ac o'dd y plant yn hoffi hithe hefyd. Wel, tan iddyn nhw gyrraedd eu harddegau beth bynnag.

Jyw, ddihanges i i Aber i'r coleg ac es i byth 'nôl adre wedyn. Gobeitho na fydd Angharad yn teimlo fel'na. Ond o'dd adre mor ddiflas o gymharu ag Aber. A ges i amser da 'na – o'dd y bocsed o lunie a rhaglenni a thocynne'n gweud y cwbwl rîli. Ac o'n i wedi anghofio popeth am hyn tan heddi ond fe ffeindies i beil o docynnau sinema hefyd, a chofio bo fi'n arfer mynd i weld ffilmiau tramor gyda Simon a Bev bob wythnos yn yr ail flwyddyn. Ffilmie cyfarwyddwyr crand fel Tarkovsky a Buñuel. Wel, 'na un peth allen i neud eto. Ymuno â Chapter. A'r Sherman. O'n i wastod ishe mynd ond do'dd dim amser pan o'dd y plant yn fach. Ond ar ben 'yn hunan? Ethen i? Wel, dw i'n siŵr byse Nia'n dod gyda fi. A Del hefyd. Ma hi'n ddigon unig, on'd yw hi? Falle byse hi'n lico bach o gwmni?

Nia

Mae mis Medi bob amser yn gwneud i fi feddwl am ddyddiau coleg ac am y flwyddyn hapus 'na ges i'n astudio Llyfrgellyddiaeth yn Aber. Cofio teimlo llond côl o ofn cyn mynd yno – achos mod i wedi byw adre gyda Mam a Dad yng Nghaerdydd er mwyn gwneud fy ngradd cynta. Ond ro'n i'n fwy na pharod i adael cartre o'r diwedd yn un ar hugain. Ac roedd Aber yn wyrthiol – roedd popeth yn antur i fi, o'n i mor ddiniwed. Cofio dwli'n lân ar yr holl brofiadau newydd ddaeth i'm rhan. Prynu dwfe (oedd yn beth newydd i ni i gyd bryd hynny) a phosteri i addurno fy stafell ac, o, nefi blw, y tegell oren 'na! O'n i mor browd o hwnna!

Ond doedd pethe ddim yn fêl i gyd, wrth gwrs. Cofio bod tamaid o gysgod dros y cwbwl gan fod fy nghyfnither, Helen, mor grefyddol. A finne'n sylweddoli nad o'n i am fod yn rhan o'i byd hi – roedd ei ffydd hi'n garismatig, yn efengyliaeth eitha cul yn y traddoddiad Americanaidd. Billy Graham ac yn y blaen. Mor wahanol i Sara a'i chariad Tom oedd yn rhannu'r stafell fach dywyll 'na yng nghefn y tŷ. Ysgwn i beth ddigwyddodd iddyn nhw? Gwybod hanes Helen, wrth gwrs, gyda'i gŵr a'i phump o blant. Pharodd ei hefengyliaeth hi ddim yn hir iawn. Symudodd hi fewn gydag Eifion ymhell cyn priodi – byse'r Helen oedd gyda fi yn Aber ddim wedi breuddwydio am wneud hynny! Ys gwn i os arhosodd Sara a Tom gyda'i gilydd? Byddai'n braf cael gwybod. Falle fod gwerth i ymuno gyda Facebook os y'ch chi'n gallu ailgysylltu gyda phobol fel'na. Gweld eu hanes. Mae Anwen yn ei ddefnyddio, dw i'n gwybod.

Wrth olchi'r llestri swper dechreues i feddwl am pam na wnes i fwy ohona i fy hun ar ôl gadael Aber. A defnyddio'r holl wybodaeth 'na. Fe briodes i Ger, wrth gwrs. O'n i mewn cariad ac yn hapus i fod yn wraig i ficer. Heb feddwl falle fod mwy na hynny ar gael i fi.

Delyth

Wrthi'n siopa am fwyd heddiw ac fe ges i dipyn o foment! Welais i botiau o fenyn cnau ar un o'r silffoedd, a daeth atgofion cryf yn ôl i fi o'r cyfnod yn Aber. Y siop rawnfwydydd ryfedd 'na lawr wrth y Castell. Bwcedi anferth o fenyn cnau o bob math, a bara grawn cyfan oedd mor drwm roeddech chi'n teimlo fel tasech chi wedi llyncu bricsen.

Ac wedyn dyma ddechrau meddwl am Aber o ddifri. Y fath unigrwydd! Yn y flwyddyn ola, yn arbennig, gan fod Llinos yn treulio bob munud gyda Steve, ac o'r eironi – fe orffennodd hi 'dag e bron yn syth wedi'r seremoni raddio. Wel, ddeugain mlynedd yn ddiweddarach dw i'n meddwl mod i bron mor unig eto ag yr oeddwn i bryd hynny. Mae Nia ac Anwen yn hyfryd wrth gwrs – ond dyw paned yn y caffi unwaith yr wythnos ddim yn ddigon. Dw i'n dal i fod ar ben fy hunan ar ddiwedd y dydd. Ac mae pethau'n waeth ers i Stuart symud i ffwrdd. Er cymaint ydw i'n dweud wrth fy hunan mod i'n well hebddo fe. Ac mae dweud hynny wedi mynd fel rhyw fath o fantra i fi nawr. Yn enwedig yn oriau mân y bore.

Dydw i ddim ishe mynd yn ôl i fel ro'n i yn Aber yn y flwyddyn ola 'na. Yn lwmpyn mawr o hunandosturi. Alla i weld hynny nawr – a doedd e ddim yn ddeniadol. Cofio beichio crio ar ôl gwylio *Kramer vs Kramer* yn y Commodore. Es i i sefyll ar y prom i wylio'r môr, y dagrau'n llifo i lawr fy ngruddiau a theimlo bod neb yn y byd yn poeni amdana i. Ro'n i mor isel ar un pwynt, ro'n i'n gweld ymweliad y llwynog lleol â'r bin sbwriel tu fas i Gwrt Mawr fel uchafbwynt y dydd. O leia ro'n i'n siŵr y byddai'r llwynog yno bob nos. Oedd yn fwy nag allen i ddweud am y bobol eraill yn y fflat. Dim ond Roderick oedd yn fodlon siarad gyda fi. Buodd e mor garedig wrtha i. Ys gwn i sut aeth pethau iddo fe yn MIT? Liciwn i wybod.

A chofio'n sydyn am y cinio rhyfedd 'na gyda Mam yn y Belle Vue. Cofio mod i'n isel iawn a hithe'n sylwi dim. O edrych yn ôl roedd hi'n amlwg bod ei affêr gydag Yncl Huw wedi dod i ben a doedd hi ddim yn gwybod lle i droi, felly dim rhyfedd bod ei meddwl yn bell. Doeddwn i ddim yn lot o gysur, mae hynny'n sicr. Fe ddiffoddodd hi ei sigarét ar ymyl ei phlât bwyd – a'r pysgodyn oedd arno braidd wedi ei gyffwrdd. A diflannu bron yn syth 'nôl i Gaerdydd heb ofyn dim am fy mywyd i.

Ai bryd hynny ddarllenais y llyfr rhyfedd 'na, *Jonathan Livingston Seagull*? Fel tase fe'n cynnig rhyw atebion mawr? Ro'n i mor grediniol. Dim rhyfedd i Gwion fanteisio arna i. Does dim eisiau gofyn beth ddigwyddodd iddo fe. Yn farnwr nawr. Ond ha! Mae e wedi pesgi, ei stumog yn anferth, ei wddwg yn rhy drwchus i'w goler ac yn edrych fel broga mawr pinc erbyn hyn.

Wel, beth bynnag yw fy methiannau i fel person, dw i'n dal i fod o dan naw stôn ac yn gallu rhedeg 10k heb godi chwys.

Anwen

Youth is wasted on the young, myn yffach i! Wi'n torri 'nghalon yn edrych ar y lluniau ohona i yn Aber. O'n i'n gorjys, yn dene, o'dd 'da fi lyged mowr glas a gwallt du trwchus. Ac ar y pryd o'n i'n meddwl bo fi'n hyll a thew. Pam nad o'n i'n gweld gyment o bishyn o'n i? A do'dd dim tamed o hyder 'da fi.

Ma'r holl atgofion 'ma wedi 'ngadel i'n teimlo'n uffernol o grac nawr. Am wastraff!

PAN DW I'N METHU CYSGU:

Nia

Dw i'n codi o'r gwely heb ddistyrbio Ger, mynd i wneud paned o de a gwylio *Noson Lawen* neu *Dechrau Canu, Dechrau Canmol* ar S4C Clic. Yn aml iawn mae 'na rywun dw i'n nabod yn y gynulleidfa.

Anwen

Methu cysgu'n rhy amal o lawer ers i Rhys fynd. Dw i'n deffro'n sydyn o ryw drwmgwsg sy'n llawn breuddwydion alla i byth mo'u cofio a gorwedd yn y gwely'n berwi, yn teimlo'n uffernol o grac am bopeth. Yn ca'l mymryn o gysur wrth edrych ar Facebook. Whilo hen ffrindie, edrych ar eu llunie. Rhyfeddu bod pobol yn barod i fyw eu bywydau arlein, mewn ffordd mor gyhoeddus.

'Mwynhau cinio hyfryd ym Mhortmeirion i ddathlu penblwydd Gwenhwyfar yn ddeunaw.' Neu 'Mor browd o Tegid wedi iddo fe basio gradd 8 ar y soddgrwth.' A 'penwythnos yn Rhydychen gydag Arianrhod – mor falch ohoni.'

Ma lot yn dwli ar ddangos llunie o'u byrdde bwyd wedi eu gosod – lliain bwrdd crand, blode, rhesi o gyllyll a ffyrc,

'Barod ar gyfer y wledd!' ac yn y blaen. Ma eraill yn tynnu lluniau di-ri o'r bwyd drud ma'n nhw wedi'i ordro i'w fwyta mewn *restaurant* – 'pryd anhygoel yn Y Polyn!' a 'Bryn Williams wedi ei gwneud hi eto!'

Pe bawn i'n whare'r gêm arbennig yma byddwn i'n gorfod sgrifennu rhwbeth fel, 'mor browd bo fi wedi llwyddo i ga'l plymar i drwsio'r tŷ bach lawr llawr.' Ac o ystyried shwd ma pethe wedi bod yn ddiweddar, bydde'n rhaid i fi osod llun pryd parod o Morrisons, 'mor falch bo fi wedi gosod hwn yn y microwêf am ddwy funud!' Wedi bod mor ddioglyd – dim whant coginio. Na bwyta mewn gwirionedd.

Wi'n gwbod o'dd Llio yn trio helpu drwy brynu'r llyfr coginio na i fi, yn benodol ar gyfer menywod canol oed, er o'n i'n ffaelu credu bod y fath beth yn bod! Ma llun o ddwy fenyw dene yn gwenu'n hapus ar y clawr, er eu bod yn gweud bo nhw yng nghanol y menopos. Dim sôn am *hot flushes* na diffyg cwsg a diffyg traul. Lot o stwff am *living my best life* a ryseitie'n llawn pethe fel gwymon, *black glutinous rice* a *cold pressed coconut oil*. Sdim un o'r rheina ar gael yn Morrisons. Bydde Rhys wedi wherthin a gweud rhwbeth negyddol am y gost, ond falle dylen i drio'r bwyd 'ma. Ma'r ddwy ar y clawr yn edrych yn dda. Er bod y menopos yn atgof pell erbyn hyn falle bo'r pethe 'ma'n gwitho hyd yn oed i hen fenywod fel fi.

Beth bynnag, peth arall dw i 'di sylwi am Facebook yw pobol yn dodi llunie proffeil newydd lan drwy'r amser. Sai'n mofyn i neb weld gyment wi 'di heneiddio. Ac ma pawb wrthi'n dringo mynyddoedd, rhwyfo mewn rhaeadrau neu'n sgio. Nag oes neb yn fo'lon cyfadde eu bod nhw'n hala'u hamser yn watsio *box sets* ac yn byta crisps?

A Duw mawr â'n gwaredo – beth am yr holl lunie troëdig

o'u hwyrion?! Diolch byth, dyw Llio ddim ishe llunie o Cai ar y we – ac am unwaith dw i'n cytuno gyda hi. Ma 'da fi ormod o ffrindie heb blant i stwffo llunie fel'na arnyn nhw. Wedyn ma 'na dorreth o luniau'n dangos addurniadau Nadolig (*'the most wonderful time of the year* yn tŷ ni!') neu flode – 'Alwyn wedi cael hwyl ar y begonias eleni!'.

A'r hysbysebion! 'How to get rid of belly fat', 'intermittent fasting', '10 signs of early dementia', 'how to spot cancer early', 'arthitis joint and support', *probiotics*, *prebiotics*, ac yn wa'th na hyn i gyd 'excercises for the elderly – try Wall Pilates'.

Yn y pen draw, ar ôl hala amser yn sgrolio drwy'r cwbwl lot, dw i'n llwyddo i gysgu. Ond ma'r busnesa 'ma ym mywyde pobol yn digwydd yn rhy amal. A dyw e ddim yn iach.

Delyth

Methu cysgu. Tabled. Diolch byth amdano.

Anwen

Es i ag Angharad lan i Panty. Ofynnodd Rhys os byse fe'n ca'l dod ond diolch byth wedodd Angharad na. Uffernol o drist wrth gwrs, ond yn neud pethe lot yn rhwyddach i fi. Methodd Huw ddod yn anffodus – ond fel ma'n digwydd o'dd gyment o stwff 'da Angharad o'dd y car yn orlawn. Do'dd dim byd tebyg i hyn 'da fi pan es i lan i Panty. 'Mond un cês o ddillad a chwpwl o lyfre. Diolch byth o'dd chwarëydd recordie 'da Gill yn barod i'r stafell. O'dd 'da Angharad fagie yn llawn dillad a sgidie, bocsed o bethe gwallt, sef *diffuser*, *straightener* a *curling tongs* (dyw'r cyfuniad 'na ddim yn neud sens o gwbwl i fi), bocsed arall o gwpane a gwydre a thegell, peiriant coffi a *juicer*!

Faddeues i lot iddi achos ei bod hi mor gyffrous yn y car, ddim ishe stopo am baned jyst ishe cyrraedd! Neis clywed ei bod hi mor frwdfrydig am bopeth – y cwrs, pobol eraill o'dd hi'n nabod fydd yno, ei dillad newydd. Ma Panty mor smart nawr. Stafelloedd lyfli, *en suite*. Ma golygfa 'dag Angharad dros y môr, yn union fel o'dd 'da fi yr holl flynyddo'dd yn ôl yn stafell 137. Ddadlwython ni'r stwff, a finne'n nodio at yr holl rieni eraill o'dd yn neud 'run peth. Weles i neb o'n i'n nabod, o'dd bach yn drist. O'n i 'di gobeithio lleddfu'r unigedd drwy siarad 'da rhywun arall o'dd yn mynd drwy 'run profiad. A gwa'th na 'ny, o'n i'n gallu gweld bod Angharad yn desbret i fi fynd, a blydi hel, o'dd e'n anodd pido llefen wrth ei gadel hi. Lwyddes i i gadw e mewn tan i fi gyrraedd y car. Ond wedyn, os do fe. Yrres i lan i dop bryn Penglais a ges i sioc aruthrol o weld bod 'na bentre cyfan newydd ar y bryn gyferbyn â Cwrt Mawr. O'dd yn itha cyfleus rili achos o'dd digon o le 'na i barco er mwyn i fi gael ishte yn y car a bloeddio mewn heddwch. Siŵr i fi lefen am hanner awr!

Ar ôl i fi gwpla es i lawr i'r ffrynt i watsio'r haul yn machlud a'r drudwns yn clwydo – o'dd cwmwl anferth ohonyn nhw'n heidio, yn troi mewn a mas, ar ben ac o dan y Pier. Llifodd yr atgofion 'nôl wrth i fi ishte 'na. Fi a Gill ar grôl ar hyd y ffrynt o'r Seabank hyd at y Belle Vue. Snogio Daniel ar bwys y Pier ar ôl gwylio'r TC's. Yfed Pimm's yn y Belle Vue yn edrych ar yr haul yn machlud. Cicio'r bar ac edrych ar y môr pan o'dd pethe'n mynd yn ormod. Dringo Consti a cherdded lawr i Clarach. Wherthin fel ffylied yn yfed seidr ar y tra'th ar nosweithiau o haf. O'dd e'n gyfnod ffantastig. Ond o gofio, prin o'n i'n ffono adre, felly alla i ddim disgwyl mwy gan Angharad, sbo. Diolch byth fod WhatsApp yn cadw rhywun mewn cysylltiad gyda chwpwl o frawddegau dyddie hyn.

A fydd 'na Ffion Hâf ym mywyd Angharad, ys gwn i? Wel, ma ffrogie Laura Ashley wedi neud *comeback* yn ddiweddar so... Ma lot o ferched ifanc yn edrych fel Ffion nawr, yn gwmws fel y Stepford Wives. Credu bod y Casi Wyn 'na (o'dd yn yr un flwyddyn ag Angharad ac yn ennill popeth yn yr Urdd) yn Ffion Hâf *type*. Ysgwn i os bydd hi, fel Ffion, yn eistedd yn y Pengwin yn stwffo *frothy coffee* a *toasted teacakes* ac yn beirniadu pawb. Ac yn hala rhywun i deimlo'n euog am beidio ymuno gyda'r parti blydi cerdd dant.

A blydi hel, i goroni'r cwbwl does dim *blackcurrant cheesecake* na choffi Rombouts yn y Cabin erbyn hyn. O'n i mor siomedig. Heb fod yno ers i fi adel Aber a sai'n gwbod beth o'n i'n ddisgwyl achos ma BLYNYDDO'DD wedi mynd heibio.

O'dd lot o gerrig bach ar y prom ar ôl y storom fawr 'na wythnos diwetha. Wedodd y fenyw yn Ultracomida (brynes i gaws a ham yno fel trît bach) fod lot mwy o stormydd nawr yn Aber. Bo nhw'n hala fortiwn yn ailadeiladu'r prom pob gwanwyn. Newid hinsawdd, *the gift that keeps on giving*, myn yffach i.

Ar ôl yfed paned o goffi, yrres i 'nôl i Gaerdydd yn teimlo'n blydi uffernol. O'dd hi'n dywyll ac yn wlyb ac yn itha *dodgy* ar yr hewl o Lanrhystud. O'n i'n falch o gyrraedd yr M4.

Nia

Ger yn siarad eto am y profiadau yn y carchar. Yn mwynhau cwmni'r caplaniaid eraill – mae rhai o bob ffydd mae'n debyg. Mae 'na fenyw sy'n arddel y ffydd baganaidd yn mynd yno unwaith yr wythnos ac mae Ger yn dweud ei bod yn ddynes beniog sy'n wych gyda'r carcharorion. Mae'n hoffi'r Iman Mwslemaidd yn fawr hefyd. Y cwbwl yn 'wledd eciwmenaidd' yn ôl Ger. Hyfryd ei weld yn mwynhau fel hyn. Hyd yn oed os ydy e'n gwneud i fi deimlo fymryn yn euog am mod i'n gwneud gymaint llai na fe.

    Mae e am i ni 'fyw'n iachach'. A chadw'n heini. Mae e'n ystyried gwneud ioga gyda rhai o bobol Cymdeithas y Cymod. Ddywedodd e heddiw y dylen ni fod yn llyncu tabledi olew pysgod bob bore – wedi clywed yn rhywle eu bod yn rhoi egni i 'ddynion canol oed'. A bwyta cnau a hadau a chig heb fraster. Mae'n sôn am brynu peiriant o'r enw Nutribullet er mwyn i ni yfed mwy o sudd ffrwythau. Ges i bregeth am hyn dros frecwast bore 'ma. Dries i edrych yn frwdfrydig ond eisiau mwynhau fy hun ydw i heb deimlo'n euog am fwyd ar ben popeth arall. Pam mae'n rhaid iddo fod mor, mor frwdfrydig? Dw i'n gwybod bod hynny'n rhywbeth i'w edmygu, wrth gwrs. Ond weithiau mae rhywun jyst wedi blino.

Anwen

Ma'r tŷ mor wag heb Angharad. Wi'n dyheu am orfod cliro'i *floordrobe*, y dillad o'dd hi'n arfer eu gadel ar lawr ei stafell. Nicars a chryse T a ffrogiau *vintage* yn ymestyn i bob cornel. Ar ben hen baneidiau o de a phlatiau o dost a Marmite. Gobeithio y bydd hi'n fwy teidi yn Panty. 'Mond hi fydd yno i olchi'r llestri a'i dillad.

    Fi wastod yn gallu mynd i'r bathrwm nawr, heb Angharad yn gori am orie yn y bath, yn sgrechen wherthin ar ei ffôn wrth glebran 'da'i ffrindie. Ond diawch, dw i'n gweld ishe'r sŵn sgrechen 'na. Wi hyd yn oed yn gweld ishe clywed hogle'r *vape* ffiedd 'na oedd hi'n esgus bod hi ddim yn ei ddefnyddio.

Be ma hi'n neud yn Aber? Ydy hi mas yn hwyr bob nos? Yn mynd ar grôls masif ar hyd y ffrynt ac yn stwffo *chips* ar ddiwedd y noson? Yn osgoi gwisgo dyngarîs achos bo nhw mor anymarferol ar sesh? Does 'da fi ddim clem beth ma hi'n neud. Gorfod ishte fan hyn yn trio peidio â meddwl am y peth. Amhosibl ca'l gafael arni am sgwrs. Medde hi tro diwetha, 'Mami, wi'n rhy brysur i chato, popeth yn ffab, paid â phoeni!'

Huw yn gweud wrtha i hefyd am beidio â phoeni ond ma fe'n hollol wahanol i Angharad. Ddim hanner mor fympwyol i ddechre. Ma Huw yn solet ac yn gyment o gefen i fi. Poeni bo fi'n manteisio gormod arno fe. Ma 'dag e fywyd i'w fyw heb ei fam yn gofyn am sylw drwy'r amser. Ar ôl gweud hynny dw i ddim yn siŵr shwd fath o fywyd sydd 'dag e – boi preifat iawn yw Huw. Deall am y garddio, wrth gwrs – ond yn gwbod dim am ei ffrindiau na'i gariadon. Os yw'n wir fod yna gariadon o gwbwl? A pha ryw? Nid bod ots 'da fi am hynny, ond byse fe'n neis bod 'na rywun sbesial yn ei fywyd.

Wedyn dyna Llio. Ody hi'n hapus 'da James? Ma fe mor wahanol i'n teulu ni. Sais, mewn gwirionedd, yn byw bywyd hollol ddierth i fi – Cathedral School, Côr Eglwys Llandaf, Rhydychen a nawr un o'r swyddfeydd cyfreithiol swanc 'na ac yn ennill miloedd. Fuodd Rhys erio'd yn ffan. Ma James yn ddigon neis. Ond oes 'na rhwbeth ar goll?

O jyw, ma'r unigedd 'ma'n golygu bo fi'n hala gormod o amser yn meddwl am y plant. Alla i ddim bod fel hyn. Dyw e ddim yn iach, a ddylen i ddim ymyrryd yn eu bywydau nhw beth bynnag. Rhaid i fi ffeindio diddordebe newydd. Weles i ryw erthygl am weddwon yn priodi eu hunain er mwyn 'agor y drws i'w bywyd newydd hunangynhaliol'. Wel, o le dw i'n sefyll dyw hwnna ddim yn swno'n gwbwl boncers. Rhaid i fi symud mla'n. Ond shwd? Fi mor blydi grac yn un peth. Ydy hwnna'n rhwbeth sy'n diflannu yn y pen draw? Gobeithio i'r nefo'dd ei fod e. Falle dylen i ddechre bocsio. Ca'l gwared ar yr *aggression* 'ma. Siŵr bydde Del yn meddwl bod hwnna'n syniad gwych.

Delyth

Justin yn gofyn i bawb sgrifennu rhestr – 5 peth ry'n ni'n casáu am weithio yma a 5 peth ry'n ni'n hoffi. Ar ben fy rhestr o bethau rwy'n eu casáu oedd 'ysgrifennu rhestrau o bethau rwy'n eu casáu'. Wnaeth Justin ddim chwerthin.

Nia

Wedi bod yn darllen Barbara Pym eto, awdur sydd bob amser yn gafael. A sylwi fod sawl un o'i chymeriadau yn hoff o fis Medi ac yn canu clodydd y tymor. Yn debyg am wn i, i'r syniad Sgandinafiaidd am *hygge* – mae Dulcie yn *No Fond Return of Love* yn mwynhau tanau yn y nos, a chasglu ffrwythau o'r ardd i wneud jam a phastai. Fues i erioed yn dda am wneud pethau fel'na ond mae'n braf darllen amdanyn nhw. Roedd Eirwen, wrth gwrs, yn wych am y pethau hyn. Cofio hi'n rhoi jam i fi oedd wedi ei wneud o bwmpenni a dyfwyd ganddi ar ei rhandir. Roedd e'n hyfryd yn anffodus.

Fetia i fod Meiriona yn dda am wneud jam ac mae hi siŵr o fod yn cadw rhandir yn rhywle. Meddalais i rywfaint tuag ati heddiw achos buodd hi'n garedig (a sensitif) i ddynes ddaeth i'r banc bwyd yn llawn embaras, a chwarae teg, fe helpodd Meiriona hi drwy'r broses a thrio rhoi mymryn o urddas yn ôl iddi. Ond wedyn fe glywais i hi'n dannod i Ranvir am y ffordd roedd e wedi gosod y stoc newydd, ac fe galedodd fy nghalon tuag ati eto.

Pan gyrhaeddais i adre roedd Ger yn eistedd yn ei gwrcwd ('mae hyn yn ffordd iachus iawn o eistedd, Nia') ar fat ioga newydd. Roedd e wrthi'n darllen llyfr o'r enw *How to keep the Child in you Alive*. Dechreuodd e ddarllen darnau wrth i fi goginio – yn sôn am bwysigrwydd chwarae a chwerthin. Sy'n swnio'n beth da i fi os ydy'r chwarae a'r chwerthin yn golygu gwylie bach neis i rywle. *Mini break*. 'Na beth fyddai'n gwneud i fi chwerthin. A chwpwl o lasys o *prosecco*.

Anwen

Sneb yn debygol o 'ngwahodd i mas i swper nawr. Nid bo Rhys a finne yn ca'l lot o wahoddiade cyn iddo fe fynd, ond ro'dd ambell riant ysgol neu hen ffrind coleg yn neud weithie. Ond fydd neb ishe menyw ar ei phen ei hun, yn enwedig pan nad ydw i hyd yn oed yn weddw. Ma 'na ryw urddas mewn gwedd-dod, ond dim mymryn ohono i'r rhai ohonon ni sy'n wrthodedig.

Delyth

Diolch byth, bydd Courtney 'nôl o'i chyfnod mamolaeth cyn bo hir. Mae hi wedi bod yn chwithig iawn hebddi. Gormod o *temps*, a dim trefn gan yr un ohonyn nhw. Ac yn waeth na hynny, jyst pan oedd rhywun yn dechre dod i'w nabod nhw, a chael gwaith derbyniol, roedden nhw'n gadael! Mae Courtney'n rhagweld pob problem ac yn eu sortio cyn i fi gael gwybod amdanyn nhw. Does gan y merched ifanc 'ma ddim syniad. Iawn am deipio ac ateb y ffôn ond yn methu crybwyll beth sy'n bwysig – dim syniad am *priorities*.

Mae eisiau brêc arna i. Efallai af i draw i'r gwesty drud 'na ym Mharis. *Massage*, cael triniaeth fwd efallai. Eisiau codi calon. Ond dw i'n gwneud hyn drwy'r amser, darllen am y llefydd 'ma ond byth yn mentro bwcio. Wedi fy mharlysu rhywsut. O leia mae'r caffi 'da fi fory. Bydd yn braf gweld y merched. Cael cwmni.

Anwen

Pawb yn ddiflas yn y caffi bore 'ma. Nia, achos bod Ger yn dal i witho orie mor hir a'i bod hi wedi methu â threfnu *mini break* yng Nghaeredin. O'dd hi ishe mynd ar y trên ac aros reit yn y canol mewn gwesty posh. O'dd *offer* da ar gael ar gyfer penwythnos nesa. Ond ma Ger yn rhy brysur ma'n debyg, yn pwyllgora ac yn gwirfoddoli yn y carchar. Ac o wrando ar ddisgrifiadau Nia wi'n dechre meddwl ei fod e'n ca'l rhyw fath o *midlife crisis*. Ma fe'n mynd ar gefen beic i bobman mewn *lycra* tyn, wedi dechre darllen llyfre *self-help* ac yn llyncu fitamins bob whip-stitsh. Wrth gwrs ma Del yn meddwl bod hyn yn swno'n dda iawn. Ond ma Nia'n poeni taw fel hyn fydd hi o hyn mla'n, a hithe'n rhyw fath o weddw gor-bwyllgora.

Ac ma Del wedi bod yn teimlo mor ddiflas ma hi wedi penderfynu gwario crocbris ar *facials* a *massage* mewn rhyw sba ym Mharis ma Gwyneth blincin Paltrow wedi ei argymell. Rhwng popeth bydd e'n costio dros fil o bunnoedd iddi. 'Dewch gyda fi,' medde hi! Edrychodd Nia a finne arni hi'n syn. Meddwl weithie bod Del ar blaned arall.

Wedyn, o'n i fel wew yn hanner llefen, hanner wherthin wrth drafod y creisis *sadmin* diweddara. Hales i ddoe yn trio sorto'r *broadband* sydd yn dal i fod yn enw Rhys. O'dd y *chatbox* ar y sgrin yn mynd â fi rownd a rownd mewn cylchoedd ac unwaith eto fe ges i hunllef yn trio siarad 'da person byw. A'th orie heibo a ffaeles i sorto dim. A bod yn onest, bysen i ddim yn meindio tase rhyw bot Rwsiaidd yn ymyrryd, meddwl bydde mwy o drefn gyda nhw ar bethe.

Nia

Does dim hanner digon gen i i'w wneud ar hyn o bryd ac mi rydw i wedi dechrau gwylio gormod o deledu yn ystod y dydd. A dw i'n synnu gymaint dw i'n mwynhau'r arlwy. *Scam Interceptors*, *Homes Under the Hammer*, *The Bidding Room*, *Bargain Hunt* ac *Escape to the Country*. Mi allen i dreulio diwrnod cyfan yn gwneud dim ond gwylio pobol yn ocsiwna, mae gymaint o raglenni tebyg ar y teli. A rhag 'y nghywilydd i, dyna dw i'n ei wneud weithiau. Alla i byth â chyfadde hyn wrth Ger.

Anwen

Brynes i lyfr yn Tesco, *The Other Woman*. Meddwl byse gallu wherthin am y peth yn helpu rhywsut ac o'dd y broliant ar y clawr yn addawol – 'I laughed so much I signed the divorce papers!'. Ond lot o nonsens am ddial a'r erchyll 'how to live your best life' o'dd ynddo fe. Sai'n mofyn dial rili. Jyst ishe symud mla'n a gweld rhyw werth yn fy mywyd.

Delyth

Derbyniad i gyfreithwyr yn y Senedd. Wedi blino siarad gyda dynion nawddogol yno dros y blynyddoedd, a nawr ar ben y cyfan maen nhw'n ifancach na fi. Ac yn siarad gyda fi fel tasen i'n hen gant. Roedd 'na ryw SpAd ifanc o'r Blaid Lafur yno heno yn 'dynsbonio' syniad cyfreithiol i fi fel tasen i heb glywed amdano fe o'r blaen. Yn ei siwt Hugo Boss a'i dei o Rydychen. Dydw i ddim yn meddwl ei fod e'n gymaint â deg ar hugain – plentyn mewn gwirionedd. Rhoies i bryd o dafod iddo ac esbonio mod i'n Uwch Bartner ond ro'n i'n gallu gweld nad oedd tamaid o ots 'dag e. Yn teimlo'n flin drosta i am fod mor hen, am wn i. Gwelais e'n chwerthin gyda'i fêts ac yn edrych i 'nghyfeiriad i wrth i fi adael.

Roedd Lisa, wyres Syr David, yn gwibio o gwmpas fel tase hi'n nabod pawb. Mae ganddi lawer mwy o hyder nag oedd gen i yr oedran yna. A jyst cyn diwedd y nos welais i ryw foi hardd ofnadwy yn mynd draw ati a'i chusanu.

Ro'n i'n teimlo'n genfigennus ofnadwy ac yn meddwl eto, beth yn y byd ydw i wedi gwneud gyda fy mywyd? Bues i'n troi a throsi am orie cyn syrthio i drwmgwsg. Ges i ryw freuddwyd ddiflas am Mam a fi'n siopa yn Howells a finne'n ei chael hi'n anodd i wisgo'r dillad roedd hi wedi'u dewis i fi achos bod popeth yn rhy fach. Ddeffrais i mewn môr o chwys am dri o'r gloch. A methu mynd yn ôl i gysgu cyn i'r larwm ganu am chwech. Ro'n i'n teimlo'n erchyll, yn flinedig ac yn syrffedus, ond hefyd yn dynn fel weiren gaws gan fod tonnau o adrenalin yn morio drwy fy ngwythiennau.

Mae'n amlwg fod y tabledi cysgu yn llai effeithiol nag

oedden nhw ac efallai yn achosi'r deffro hunllefus yma yn oriau mân y bore. Ond dw i jyst ddim yn siŵr lle i droi – yn sicr wnaiff y GP ddim codi'r ddos. Fe ga i'r un hen stori ganddi – mwy o ymarfer corff, therapi ac yn y blaen. A phan dw i'n dweud wrthi mod i wedi bod yn gwneud yr holl bethau 'ma ers blynyddoedd ac yn dal methu cysgu, mae hi jyst yn syllu'n nawddoglyd arna i a gwrthod rhoi mwy o bils. Yn poeni am y sgileffeithiau, medde hi. Ond beth am sgileffeithiau diffyg cwsg??!! Dyw hi jyst ddim yn deall.

O leia mae gen i fy mhenwythnos ym Mharis cyn bo hir. Gobeithio gwnaiff hwnna godi fy nghalon.

Anwen

Weles i'r Fam-oedd-wastod-yn-conan yn Aldi. O'dd e'n amlwg ei bod hi'n gwbod am Rhys, o'n i'n gallu gweld e yn ei llyged er bod hi'n esgus bod hi ddim nes i fi weud wrthi. Wedyn gafaelodd hi yn fy llaw, rhoi ei phen ar un ochr a gweud mewn llais crynedig, 'Am sioc ofnadwy, alla i ddim dychmygu mor anodd ma pethau wedi bod i ti, Anwen. Dw i'n torri 'nghalon drosot ti.'

Is-destun – 'alla i ddim dychmygu achos bo fi'n briod gydag Elgan-yr-acowntant-dof a feiddie fe ddim bihafio fel hyn.' Ges i ddigon ar ei nonsens hi a gweud, 'Ma cariad newydd Rhys yn disgwyl efeilliaid. Bydd rhaid i fi werthu'r tŷ a dw i ddim yn meddwl ga i lot amdano fe felly paid â synnu os gweli di fi'n cysgu mewn pabell ar gae Pontcanna neu'n gwerthu fy nghorff tu ôl i Stadiwm y Mileniwm.'

Ddiflannodd hi'n go glou ar ôl hynny.

Nia

Trît blynyddol i fi fy hun – siopa am gardigans. Fe es i draw i Groes Cyrlwys a chael paned a brechdan yno hefyd. Mae dillad M&S yn gallu bod yn ddrud ond, ys dywedai Mam, mae graen arnyn nhw. Mae'r cardigans *cashmere* bron yn ganpunt! Ond, o, am liwiau braf. Oren a melyn a phinc godidog. Ffeindies i rai rhatach oedd wedi cael eu gwneud o ryw ddeunydd sydd wedi'i ailgylchu, ond do'n nhw ddim mor feddal a doedd y lliwiau ddim hanner cystal. Ro'n i'n teimlo fymryn yn ddigalon nes i mi weld bod 'na *mid season sale* ymlaen. Ac yno ar y reilin roedd yna gardigan fflamgoch *cashmere* seis 20 am draean o'r pris arferol. Rhy fawr o lawer i fi, wrth gwrs, ond mae gwlân yn tynnu at ei hunan, on'd yw e? Mi fydd dipyn yn llai wedi i fi ei golchi. Ac mae hi'n feddal fel menyn. Nawr, rhaid ei chadw rhag y gwyfon. Yn anffodus, nid ni yn unig symudodd o'r Ficerdy i'r fflat 'ma.

Anwen

Ma Rhys ishe cyfarfod i drafod gwerthu'r tŷ. Ishe symud mla'n i 'bennod newydd yn ei fywyd'.

Cyn i fi ga'l meddwl yn iawn am hyn fe gysylltodd Angharad ar WhatsApp. Ma hi ar ben y byd yn Aber. Yn mwynhau'r cwrs, yn dwli ar ei stafell, wedi ymuno â llwyth o gymdeithasau, hyd yn oed wedi dechre dringo Consti bob bore Sadwrn. Ac fe ofynnodd hi shwd o'n i – gwyrth! Smo hi 'di neud hynny erio'd o'r bla'n. Rhaffes i gelwydde a gweud bo fi'n iawn, wedi ymuno â chlwb llyfre ac yn mynd i Chapter i weld ffilm heno. Bydd rhaid i fi neud ymdrech i gyflawni rhai o'r pethe hyn cyn iddi ddod gatre dros Nadolig.

Wedi i ni orffen yr alwad, es i 'nôl at y llythyr. Ma Rhys yn awyddus i ni ffeindio setliad teg fydd yn dderbyniol i ni'n dau. Mynd i drafod gyda Lowri.

Ond dw i ddim yn bwriadu cwrdd â Rhys os bydd HI yno.

Nia

Fe wisgais y gardigan i'r caffi – Anwen a Del yn dwli arni. Y ddwy yn dweud bod y lliw yn fy siwtio!

Anwen

Nia'n edrych yn lyfli mewn rhyw gardigan *cashmere* o Marks. Meddwl y dylen i neud mwy o ymdrech. Ma Nia'n hollol iawn, ma sbwylo'ch hun weithie yn codi calon rhywun. Ar ôl llythyr Rhys ddoe meddwl bod ishe bach o faldod arna i.

Delyth

O daro, doeddwn i ddim am ddweud dim achos roedd hi'n amlwg bod Nia mor hapus yn ei chardigan newydd ond mae hi'n lot rhy fawr iddi – yr ysgwyddau hanner ffordd lawr ei breichiau ac yn edrych fel sach. Ond ddywedais i ddim.

Anwen

Wel, o leia wnes i rywbeth newydd o'dd tamed bach mas o fy *comfort zone* heddiw.

O'n i'n teimlo mor isel ac yn ffaelu wynebu diwrnod arall yn ishte o fla'n y teli ac o'n i wedi ffansïo mynd lawr i'r Barri ers i Mali sôn wrtha i am y llefydd coffi neis sydd wedi agor yno. O'dd y trên yn mynd yr holl ffordd draw i'r ynys ac o'dd y siwrne o Gaerdydd yn syndod o glou. Ac fe wnes i fwynhau'r daith ar ben 'yn hunan!

Wedyn o'dd e'n neis cerdded ar yr ynys – ma'r golygfeydd yn fendigedig draw i Loegr ac i fyny'r arfordir. Gerddes i am oesoedd, draw dros y traeth i'r Knap (enw rhyfedd). Ffeindies i adfeilion Rhufeinig ar y ffordd, rhyw fath o fila (neu swyddfa bost, yn ôl yr arwydd) reit wrth ymyl y traeth caregog. Wedyn mla'n i barc Porthceri lle ma 'na *viaduct* anhygoel ar draws y dyffryn coediog ac ro'dd y dail yn arbennig o bert gan bo nhw jyst yn dechre troi.

O'dd digon o gaffis braf ar hyd y ffordd i stwffo coffi a theisen. Wna'th e lot o les i fi. Edrych ar y môr a cherdded. Ges i hufen iâ anhygoel cyn dal y trên adre. O'n i'n ystyried aros i fyta *chips* hefyd. Ond gofies i fod ishe i fi warchod Cai ac es i 'nôl i Gaerdydd. Wnaf i fe 'to, wi'n meddwl.

Delyth

'Nôl o Baris. Ddim yn llwyddiant. Y gwesty'n ddigon neis – dillad gwely cotwm Eifftaidd drud, pethau hyfryd yn y baddondy. Ond y triniaethau'n siomedig. Doeddwn i ddim wedi deall bod angen bwcio i gael *enema* coffi a doedd dim llefydd ar ôl. Doedd Saesneg Delphine yn y sba ddim yn wych a bu'n rhaid i fi ddefnyddio fy Ffrangeg Lefel 0 herciog. Doedd hynny ddim yn ddelfrydol gan ei bod hi'n amlwg nad oeddwn i'n gwneud lot o sens i Delphine a wnes i ddim meddwl am ddefnyddio Google i gyfieithu nes ei bod hi'n rhy hwyr.

Roedd y bath mwd yn rhy oer, y *lymphatic massage* yn boenus a'r *facial peel* yn rhy drylwyr o lawer – bu'n rhaid i fi aros adre o'r gwaith ddoe gan fod fy ngwyneb yn dal i fod yn goch. Mae'n well heddiw (ar ôl taenu lot fawr o *aloe vera* ar y croen) diolch byth.

Mae'n amlwg bod Gwyneth wedi cael gwell hwyl ar bethau pan aeth hi yno.

Hydref

Anwen

Cliro'r tŷ
Cliro'r tŷ
Cliro'r tŷ

Delyth

High protein diet?
Darllen *How AI can Make you Love Yourself*
Bŵts newydd?

Nia

Cyflawni 10,000 cam bob dydd
Chwilio am *mini break* arall i Ger a fi
Peidio â throi'r teledu ymlaen tan 6yh

Anwen

Diwrnod anodd. O'dd cwrdd â Rhys bore 'ma yn hunllef. Yn bennaf achos fod y diawl yn edrych mor blydi hapus. Ma fe 'di colli tunnell o bwyse ac wedi prynu dillad newydd sy'n neud iddo fe edrych yn ifancach. Wrth gwrs ma fe bownd o fod yn poeni y bydd pobol yn meddwl taw tad-cu'r babis yw e, nid y tad.

O'n i wedi gwisgo dillad newydd hefyd, a thamed o golur. Ddim ishe iddo fe feddwl bo fi wedi rhoi lan ar fywyd. Siaced ddu o Marks a thop neis o Mint Velvet ffeindies i yn Oxfam. Fe olches i 'ngwallt hefyd. Ond sai'n credu ei fod e wedi sylwi dim. A gweud y gwir sai'n credu ei fod e'n fy ngweld i'n iawn, o'dd e ar goll mewn cwmwl o hormons rhywiol. Yn gwenu fel ffŵl drwy gydol y sgwrs. O'n i ishe taro uffern o glatsen ar ei wyneb bach smyg e.

Ma fe ishe gwerthu'r tŷ yn syth. O leia o'dd e'n strêt am y peth, wi'n credu 'se fe 'di dechre ar y nonsens 'na am 'bennod newydd' eto bydden i wedi stico cyllell yn ei fola bach tew (wel, llai tew a bod yn deg), ond diolch i'r nefo'dd wna'th e ddim. Wedes i bo fi'n hapus i werthu (beth arall allen i weud?) a gofynnodd e os o'dd 'da fi gynllunie ar gyfer y dyfodol. Jyst fel'na. Fel tase fe'n siarad gyda dieithryn, nid y fenyw buodd e'n briod â hi am ddeng mlynedd ar hugen.

Gadwes i 'nhymer (jyst) a gweud bo fi ddim yn siŵr eto ond bo 'da fi gwpwl o heyrn yn y tân a'i fod e'n dibynnu, wrth gwrs, beth allen i fforddio ei brynu. Am eiliad fe edrychodd e'n euog a dechreuodd e fwmian rhyw ymddiheuriadau tila. Ond o'n i wedi ca'l digon erbyn hynny felly godes i a gweud bo fi'n barod i roi'r tŷ ar y farchnad ond bo fi'n disgwyl cyfran mwy o'r arian gan fod ishe cartre ar Angharad o hyd. A chyn iddo fe gael cyfle i ateb fe godes i a mynd. Dyna o'dd Lowri wedi awgrymu bo fi'n neud.

Sai'n credu bo fi'n afresymol, ma fflat gan y ffifflen, yn ôl beth dw i'n ddeall, ac ma ishe fflat neu dŷ digon mawr i Angharad allu dod adre ata i. Ma Lowri'n gobeithio y gallwn ni drafod popeth arall drwy lythyr. Gobeithio hynny wir, ma Lowri'n blydi drud! Ac ma llythyrau dipyn yn rhatach na'i cha'l hi gyda fi mewn cyfarfodydd.

O'n i mewn tymer uffernol erbyn i fi gyrraedd y caffi, dim syndod felly iddi fynd yn dipyn o gweryl pan gyfaddefodd Delyth ei bod hi wedi dechre darllen MailOnline achos ei bod hi'n meddwl bod y Mail yn SIARAD LOT O SENS!!!! Yr holl straeon 'na'n damnio Meghan a Harri ac yn dangos menywod yn 'flaunting their curves'. Yn taranu am *snowflakes* a *wokeness*. Ffaelu credu'r peth! O'n i wastod yn meddwl bod Delyth yn alluog!

Delyth

Dw i'n dechrau cael digon ar agweddau nawddoglyd Anwen – roedd hi'n annioddefol bore 'ma, yn fy meirniadu am ddarllen y Mail. Fel tasen i ddim yn gallu gweld y gwahaniaeth rhwng yr hyn sy'n wir a beth sy'n bach o hwyl. A sori, ond mae e YN hwyl edrych ar ddillad selébs a deall sut mae pobol yn cadw mor ifanc.

Nia

Doeddwn i ddim yn gwybod beth i'w ddweud, yn gweld y ddwy ochr mewn gwirionedd. A ddim eisiau bod yn rhan o'r dadlau. Llwfrgi ydw i.

Anwen

O'dd yn rhaid i fi gau 'ngheg yn y pen draw achos o'n i'n gallu gweld bod Del yn grac a do'n i ddim am sbwylo pethe. Ac o'n i'n bod damed bach yn rhagrithiol hefyd. Achos dw i'n edrych arno fe weithie, yn enwedig os odi'r Oscars neu ryw noson glam arall wedi bod. Fi'n lico edrych ar y ffrogie ac yn y bla'n. Ond ma lot ohono fe'n ffiedd. Ac o leia wi'n teimlo'n euog am wneud. O'dd Rhys wastod yn taranu amdano fe. Ys gwn os ydy'r ffifflen yn darllen y Mail?

Beth bynnag, fe brynes i baned arall i bawb a symudodd y sgwrs ymla'n at gadw'n heini. Ma Del yn dal i neud lot – ioga, Pilates, nofio, codi pwyse a rhedeg. Ac a bod yn deg, ma hi'n edrych yn anhygoel. Dim bola na *bingo wings*. Ddim fel fi.

Wnes i ddim sôn gair am y cyfarfod gyda Rhys. Bysen i wedi dechre llefen a do'n i ddim ishe neud hynny, er mor garedig fydde'r merched wedi bod. Ac o'dd e'n neis anghofio am bethe am awr a hanner.

Delyth

Ro'n i wedi dod i arfer â'r ffaith nad yw'r ddwy arall yn gwneud unrhyw fath o ymarfer corff, felly ges i syndod heddiw o glywed eu bod nhw ill dwy yn ystyried gwneud rhywbeth o'r diwedd. Dim ond cerdded (mae Nia wedi prynu *pedometer*), ond buon nhw'n trafod gwneud eu 10,000 cam bob dydd. Sy'n beth da, wrth gwrs, ond ro'n i'n ysu am gael sôn wrthon nhw am bwysigrwydd codi pwysau ac aerobics. Ac ioga a Pilates. A wnes i ddim sôn chwaith mod i wedi prynu beic Peloton yn ddiweddar. Sy'n WYCH pan nad oes amser i fynd i'r *gym* cyn cyfarfod cynnar. Mae ymarfer corff yn help mawr gydag iselder ysbryd hefyd. Dydw i ddim yn meddwl bod Anwen yn fy nghredu i pan ddywedais i hynny.

Nia

Bysai cyflawni'r 10,000 cam dipyn yn rhwyddach petai Geraint o gwmpas i'w gwneud nhw gyda fi.

Anwen

Ma mynd mas i gerdded yn help, yn rhoi rhyw fath o strwythur i'r dydd. Llanw'r orie. Ocê, dyw e ddim yn aerobics neu godi pwyse, fel ma Del yn neud, ond ma fe'n neud lles i fi, dw i'n meddwl, ac yn lleddfu rhywfaint ar undonedd y diwrnode hir. Y penwythnosau sy waetha ers i Angharad fynd. Ma'n iawn os ydy Llio neu Huw'n galw ond dyw e ddim yn deg dibynnu arnyn nhw am gysur – ma gyda nhw eu bywydau eu hunain. A chwarae teg dw i'n gweld itha lot o'r ddau ohonyn nhw yn ystod yr wythnos, diolch byth. Ond diawch ma'n unig ac yn dawel 'ma. Wi'n dyheu am sŵn. Am bach o fywyd. Yn gobeithio y gwnaiff y ffôn ganu. A hyn oddi wrth rywun sy'n casáu siarad ar y ffôn! Yn trio peidio meddwl am yr amser pan o'dd y tŷ 'ma'n llawn egni a chyffro, yn lle'r distawrwydd enbyd 'ma.

    Dries i eto i ddechre rhoi trefn ar yr hyn ma Llio'n galw'n *clutter*. Ma hi'n iawn, sbo – os ydw i'n mynd i symud i fflat bydd rhaid i fi ga'l gwared ar lot o bethe. Ond, o, diawch fe syrffedes i'n go glou. Ar ôl dwy awr o'n i hanner ffordd drwy un drôr. A hwnnw'n llond atgofion – rhaglenni ar gyfer cyngherdde'r plant, gwahoddiade i bartis pen-blwydd, tocynne raffl, cardie pen-blwydd, rhestrau siopa, beiros sy ddim wedi gwitho ers blynyddo'dd, darne plastig o degan ddiflannodd oesoedd yn ôl. Cregyn a cherrig o ryw draeth – dim clem pa un. Allweddi – i ba glo ma'n nhw'n perthyn, ys gwn i? Losin siwgr mor galed â haearn Sbaen, bathodynne llwyddiant gafodd byth mo'u gwinio ar unrhyw siwt nofio, pacedi o fatsys a phelen wedi ei gneud o'r bandie lastig pinc adawyd gan y postmon, yn sych grimp erbyn hyn ac yn dda i ddim.

Concyrs, llythyre di-rif gan yr ysgol, ('Annwyl rhiant, mae'n ddrwg gyda ni orfod datgan unwaith yn rhagor bod llau pen wedi eu darganfod yng ngwallt plant dosbarth Robin Goch'), cerdyn gan Mam yn diolch am ryw anrheg pen-blwydd – a hithe'n ei arwyddo 'yn gywir, Mrs M Evans (Mam)'. Llunie o ryw drip campo. Yn Ffrainc wi'n meddwl. Ma un llun jyst yn dangos fy ngarddwn chwyddedig, felly, roedd yna fosgitos rhywle yn y mics. Llydaw? Neu'r tro 'na aethon ni lawr i Provence a difaru'n dost achos bod pob man yn orlawn a'r gwres yn llethol a 'mond conan wna'th pawb.

Ffaeles i ddodi unrhyw beth yn y bin. Ddim hyd yn oed y beiros. Gaeais i'r drôr a mynd i watsio'r teli.

Nia

Am awgrymu wrth Anwen ein bod ni'n rhoi tro ar ioga. Mae Ger yn ei ganmol ac er iddo gynnig, dw i ddim yn teimlo fel mynd gydag e a grŵp Cymdeithas y Cymod. Pobol hyfryd, dw i'n siŵr, ond byswn i lawer rhy hunanymwybodol yn straffaglio o'u blaenau nhw.

Fe ddechreuon ni sgwrsio cyn i Del gyrraedd ddoe, a chyfadde ein bod ni'n dwy'n teimlo braidd yn isel ac yn gweld yr oriau'n hir. Welais i hysbyseb am ddosbarth ioga yn Gymraeg a dw i'n meddwl byse fe'n hwyl. Ac mae paned a bisgits ar gael ar ddiwedd y wers hefyd! Dw i ddim am sôn wrth Delyth. Poeni falle y byddai'n chwerthin am ein pennau ni a hithe mor ffit. Dosbarth i ddechreuwyr yw hwn beth bynnag. Siŵr na fyddai ganddi ddiddordeb a hithe mor brofiadol, wedi bod yn ymarfer ers blynyddoedd.

Delyth

Pe bai Anwen yn gwneud tamed bach o ymdrech mi allai hi feddwl am y cyfnod newydd yma yn ei bywyd fel cyfle. Yn lle dwrdio fi am ddarllen y Mail mae angen iddi ystyried ei chyflwr ei hunan. Mae eisiau rhyw fath o strwythur arni yn ei bywyd bob dydd. Dyna beth sy'n fy nghadw i i fynd pan dw i ar fy ngwaethaf – *gym*, gwaith, tamaid o ddiwylliant – opera, theatr ac ati. Mae'r Peloton hefyd wedi bod yn fuddsoddiad gwych. Ar ôl hanner awr rwy'n teimlo gymaint yn well. Falle ddyliwn i awgrymu hyn i Anwen?

Anwen

O, nefo'dd o'dd y dosbarth ioga yn *disaster*! O'dd e fod i ddechreuwyr ond pan gyrhaeddon ni o'dd pawb ond Nia a fi wedi dod a'u matie'u hunen ac mewn dillad ioga pwrpasol. Tra bo finne'n gwisgo hen hwdi Huw a *trackies* o'r arch ac yn gorfod whilo am un o'r mats chwyslyd o gefn y neuadd. O'dd Nia wedi prynu dillad ymarfer ar sêl o M&S ac o'dd hi'n edrych gant a mil o weithiau'n fwy hyderus na fi. Ac er taw dosbarth i bobol o'dd heb neud ioga o'r bla'n o'dd hwn i fod, ro'dd yr athro (pen moel, cyhyre, fest a siorts tynn) jyst yn gweiddi pethe mas a disgwyl i ni ddilyn. Diolch byth o'n i yn y cefn ac yn gallu dilyn y bobol o mla'n i, ond o'n i ar goll y rhan fwya o'r amser. A jyst yn ffaelu codi 'nghoes nac estyn fy mreichiau fel o'dd pawb arall yn ei neud. O'dd Nia lot yn well na fi. Ma ddi'n itha hyblyg ac o'dd hi'n glouach na fi hefyd. O'n i'n chwysu chwartie ac yn gwingo mewn poen erbyn diwedd y dosbarth. Shwd ma Del yn gallu neud hyn bob dydd?

Nia

Roedd yr ioga'n dipyn o hwyl. Meddwl i mi ei fwynhau e mwy nag Anwen. Ges i syndod o weld mod i'n gallu gwneud lot o'r stumiau – 'ci pen i lawr' ac 'arwr heddychlon' ac yn y blaen. Ro'n i'n eitha da am wneud gwersi *gym* yn yr ysgol, cofio un athrawes yn dweud mod i'n ystwyth iawn, sy'n esbonio falle pam mod i'n gallu dilyn y wers yn gymharol rwydd. Roedd Anwen, druan, wedi digalonni erbyn y diwedd.

Anwen

Fi'n crap fel mam, fi'n crap yn glanhau'r tŷ a nawr wi'n crap am neud ioga.

Nia

Dw i'n bendant am fynd eto. Ond dw i ddim yn meddwl y daw Anwen gyda fi. Roedd hi'n edrych braidd yn ddiflas ar ddiwedd y wers, felly fe aethon ni i gael cinio bach i godi calon. Ro'n i'n gwybod bod Ger allan a doedd gen i ddim byd i ruthro 'nôl ato fe.

Anwen

A stwffes i *hazelnut latte*, paced o grisps a *brownie* tra oedd Nia'n bwyta salad iach ac yn yfed te camoméil.

Nia

Dw i'n difaru braidd mod i wedi awgrymu ioga yn y lle cynta. Do'n i ddim am ypsetio Anwen.

Anwen

Ac ar ben popeth, wedi i fi gyrraedd 'nôl o'r blydi ioga, da'th Llio draw. A gweld bo fi heb sorto'r mes ar ford y gegin. Fe gyfaddefes i bo fi'n ffeindio'r cliro'n anodd a'i fod e'n fy ypsetio, ond wrandawodd hi ddim. Ges i lond ceg ganddi am fy niffyg trefn ac uchelgais. Am fod yn hapus i fyw fel mochyn mewn twlc. *Apparently* wi'n dalp o hunandosturi hefyd ac ma Llio wedi cael digon arna i. Gwa'th fyth, os na af i ati i lanhau'r tŷ, ddaw hi ddim â Cai i fi ga'l ei warchod achos smo Llio'n mofyn iddo fe hala MUNUD arall yn y *DEATH TRAP* 'ma!

Wedi iddi fynd fe ddechreues i lefen. Dw i'n gwbod ei bod hi'n iawn yn y bôn ond sai'n gwbod shwd i newid pethe. Ma'r iselder 'ma yn fy nanto i'n llwyr. Wrth gwrs, o'n i mor ypsét ffaeles i gysgu, o'n i jyst yn troi a throsi yn y gwely. Ond tua thri yn y bore fe ges i syniad!

Nia

Ffoniodd Anwen ben bore 'ma a dweud bod angen help arni. A chan mod i'n arbenigwr ar glirio hen dai erbyn hyn, fe gytunes i helpu. Er, wedi dweud hynny, fe aeth lot o stwff ar goll pan symudon ni o'r Ficerdy. Roedd gymaint ohono fe (byddai rhai yn ei alw'n *clutter*) yn y tŷ anferth 'na. Pethau Mam a Dad a rhieni Ger, llestri a llyfrau a charthenni ac ati. Ac fe ddaeth y chwiorydd draw, a mynd â stwff at y *bring and buy* i godi arian i'r Iwcrain cyn i fi gael amser i fynd drwy bopeth yn iawn. Oedd yn eitha anodd achos aethon nhw â rhai pethau y byswn i wedi eu cadw petaen ni wedi cael mwy o amser i ddidoli. Fe wna i'n siŵr y bydd gan Anwen ddigon o amser i ystyried pethau'n iawn pan af i draw 'na fory.

Delyth

Mae Justin yn dal i fod yn boen yn y gwaith. Yn treulio oriau gyda Sally, y rheolwr adnoddau dynol. Yn edrych am ffyrdd i arbed arian – mae hynny'n amlwg i bawb. Glywais i'r cyfreithwyr ifanc yn trafod hyn yn y gegin pnawn 'ma – mae'n amlwg eu bod nhw'n meddwl chwilio am swyddi eraill yn barod, maen nhw i gyd ar gytundebau go fyr, am wn i. Ond mae eisiau nhw arnon ni yma – mae'r oriau gwaith yn hollol ddwl fel maen nhw a dw i ddim yn gwybod sut fydden ni'n gallu ymdopi heb yr ymchwil maen nhw'n ei wneud. Mae arbed arian fel hyn yn hollol wirion.

Anwen

Ddeffres i am bump yn poeni am y diwrnod o mla'n i. Ar un llaw, dw i am symud ymla'n. Ond ar y llaw arall, wi'n ofni bod 'na bethe gwaeth yn disgwyl amdana i pan gaiff bopeth ei gliro. Ar hyn o bryd ma'r *sadmin* yn llanw 'mhen i. Os ga i drefn ar bethe, ai dim ond galar ac euogrwydd fydd 'da fi ar ôl? A bod yn boncers o grac drwy'r amser.

Ma'n rhaid i fi gofio bo fi'n amal yn breuddwydio am fywyd gwell pan o'dd Rhys yma, un fydde'n debyg i *montage* mewn film – teithio i lefydd egsotig, wherthin gyda ffrindiau glam ac yfed coctêls gydag enaid hoff cytûn. A'r gwir yw, yn fy mywyd go iawn i, do'dd y llefydd byth cystal ag yr o'dd rhywun wedi gobeithio, ro'dd y ffrindiau'n neud mwy o grio na wherthin, a 'mond conan am bris y coctêls fydde'r enaid hoff cytûn. O'n i byth yn hapus fy myd. Byth yn mwynhau'r presennol, wastod mofyn rhwbeth o'dd ddim 'da fi. Ond o'dd e'n afresymol bo fi ishe gŵr o'dd ddim yn *grump* mawr ac o'dd yn fy ffansïo i? O'dd bod gyda Rhys yn blydi anodd – rhaid i fi atgoffa fy hun o hyn yn entrychion y nos, pan ma'r meddylie'n pendilio rhwng cofio'r pethe da a bod yn ffwc o grac am y pethe drwg.

Chwarae teg i Nia, o'dd hi'n garedig ac yn sensitif wrth i ni gliro ac yn deall yn syth bo fi'n ffeindio hyn yn anodd. Awgrymodd hi y dylen ni gymoni'r gegin yn gynta er mwyn ca'l lle diogel i Cai pan ma fe'n dod 'ma. Ma Nia'n llawn syniade gwych ar ôl watsio rhaglen Stacey Solomon *Sort Your Life Out*. Felly dechreuon ni drwy greu pentwr o stwff i fynd i'r siop elusen, pentwr i fynd i'r bin neu ailgylchu, a phentwr o bapurau (y rhai alla i ddim wynebu eu sortio eto) i'w dodi mewn lle saff nes bo fi'n barod. Heb sôn am hyn wrth Del. Fydde ddim mo'r amser gyda hi beth bynnag ac ma gormod o gywilydd arna i iddi weld cyflwr y tŷ 'ma. Meddwl gele hi abwth!

Fe geson ni ddiwrnod neis gyda'n gilydd ac ma ca'l ffrind da sy'n gallu gwrando cystal ag unrhyw *montage* ffilm egnïol.

Nia

Ddechreuon ni yn y gegin. Druan o Anwen, mae hi 'di bod mewn pwll dwfn o iselder ers i Rhys fynd, 'na'r gwir amdani. Mae'n siŵr 'da fi taw dyna sut mae pethau wedi mynd mor ddrwg. Ond fe lwyddon ni gyflawni gwyrthiau. Des i â menyg rwber i'r ddwy ohonon ni a Cif a Flash llawr gyda fi, gan fod Anwen heb gael cyfle i brynu deunydd glanhau. Eto – tamaid o iselder yw hynna mae'n siŵr 'da fi. A'thon ni drwy bob cwpwrdd a glanhau tu ôl i bopeth oedd yn gallu symud. Gymerodd e ddiwrnod cyfan i ni ac roedd yn rhaid i fi fod yn eitha cadarn gydag Anwen, druan. Ond roedd y lle'n sgleinio erbyn y diwedd. Yn anffodus roedd ôl llygod mewn rhai llefydd felly ry'n ni wedi ordro trapiau. Awgrymais i ei bod hi'n prynu cath. Wnaeth hi ddim gwrthod y syniad yn llwyr.

Anwen

Cath. Sai'n gwbod wir. Ma'n nhw'n dda am gadw llygod i ffwrdd ac yn gwmni, yn ôl Nia. O'dd ganddi un yn blentyn ond ma hi methu ca'l un ers priodi Ger am fod ganddo alergedd. Yn gweud ei bod yn hiraethu am y mwytho a'r canu grwndi. Ac ma'n nhw dipyn yn fwy annibynnol na chŵn. Ond... dw i jyst ddim yn berson anifeiliaid. A'r holl flewiach 'na. Wi'n ffeindio hi'n ddigon anodd i gadw'r lle'n lân pan dw i yma ar ben fy hunan, heb sôn am gliro ar ôl cath hefyd. A beth wnethen i gyda chath mewn fflat beth bynnag?

Delyth

Deallais i yn y caffi bore 'ma fod Nia wedi bod yn helpu Anwen i glirio a thacluso. Wnaethon nhw ddim gofyn i fi ymuno â nhw ac mi rydw i wedi 'mrifo braidd. Bu'n rhaid i fi sortio tŷ Modryb Edith a thŷ Mam a 'nhad, felly dw i wedi gwneud o'r blaen. Iawn, dw i'n gwybod i mi dalu rhywun i wneud y rhan fwyaf o'r gwaith, ond dyw'r profiad ddim yn gwbwl ddiarth i fi.

Mae'r ddwy wedi closio rhywsut a dw i'n teimlo mod i wedi fy nghau mas. Mae fel bod 'nôl yn yr ysgol eto. Alla i ddim deall pam na wnaethon nhw fy nghynnwys i yn y trefniadau 'ma. A chlywed wedyn iddyn nhw fod mewn gwers ioga gyda'i gilydd hefyd!

Byddai therapydd yn dweud bod hyn yn gweithio fel *trigger* i fi. Yn fy nhynnu 'nôl i'r diwrnodau tywyll hynny yn yr ysgol pan nad oedd gen i neb i siarad gyda nhw. Yr oriau o eistedd ar ben fy hunan yn y dorm erchyll 'na, yn rhy swil i fynd i'r *common room* gan fod gen i ddim ffrindiau.

Dywedodd Anwen ei bod hi ddim yn meddwl y bysai gen i ddiddordeb mewn clirio ei thŷ 'mochedd' hi. Falle wir, ond liciwn i tasen nhw wedi gofyn.

Nia

O jyw, ry'n ni wedi pechu Del! Ro'n i wedi anghofio mor sensitif mae hi. Mor ddihyder hefyd. A dw i'n teimlo'n ofnadwy am y peth.

Anwen

Ddim yn deall pam ma Del yn neud gyment o ffys. Pam na wnaiff hi gyfadde nad yw'r dwylo perffaith 'na wedi gweld tu fewn i Marigolds erio'd?

Nia

Ac mae Anwen yn grac gyda Del. Mae hi'n iawn, wrth gwrs, nad yw Del yn fawr o lanhäwr, yn wir, mae hi'n talu rhywun arall i wneud hynny. Ond eisiau cael ei chynnwys mae Del. Bod yn rhan o bethau. Fel ffrind. Dw i ddim yn meddwl bod Anwen bob amser yn cofio hyn.

Anwen

Mofyn sylw mae Del. Mae wastod drama fawr ac wedyn rhyw *cod psychology* i drio cyfiawnhau'r peth. 'Yr hyn ddywedaist ti wrtha i yn *trigger*, Anwen', yn 'ailgynnau fflamau hen *trauma*' ac yn y blaen.

Delyth

Ac mae hi'n edrych yn syn arna i pan wi'n trio esbonio sut wi'n teimlo. Dyw hi ddim yn deall natur fy nghreisis i o gwbwl. Dywedais i wrthi fod angen sesiwn gyda therapydd arni er mwyn agor ei llygaid. Efallai, wedyn, y byddai hi'n deall yr holl waith caled yr ydw i wedi'i wneud er mwyn deall fy hunan yn well. Yn hytrach na'i ddilorni.

Anwen

A'th Delyth mla'n a mla'n am y peth ac awgrymu y dylwn i weld therapydd! Wedodd hi nad ydw i'n ddigon sensitif! Yn methu deall na dychmygu sut ma pethe'n teimlo i bobol eraill, medde hi. Blydi *cheek*. Ma'n amlwg i fi nawr ei bod hi'n meddwl bod hyn yn un o'r rhesymau wna'th Rhys 'y ngadel i!

Delyth

Wnes i ddim dweud hyn ond mae'n amlwg bod gan Anwen dipyn mwy o 'issues' na mae hi'n fodlon cyfaddef. A falle fod Rhys yn meddwl hynny hefyd, wrth gwrs, ac wedi troi at rywun oedd yn ei ddeall yn well. Fe godais i a mynd, gan ddweud, 'Wel, chi'n gwybod lle ydw i os galla i fod o unrhyw help.' O'n i'n urddasol ac yn glir.

Anwen

Ac a'th hi bant mewn hyff. Mor blentynnaidd.

Nia

O, dier, mae'r ddwy cynddrwg â'i gilydd. I lle'r awn ni o fan hyn? Dw i ddim yn hoffi pan nad y'n ni'n ffrindiau. Ond doeddwn i ddim yn gwybod beth i'w ddweud. Do'n i ddim help o gwbwl. Fel clwtyn llestri yn y canol.

Anwen

Ganol nos neithiwr dechreues i boeni am Del. Beth gododd arna i i fod mor feirniadol ohoni? 'Mond ymateb i fi yn bod yn gyment o bitsh wna'th hi wedi'r cwbwl. Ac ma hi'n hollol iawn, dw i ddim yn barod iawn i wrando a rhoi cydymdeimlad ar hyn o bryd. Alla i ddim – dw i'n teimlo mor chwerw am bopeth. Wel, ar ôl y misoedd diwetha do's dim rhyfedd, o's e?

Ma Del yn ymddangos yn allanol fel person mor gryf ond ma hi fel *marshmallow* tu fewn. Wi'n anghofio hynny'n rhy amal. Felly hales i decst ati er ei bod hi'n ddau yn y bore. A'r funud nesa dyma'r ffôn yn canu – Del!

Delyth

Ro'n i mor hapus i dderbyn y tecst. Ffonies i Anwen yn syth. Roedd y ddwy ohonon ni wedi bod ar ddi-hun drwy'r nos! Fi yn poeni am golli'r un o'r ychydig ffrindiau agos ges i erioed, ac Anwen, chwarae teg iddi, wedi mynd i boeni'n ofnadwy am fy mrifo i. O fewn munudau roedd y ddwy ohonom yn ein dagrau. Anwen yn dweud mor anodd mae pethe ers i Rhys ei gadael. Bod hi'n unig ac yn ei golli'n ofnadwy a (hyn sy'n ddiddorol), yn teimlo'n waeth achos ei bod hi wedi cwyno gymaint amdano fe pan oedd e gyda hi. Fe gyfaddefais mod i'n genfigennus ac yn orsensitif ond mod i'n methu helpu fy hun. A mod i'n deall yn iawn sut oedd hi'n teimlo.

Anwen

Unwaith eto, dw i 'di camfarnu Del. Wedi anghofio bod ein profiadau ni'n debyg. Bod Del yn wynebu'r un unigedd wedi i Stuart orffen gyda hi. Yn deall yn iawn mor anodd yw cyfarwyddo gyda bod yn un ar dy ben dy hun yn hytrach nag yn rhan o ddau.

Delyth

Fe ymddiheurodd Anwen am fod yn ddifeddwl – oedd yn golygu cryn dipyn i fi. Dydw i ddim yn teimlo'n cweit gymaint o ffŵl nawr. A dw i'n teimlo'n wael am beidio bod yn ddigon ystyriol o'r newid anferth yn ei bywyd hi. Pan symudodd Stuart i ffwrdd ro'n i'n teimlo bod gen i fynydd anferth i'w ddringo, jyst i gyrraedd rhyw fath o heddwch meddwl. Ac mae'n union yr un peth i Anwen nawr.

Ond wedyn, dw i'n rhy barod i weld ochr waetha

pobol. A fy hunan, wrth gwrs. Mae'n rhaid i fi gofio geiriau'r therapyddion am y 'critical voice' yn fy mhen sy'n fy meirniadu drwy'r amser. Ac yn fy ngwthio i tuag at dywyllwch a diflastod. Dyw fy ymennydd beirniadol ddim bob amser yn iawn yn yr hyn y mae e'n ddweud.

Meddwl awgrymu bod Anwen yn darllen *How to Kill your Inner Critic and Give Yourself a Great Review*! Roedd yn agoriad llygad i fi. Ond a fyddai Anwen yn barod i wrando ar ei neges? Ddim eto efallai.

Anwen

Ma Del yn beirniadu ei hunan drwy'r amser ac yn disgwyl y gwaetha gan bawb. O'dd rhaid i fi beidio ag ymateb i'r holl *psychobabble* dwlodd hi ata i, ond dw i yn ei deall hi'n well wedi i ni siarad. O'dd clywed am Nia a finne'n neud pethe hebddi yn teimlo fel tasen ni'n ei gwrthod hi. Ond fel yr esbonies iddi, difeddwl o'n ni.

Delyth

Dw i just yn llawer rhy sensitif. A dyna fi eto – yn beirniadu fy hunan! Y 'critical voice' wrthi eto yn fy ngwthio i le negyddol. Rhaid ailsgrifennu'r adolygiadau a rhoi adolygiad 5 seren i fy hun.

Anwen

Diolch byth, ro'n ni'n deall ein gilydd yn iawn erbyn diwedd y sgwrs. Ma'n rhaid i fi drio bod yn fwy ystyrlon yn y dyfodol. Ond dw i'n ca'l digon o drafferth i fod yn garedig i fi fy hun heb sôn am bobol eraill.

Delyth

Angen i mi ffeindio asgwrn cefn yn rhywle, dyna'r gwir amdani. Yn ôl y llyfr, y cyflwr delfrydol yw bod yn berson sy'n chwilio'r positif, yn rhagweld y posibiliadau, ac yn gweithio tuag at y tebygol. Meddwl bod Anwen wedi gwerthfawrogi'r geiriau doeth hynny.

Anwen

Fe lwyddes i i ddiolch iddi am ei chyngor heb wherthin! Beth bynnag – yr hyn sy'n bwysig yw bod Del yn dod draw dros y penwythnos i helpu gyda'r cliro. Bydd hi fel Margo yn *The Good Life* pan fuodd honno'n helpu Tom a Barbara gyda'r cynhaeaf. Mewn dillad glaw drud a welis yn pigo ffa, un ar y tro, ac yn gyment o help â thepot siocled. Ond ma'i chalon hi yn y man iawn. Ac mi fydd Del yn ca'l bod yn rhan o'r profiad, a dyna beth sy'n bwysig.

Nia

Anwen yn ffonio ben bore a dweud bod ishe *emergency* paned. A theisen hefyd wrth gwrs! Felly draw â ni at y caffi am un ar ddeg a diolch byth roedd popeth yn iawn rhwng Del ac Anwen. Mae'r ddwy yn syndod o debyg mewn gwirionedd – yn gwrthod ildio'u safbwyntiau. A finne fel gwelltyn yn chwythu yn y gwynt wrth eu hymyl. Ond na. Fel yr oedd Del yn dweud bore 'ma. Rhaid i ni i gyd fod yn neisach i'n hunain. A diffodd y lleisiau mewnol, beirniadol.

Anwen

Y caffi'n grêt bore 'ma – y tair ohonon ni'n siarad yn onest. Falle ein bod ni i gyd yn rhy barod i syrthio i rigolau negyddol, ys dywedodd Del. Felly wnes i ddim wherthin am ben ei nonsens dwl am *toxins* mewn bananas am unwaith. Ac ma hi wedi cynnig benthyg un o'i llyfrau *self-help* i fi sydd i fod i helpu i ddistewi fy 'meirniad mewnol'. Wel, ma ishe pob bripsyn o help arna i, felly pam lai?

Symudodd y sgwrs ymla'n wedyn at Nia a Geraint. Fi'n bendant yn iawn am y *midlife crisis*. Ma fe wedi prynu *wall planner* – popeth yn *colour coded* a phob diwrnod wedi ei lanw gyda phwyllgorau a chynlluniau. Roedd Nia wedi gobeithio am hydref yn llawn tripiau tramor a theithiau cerdded, nid ishte gatre yn aros i Ger. A sai'n credu ei bod hi'n rhannu ei frwdfrydedd e am yr holl wirfoddoli 'ma chwaith.

Nia

Roedd y ddwy mor gefnogol – yn cydymdeimlo am y diffyg *mini breaks* yn fy mywyd! Dw i'n meddwl y gwna i goginio rhywbeth neis i swper heno a dangos yr ymchwil gwyliau dw i 'di wneud ar y we i Ger. Mae'n siŵr 'da fi y gall rhai o'r pwyllgorau 'ma oroesi hebddo fe am ychydig ddiwrnodau.

Delyth

Fe es i am dro hir wedi'r caffi. Methu wynebu'r swyddfa gan fod Justin yn gwneud rhyw sesiwn *touchy feely* pnawn 'ma. Fe ffoniais i a dweud mod i'n sâl. Sydd ddim yn gelwydd pur gan mod i wedi blino'n lân ar ôl methu cysgu neithiwr. Fe gerddais i draw dros y *barrage* i Benarth ac edrych allan ar y môr. Ffeindio bod gwneud hynny wastod yn helpu. Ers dyddiau Aber wrth gwrs. Cyn troi am adre a salad gan y Mindful Chef a phennod o *The Good Wife* (hwyr iawn i'r parti arbennig yma ond dw i wrth fy modd gyda'r straeon cyfreithiol gwych a'r opera sebon sy'n eu hamgylchynu), yna bath olew rhosyn a gwely. Ro'n i wedi blino gymaint doedd dim angen tabled.

Anwen

Fe gerddes i adre drwy'r parc a sylweddoli bo fi'n sylwi lot yn fwy ar yr hydref eleni. Y dail yn crino, yn troi. Ai'r ffaith bo fi'n heneiddio sy'n gyfrifol am hyn? A'r iselder ers i Rhys fygran bant gyda'r ffifflen? Wi'n gwbod bo fi'n meddwl lot gormod am y gorffennol hefyd yn lle edrych ymla'n. Yr hydref yn hytrach na'r gwanwyn. Ma'n anodd peidio – fi'n ffaelu stopo meddwl am y flwyddyn ddiwetha. A ffaelu deall shwd wnes i ddim sylwi bod fy ngŵr yn ca'l affêr. Ond wedyn, o'dd e gwitho bant gyment erbyn y diwedd – do'dd dim rheswm 'da fi feddwl nad o'dd pethe'n iawn. O'dd e'r un mor ddifeddwl ag arfer. Hyd nes gwylie'r haf. Pan o'dd e'n gallu gweld ei ryddid ar y gorwel, sbo.

Ma atgofion yn ymosod ar rywun drwy'r amser. Ac weithiau allwch chi ddim dianc rhagddyn nhw. Hyd yn oed pan fo rhywun yn eistedd fel *zombie* yn watsio'r teli. Ma delwedde mewn hysbysebion neu ffilm yn eich atgoffa chi o'r hyn y'ch chi wedi ei golli. Fel cyllell sydyn yn yr afu.

Ac ar ben y cwbwl, pan droies i *Prynhawn Da* mla'n ar ôl cyrraedd adre, 'na lle'r oedd fy *nemesis* mawr o Aber, Ffion Hâf, yn eistedd yn jacôs reit ar y soffa! Siarad am addurno blode o'dd hi – dangos i ni shwd i ddefnyddio *oasis* ac weiars a rhwbeth o'r enw *baby's breath*. Ei hewinedd yn binc llachar.

Wrth i fi watsio, a'th y demtasiwn i whilo hanes Ffion ar

Facebook yn ormod. Ac, wrth gwrs, ma hi'n un o'r bobol 'ma sy'n rhannu popeth. Ma hi a Dylan newydd ddathlu eu priodas ruddem ym Mhortmeirion. Lot o luniau o'r achlysur wrth gwrs, peil o westeion mewn secwins a ffrogiau hir. Ma Brengain yn ddiplomat yng Nghanada erbyn hyn ac yn methu bod yno, ond roedd Tudno yn bresennol gyda'i wraig. Ma'n debyg fod Gwahadden bellach yn galw ei hun yn David ac yn *stockbroker* yn Llundain!

Yn y gwely, dries i wrando ar y podlediad hanes 'na ma pawb yn siarad amdano fe (yn ôl Llio beth bynnag), yn y gobeth y bydden i'n cwmpo i gysgu wrth wrando. 'Na beth o'dd siarad gwag. Pawb mor smyg, a lot o glebran, cyn dechre, am shwd wythnos geson nhw a beth geson nhw i frecwast, cyn dechre rwdlan am hanes mewn ffordd mor arwynebol o'n i ishe sgrechen. Ac yn teimlo'n rhy grac i gysgu. O'dd podlediad Jerry Hunter a Richard Wyn Jones lot yn well – fe ddysges i rwbeth wrth wrando ar hwnna ond gysges i ddim achos bod gen i ormod o ddiddordeb yn y testun. Bydd rhaid i fi drio sŵn y môr. Wedi clywed bod hwnna'n gallu helpu.

Nia

Wrth eistedd ar y bws ar y ffordd adre o'r caffi dechreuais i feddwl am raglenni 'makeover' Trinny a Susannah. *Guilty pleasure* oedden nhw, dw i'n cofio, tra oedd Ger mewn cyfarfod plwyf. Falle bod eisiau *makeover* arna i ond does dim syniad gyda fi lle i ddechrau. Petaech chi'n tynnu llun ohona i nawr fe welech chi wallt llwyd (wedi ei dorri o flaen y drych gyda siswrn ewinedd), dillad o Tesco a dim tamaid o golur. Falle ofynna i i Delyth i ddod i siopa gyda fi. Mae hi bob amser yn edrych mor drwsiadus. Er, wedi dweud hynny, alla i ddim fforddio mynd i'r math o siopau lle mae hi'n prynu ei dillad.

Roedd Ger yn poeni braidd am yr hyn oedd gydag e ar y gweill heddiw. A bydd e'n hwyr heno, medde fe, achos ei fod yn gyfrifol am y stondin Cyfeillion y Ddaear tu allan i John Lewis. Ar ôl diwrnod cyfan yn y carchar! Gobeithio nad yw'r gwaith a'r holl bwyllgorau 'ma yn mynd yn ormod iddo fe.

Beth bynnag. Roedd gen i lot o oriau i'w llanw ar ôl y caffi. Fe olchais i'r llestri a gwneud tamaid bach o dacluso. Mae'r fflat 'ma mor fach o gymharu â'r Ficerdy – nesa peth i ddim i'w wneud. Ac mor boeth! Roedden ni'n rhewi'n gorn yn y Ficerdy, wrth gwrs, ond falle'i fod e'n iachach yn y pen draw. Mor eironig, 'mond breuddwydio am wres canolog oeddwn i'n ei wneud yn y Ficerdy!

Es i draw i'r llyfrgell i chwilio am lyfrau Cymraeg newydd. Doedd dim lot o ddewis ond roedd y llyfrgellydd yn dweud bod modd ordro copïau digidol. Rhaid i fi drio gwneud hynny – gall Ger helpu fi i drefnu hynny ar y tablet ges i'n anrheg pen-blwydd ganddo.

Wedyn dreuliais i hanner awr yn cerdded o gwmpas pentre Rhiwbeina sy'n bert iawn rhaid dweud, a chwblhau 10,000 cam heddiw. Rhywbeth yr oedd Ger a finne'n mynd i wneud gyda'n gilydd, wrth gwrs. Yna yrres i draw i Tesco i nôl cyw iâr a thatws i swper. Dywedodd Ger y bydde fe adre erbyn 8 felly rhoiais i bopeth yn y ffwrn am 6.30.

Pan ddaeth Ger adre roedd popeth yn barod – y bwyd a'r ymchwil gwyliau diweddara. Ond roedd golwg ofnadwy o flinedig arno fe ac roedd e'n ddigalon iawn achos bod 'na rywbeth treisgar wedi digwydd yn y carchar. Dyw e ddim yn cael rhannu'r manylion felly mae hi'n anodd cydymdeimlo'n iawn pam mae pethau fel hyn yn digwydd. Rhwng popeth, do'n i ddim ishe ei boeni fe, felly aeth noson arall heibio heb i ni drafod y posibilrwydd o gael penwythnos i ffwrdd. Mae e'n teimlo fel mater mor arwynebol rhywsut o gymharu â'r hyn mae Ger yn ei wynebu yn y carchar. Ro'n i'n falch o fedru closio ato yn y gwely, dyw'r holl waith 'ma ddim wedi effeithio ar hynny, diolch byth.

Delyth

Justin yn danfon holiadur i'r gweithlu, rhyw rwtsh *woke* – eisiau gwybod popeth am bawb. Ein cefndiroedd – gwaith ein rhieni pan o'n ni'n ddeunaw am ryw reswm? Dyna beth yw nonsens, gwneud ein cyfleoedd ein hunain y'n ni – pwy ots o lle mae rhywun yn dod neu bwy oedd eich rhieni?

Ro'n i mewn tipyn o dymer erbyn i fi gyrraedd tŷ Eifiona a Gwyndaf i gael un o'u swperau diflas. Roeddwn i wedi rhedeg allan o resymau i'w hosgoi nhw, felly rhaid oedd mynd i fwyta bwyd hollol afiach a gwando ar sgyrsie di-ddim gan bobol na fyddwn i'n ystyried siarad gyda nhw fel arfer. Roedd boi pinc blonegog oedd yn methu siarad am ddim byd ond criced ar un ochr i fi ('honestly, I've had a new lease of life since getting myself a bat and some whites'), a menyw o Lundain ar yr ochr arall oedd yn methu cuddio'r ffaith ei bod hi'n meddwl bod pawb yng Nghaerdydd yn fethiant ('it's all so second rate here I don't know how you stand it'), ac yn y blaen.

Ond erbyn diwedd y noson ro'n i'n teimlo'n eitha smyg wrth weld y llanast ym mywydau Eifiona a Gwyndaf a'r cyplau eraill o gwmpas y bwrdd. Eu plant mewn pob math o drybini, yn byw adre ac yn gweithio mewn swyddi di-nod mewn bariau neu siopau. Yn dal i benderfynu beth i'w wneud nesa tra'u bod nhw mewn dyled, diolch i gymwysterau drud sy'n werth nesa peth i ddim.

Pan gyrhaeddais i, roedd arogl mwg drwg i'w glywed yn glir gan fod Dafydd, mab Eifiona a Gwyndaf, yn eistedd ar stepen y drws yn gorffen sigarét amheus. Mae Eifiona'n poeni'i henaid hefyd am eu mab arall, Ifan, sy'n gwirfoddoli yn y Gambia. Wedi cael anaf ofnadwy mewn damwain a hithe a Gwyndaf wedi gorfod hedfan allan yno i'w sortio. Ro'n i'n falch o gael dianc i fy fflat cyffordus, popeth yn ei le, yn daclus ac yn union fel rydw i eisiau.

Bydd pethau'n well i Anwen unwaith iddi symud i fflat. Unwaith y bydd y glanhau a'r sortio wedi ei wneud fe all hi weld pethau'n gliriach. Rhaid i fi gyfaddef i mi gael tamaid o sioc pan welais i gyflwr ei thŷ, ond fe driais i beidio â dangos hynny. Lot o ôl llygod (eitha troëdig a dweud y gwir), a phapurau a llanast ymhobman. Ddim yn siŵr faint o help fues i, er i mi lwyddo i ddelio gyda'r pentwr o amlenni oedd heb eu hagor a chael gwared ar bopeth oedd ddim yn bwysig – hysbysebion a llythyrau elusen oedd lot ohonyn nhw. Roedd yna ambell nodyn ffurfiol am drethu, *utilities* ac yn y blaen. A thalebau a pholisïau insiwrans y bydd rhaid iddi hi eu sortio. Ac ar ddiwedd y dydd fe fynnais i fynd â'r ddwy arall allan am swper – dw i'n meddwl bod Anwen wedi gwerthfawrogi hynny'n fawr.

Anwen

O'dd Del yn wych pnawn 'ma. A'th hi drwy'r holl amlenni 'na wi 'di bod yn osgoi eu hagor, a mynnu hefyd ein bod ni'n mynd mas am swper – ma 'na fistro bach neis wedi agor yn lleol. Ordrodd Del siampên i'r tair ohonon ni a chynnig llwncdestun i'r dyfodol. Weithie ma hi werth y byd yn grwn.

Ond o'dd cwsg yn araf yn dod eto heno. Fy meddwl yn llawn atgofion. Ma galar yn gwthio'r pethe rhyfedda i'r wyneb. Gofies i'n sydyn am y digwyddiad od 'na gyda Heulwen, mam Rhys, cwpwl o fiso'dd wedi iddi golli ei gŵr. O'n i wedi mynd â hi mas am drip bach yn y car. O'dd Huw a Llio yn fach ac o'dd hyn cyn i Angharad ga'l ei geni, wrth gwrs, felly o'dd 'da ni fwy o le yn y car. Eisteddes i yn y cefn wrth i Heulwen ei lordio hi yn y sedd ffrynt.

Geson ni ddiwrnod itha neis – *run* drwy'r Bannau i Aberhonddu a phaned a theisen yn yr Eglwys Gadeiriol yno. Am ryw reswm, o'dd y plant yn hoffi mynd i eglwysi – lico'r ffenestri lliwgar, y canhwyllau a'r gofod i redeg yn wyllt ynddo fe, sbo. Ac o'dd whare pi-po o gwmpas y pileri mawr yn ffefryn hefyd. O'dd popeth yn iawn nes i ni fynd am dro o gwmpas y dre. Yn sydyn dechreuodd Heulwen feichio crio. Ffaelodd hi weud gair am rai munudau. Ond wedyn trodd hi at Rhys a gweud, 'y morthwyl, y morthwyl yn y ffenest, Rhys'.

Wedyn, weles i ddagre yn cronni yn llyged Rhys hefyd wrth iddo fe edrych ar y morthwyl 'ma o'dd yn edrych yn ddigon diniwed yn ffenest y siop. Dechreuodd Huw wewan jyst ar y funud yna ac fe ethon ni 'nôl i'r car a finne ddim callach. O'dd Heulwen yn itha hapus ar y ffordd adre, yn whare *I Spy* 'da'r plant ac yn mwynhau edrych mas drwy'r ffenest.

Wedi i ni ollwng hi adre, driodd Rhys esbonio am y dagre. Wedodd e, 'O'dd Dad yn *hopeless* gyda DIY, ac fe driodd e arbed arian unwaith gyda rhyw forthwyl brynodd e i drwsio'r pibe yn y bathrwm. Yn lle galw plymar. O'dd e mor prowd o'r morthwyl 'ma, o'dd lot rhy fawr mewn gwirionedd – do'dd dim lot o glem 'da Dad, druan. Beth bynnag, fe a'th e ati i drwsio a fwrodd e'r pibe mor galed a'th pethe'n wa'th – dŵr bobman. Felly o'dd yn rhaid iddo fe dalu cannoedd i'r plymar yn y pen draw. A phan welodd y blincin plymar y tipyn morthwyl fe sugnodd hwnnw ei ddannedd a gweud ei fod e'n "completely wrong for the job, mate". Druan o Dad – o'dd e mor *embarrassed* ac o'dd Mam yn wyllt bod e wedi gwastraffu gyment o arian. Ac fe roddwyd y morthwyl yn y sied a chyffyrddodd neb ag e byth wedyn.'

Ar y pryd do'n i ddim yn deall shwd o'dd edrych yn y ffenestr a gweld y morthwyl yn gallu effeithio ar Heulwen fel'na. Ond wi'n deall nawr. Heno, wrth fynd i'r gwely, weles i gwpwl o frwsys dannedd yng nghwpwrdd y bathrwm o'dd Rhys wedi eu prynu mewn sêl.

'Bargen,' medde fe. '10 brws dannedd bambŵ hanner pris!'

Trio arbed arian o'dd e hefyd – er mwyn i ni'n dau gael mynd ar ein gwylie. Ro'n ni wedi bwriadu mynd ar drip trên o gwmpas Ewrop unwaith i Angharad fynd i Aber. Ac ro'dd gweld nhw yn y cwpwrdd yn teimlo fel cic galed yn fy mola. O'dd rhaid i fi ishte lawr ar ochr y bath.

A nawr wi'n meddwl – ai celwydd oedd y cwbwl? O'dd e wedi cwrdd â'r groten 'ma yn barod? Falle nad o'dd e wedi bwriadu mynd ar unrhyw drip gyda'i wraig. Ei fod e'n breuddwydio, yn hytrach, am gnawd ifanc a llyged mawr glas ei gariad. Fe loriodd y brwsys dannedd fi, yn gwmws fel y lloriwyd Heulwen gan y morthwyl yn Aberhonddu.

Tachwedd

Anwen

Mwy o gliro
Whilo am grŵp Mam a Phram i Cai a fi

Nia

Dysgu sut i wneud bara caws!
Trio Red Bull

Delyth

Jackfruit?
Darllen *You Are What You Eat: Love Your Toxin Free Body*

Nia

Awgrymodd Ger eto heddiw mod i'n dechrau gwirfoddoli yn y carchar. Ro'dd e wrthi'n yfed can o Red Bull ar y pryd – diod sydd yn dda am roi egni i rywun, yn ôl Ger. Dw i ddim yn meddwl bod eisiau MWY o egni arno fe, mae e'n atgoffa fi o Tigger yn barod, byth yn stopio symud ac yn llawn cyffro drwy'r amser. Dw i'n blino jyst wrth edrych arno fe.

Dyw'r carchar ddim yn apelio ond dw i wedi cael digon ar wastraffu amser tra mae Ger allan. Soniodd e hefyd am ganolfan i ffoaduriaid ac fe benderfynais i wneud paned arall ac edrych ar eu gwefan cyn golchi'r llestri brecwast. Wedi i Ger fownsio bant i'r carchar roedd hi'n neis cael munud i anadlu a meddwl yn dawel.

Roedd y wefan yn ddiddorol iawn – manylion yn bennaf am y ganolfan a'r gwaith maen nhw'n ei wneud yno, ond hefyd lot o luniau o bobol yn edrych fel tasen nhw'n cael lot o hwyl yn sgwrsio ac yn bwyta prydiau diddorol o fwyd gyda'u gilydd. A chan nad oedd gen i ddim i'w wneud bore 'ma fe benderfynais i fynd draw 'na'n syth i weld sut le oedd yno. Dw i'n berson sy'n hoffi bysys (ac roedd y siwrne i'r ganolfan yn un rhwydd), yn mwynhau edrych allan drwy'r ffenestr ond hefyd yn hoffi'r gwmnïaeth ar y bws. Mae pobol Caerdydd yn dueddol o ddiolch i'r gyrrwr wrth adael y bws sy'n hyfryd. 'Cheers drive,' maen nhw'n dweud wrth stepio lawr at yr heol. Ac yn aml mae 'na sgyrsiau diddorol i'w clywed wrth deithio ar draws y ddinas. Bore 'ma roedd dwy fenyw mewn *hijab* yn siarad am eu plant, a'r bwyd roedden nhw'n ei hoffi – yn siomedig eu bod yn fwy hoff o McDonald's na'r prydiau cartref a wnaed gan eu mamau.

Dywedodd un, 'I made a nice Pilaf, bit of chicken and Harissa you know, lovely.'

'Lovely,' ategodd y fenyw arall.

'And he turned his nose up at it and said, could I order him a Big Mac like his friends have in their homes?'

'What did you do?'

'I told him if he didn't want this delicious meal I'd made for him he could go without. You should have seen his face!' Dechreuodd y ddwy chwerthin a pharatoi i adael y bws. A'r cyfan mewn acenion Caerdydd cryf. Hyfryd.

Wedi cyrraedd y ganolfan, fe fues i'n sefyllian ar y trothwy am beth amser yn edrych i fewn i'r cyntedd ac yn teimlo braidd yn ansicr – yn enwedig o weld cymaint o bobol. Ac mi fyddwn i wedi dianc a mynd yn ôl ar y bws heblaw fod rhywyn wedi dod ata i a chynnig help. Noor oedd ei henw, ac fe fynnodd hi mod i'n dod i fewn a dangos bob twll a chornel o'r lle i fi. Fe ges i weld y gegin, lle maen nhw'n paratoi pob math o fwydydd ar gyfer cinio dyddiol, ffreutur mawr lle mae pawb yn bwyta, llyfrgell fach, stafell gelf a stafell dawel lle mae'r ffoaduriaid yn gallu cwrdd â gwirfoddolwyr i dderbyn cymorth – iechyd meddwl, cyfreithiol ati. Roedd yna fyrddau ping pong a phêl-droed bwrdd hefyd, ac roedd criw o ddynion ifanc yn cael tipyn o hwyl arnyn nhw.

Yn ôl Noor, mae nifer o'r ffoaduriaid wedi gorfod gadael eu cartrefi (a'u teuluoedd) i ddianc rhag rhyfel a gorthrwm. Dywedodd bod unigrwydd ac iselder ysbryd yn broblem fawr iddyn nhw, felly un peth mae'r gwirfoddolwyr yn ei wneud yw mynd â grwpiau o ffoaduriaid ar dripiau bach – i'r theatr, i'r amgueddfeydd, am dro i'r wlad ac yn y blaen. Roedd hi'n canu clodydd Caerdydd a'r wlad o'i chwmpas.

Fe ddywedodd hi, 'It is so beautiful here, so green! And I love the sea also. We have been made to feel very welcome.' Ro'n i mor falch o glywed hynny. Cyn athrawes sydd wedi gorfod dianc rhag y Taliban yw Noor ac mae ganddi Saesneg ardderchog. A thamaid o Gymraeg hefyd – ac mae'n awyddus i ddysgu mwy, chwarae teg iddi. Mi allwn i helpu gyda'r gwersi Cymraeg efallai.

Soniais wrth Ger mod i wedi bod yno dros swper ac roedd e'n cytuno ei fod yn lle da ac roedd yntau'n ffansïo gwneud cwpwl o siffts yno. Suddodd fy nghalon – ishe iddo wneud llai oeddwn i nid derbyn mwy o waith.

Anwen

Es i i lawr twll cwningen ar y we heddiw – whilo am anrheg pen-blwydd i Gill. Ond ma'r hyn sy'n cael ei ystyried yn addas i bobol dros drigain yn anhygoel o naff. Arwyddion pren yn gweud 'Prosecco O'Clock' a 'Gin Train Stops Here'. Crysau T gyda 'Legend since 1960s' neu 'Limited Edition, Aged to Perfection' mewn llythrennau bras ar eu blaenau. Ac wedyn ma 'na fyrdd o hysbysebion am hufen wyneb sy'n cael gwared o *fine lines* ac *age spots*. Neu sy'n addo *plump, youthful skin*, ar ôl ei ddefnyddio. Wel, do'dd dim un o'r rheina'n mynd i neud y tro i Gill, felly fe benderfynes i whilo am fwclis yn lle hynny, a cha'l ar ddeall fod menywod dros eu trigain i fod i wisgo 'statement necklaces'. Gan eu bod yn tynnu'r llygaid i ffwrdd o'n cnawd hynafol a'n rhychau erchyll, ma'n siŵr. Yn ôl un wefan, mi ddylen ni i gyd ddynwared Prue Leith, sy'n hoffi lliwiau cryf ac yn gwisgo mwclis anferth sy'n dangos ei chryfder a'i chariad at fywyd! Ddim yn meddwl bod Gill yn debygol o hoffi'r math yma o nonsens nawddogol, felly fe brynes i lyfr newydd Margaret Atwood a photel o *fizz* iddi.

Joies i warchod Cai bore 'ma. Fe sylwodd Llio fod pethe lot taclusach ac fe ges i *brownie points* am hynny. Ond, wrth gwrs, dyw hi ddim yn trysto fi i edrych ar ôl chwannen, felly ges i amserlen fanwl ganddi ar gyfer Cai. Ddalies i 'nhafod a gwenu a diolch iddi, yn lle ei hatgoffa bo fi, rhywsut, wedi llwyddo i fagu tri o blant heb eu lladd nhw. Beth bynnag, o'dd yr amserlen yn ddigon rhwydd i'w dilyn er ei bod lot yn rhy ffurfiol yn fy marn i. Felly gas e gino am 11.30 a roies i fe lawr i gysgu am ddeuddeg. Ma fe bron yn dair, felly dw i'n siŵr bydd e'n stopo'r nap canol dydd 'ma cyn bo hir. Ond rhaid i fi gyfadde ei fod e fel y boi ar ôl ei gwsg ac fe geson ni amser lyfli yn whare gyda blocie pren ac yn lliwio tan i Llio ddod i'w nôl e am hanner awr wedi tri.

Fe ddechreuodd e gerdded yn gynnar, ac ma'n adnabod ei lythrennau'n barod. Ma Llio'n siŵr ei fod yn athrylith. Wedi sôn eto am hala fe i'r Montessori yn lle'r Ysgol Gymraeg. Falle af i ag e i grŵp Mam a Phram – gweld os ydy hynny'n ei themtio hi. Fetia i y bydd 'na lot o fame dosbarth canol bach neis yno fydde'n plesio Llio a James.

Geson ni sgwrs am Rhys. Ma Llio'n grac achos bo fi heb ga'l gwared ar ei bethe fe i gyd. Ma 'na focsys o recordie, llyfre a lot o'i ddillad ar ôl. A pheil o bethe electroneg/cyfrifiadurol – o'dd e byth yn gallu taflu unrhyw beth. Ma Llio'n meddwl dylen i roi *ultimatum* iddo fe – eu casglu nhw neu fyddan nhw'n mynd i'r sbwriel. Ond wi'n ffaelu meddwl am neud. Ma'n rhy boenus. Ddim ishe meddwl amdano fe. Ma lot o'r pethe 'ma'n llawn atgofion i finne hefyd. Smo Llio'n deall o gwbwl.

Nia

Sesiwn arall yn y banc bwyd. Ro'n i'n meddwl wrth bacio mor anodd oedd hoffi Meiriona a hithe mor nawddogol tuag at bawb. Ac wedi iddi fynd allan i wasanaethu yn y festri a'n gadael ni i orffen y pacio fe roliais i fy llygaid i gyfeiriad Carys sydd, dw i'n meddwl, yn un o weinyddwyr y lle. Ond gwenu wnaeth hi a dweud, 'She's not bad underneath it all, you know. She's just lonely, hasn't really known what to do with herself since her husband died. And her daughter's in Australia, so Meiriona's all on her own now in Cardiff. She's got a good heart.' A nawr dw i'n teimlo'n wael achos mod i wedi hel meddyliau drwg am Meiriona. Dw i ddim yn berson da fel Carys sy'n gallu gweld ochr orau pobol. Soniais i ddim wrth Ger – siŵr y byddai yntau'n medru gweld y daioni ym Meiriona.

Anwen

Wel, ma fe wedi digwydd. 'Na lle'r o'n i yn Morrisons yn trio ffeindio rhwbeth iachach nag arfer i swper. O'n i'n edrych drwy'r *freezer cabinet* yn pwslo pwy ddiawl fydde'n byta rhai o'r *concoctions*, pan glywes i lais Rhys.

'Em, look, shall I get those frozen berries you like? We could have them for pudding with white chocolate sauce. Siôn and Mali used to like that...'

A dyna Emma o mla'n i, yn sydyn, nesa at y *frozen peas*. Wedi pesgi fel mochyn bach pinc – yn anferth ac yn edrych fel 'se hi ar fin popo unrhyw funud. Allen i mo'u hosgoi nhw.

'O, God,' medde Rhys. 'Um, Anwen um, hi, well, um, this is Emma. Well, obviously it is. Yes, um. I mean...'

Ffaelodd e weud rhagor, 'mond sefyll 'na â'i geg ar agor,

yn rhythu arna i. Ac o'n i'n wyllt achos o'dd golwg y diawl arna i – heb olchi 'ngwallt, mewn *trackies* bawlyd a'r *trainers* na sy'n dylle i gyd.

Emma siaradodd nesa. Wedodd hi, 'Hi Anwen. Um, it's good to meet you.'

O'dd 'na seibiant hir. Y tri ohonon ni'n styc, yn ffaelu siarad na symud.

O'r diwedd ges i ddigon, o'n i mor grac bod hyn wedi digwydd heb i fi ga'l amser i baratoi a golles i 'nhymer.

Wedes i, 'Well, I can't pretend the feeling is mutual. Rhys, you'll be glad to hear that I've put the house on the market. Please can you pick up the rest of your things as soon as possible. If you don't come soon, it will go to the tip with the rest of the rubbish. We won't need to speak again, we can do everything through our lawyers. I can't speak for the kids, obviously, but as they seem to think you're a disgusting waste of space I think it's unlikely they'll be in touch. Good luck with getting him to help with the babies, Emma. Oh, and he doesn't know one end of a washing machine from another. And, little tip here – you won't want to sleep next to him after he's had a few beers and a curry. And do make sure you're stocked up with indigestion tablets, haemorrhoid cream and those nasal strips that stop him from snoring. At his age, he's got a lot going on. Anyway must get on. It's been... interesting.'

A gerddes i o'na. A mynd adre i stwffo *chips* a *prosecco*. Diawch o'dd hwnna'n teimlo'n dda!

Delyth

Noson wael arall. Ar ddi-hun am oriau, meddyliau'n troelli fel nadredd yn cordeddu'n gylchoedd diddiwedd. Atgofion gan fwya, un yn arwain at y llall a dim un ohonyn nhw'n neis. A hynny'n f'atgoffa i o ofnau'r gorffennol a phethau sy'n dal i fy nghythruddo. A'r teimlad ofnadwy mod i 'di GWASTRAFFU 'mywyd i!

Wel, beth ydw i wedi ei gyflawni mewn gwirionedd? Dim cariad, dim plant. A dw i ddim yn cyfri fy ngwaith (sy'n beth rhyfedd, dw i'n gwybod, ond dydw i ddim). Dyw'r Uwch Bartneriaeth neu'r cyfnod lle bues i'n rhedeg y cwmni ar ben fy hunan, heb sôn am y cynnig anhygoel 'na i fynd i Lundain, does dim o'r rheini yn golygu dim i fi yn oriau mân y bore pan dw i yn y gwely ar ben fy hunan yn gwbwl, gwbwl unig.

Nia

Wrthi'n llanw ffurflenni – manylion ac ati er mwyn gwirfoddoli yn y ganolfan ffoaduriaid. Maen nhw'n gofyn am rywfaint o'n hanes gyrfaol. Beth yn y byd alla i ei ddweud? Oedd bod yn wraig i ficer yn yrfa? Mae'n debyg fod yna rai sgiliau yn rhan o'r gwaith – delio gydag Eirwens y byd 'ma. A chadw'r ddysgl yn wastad dro ar ôl tro.

Mae Ger yn llawn brwydfrydedd. Fe fynnodd e mod i'n nodi fy nyddiau yn y banc bwyd a'r ganolfan ar ei *wall planner*. Ges i liwiau arbennig ganddo (coch a gwyrdd) fel ei fod e'n glir i lle ro'n i'n mynd ar ba ddiwrnod. Ond er mod i'n gwirfoddoli mewn dau le, mae fy niwrnodau i'n edrych lot gwacach na rhai Geraint, sydd â rhywbeth ar y gweill bron bob dydd.

Sy'n golygu hefyd taw fi sy'n gwneud y gwaith tŷ i gyd nawr – prin mae e o gwmpas i helpu. Dim hwfro na golchi llestri. Dyw e ddim fel Ger o gwbwl – o'dd e'n ffeminist cyn i fi wybod beth o'dd ffeminist. Cofio fe'n dweud yn yr Eglwys yn Aber taw nid job y chwiorydd oedd clirio a gwneud y te. Bod yn rhaid i'r dynion dynnu eu pwysau. Oedd mor radical ar y pryd, mewn gwirionedd. Roedd e'n gwneud ei ran yn y Ficerdy hefyd. Ond ers i ni symud i'r fflat mae e wedi stopio. Rhy brysur yn rhedeg o gwmpas yn ei *lycra*. Ac mae e'n disgwyl i fi olchi'r bali pethau hefyd!

Delyth

Teimlo'n well heddiw. Mwy o bersbectif yn y bore. Ac mae mynd i'r swyddfa yn help wrth gwrs. Alla i ddim meddwl am ymddeol. Byswn i ar goll heb fy ngwaith.

Anwen

O'r diwedd, a 'da gwydred mawr o win gwyn yn fy llaw, fe ddechreues i fynd trwy'r papurau osododd Del mewn pentwr o'dd yn rhaid i fi ddelio â nhw. Dechreues i'n dda – yn gosod papurau insiwrans y car a'r tŷ mewn ffeil a dodi papurau dibwys i'w hailgylchu. Do'dd Rhys ddim yn dda am daflu hen bapure – o'dd lot o bethe fel manylion hen ffôns, hen gardie credyd a benthyciadau credyd i brynu soffas, ffrij a'r *blinds* drud 'na brynon ni i stafell Llio, bob un ohonyn nhw wedi mynd i ebargofiant erbyn hyn. A manylion yr ISA 'na barodd nesa peth i ddim achos bod ishe'r arian arnon ni'n syth! A dwy ffeil gyfan yn llawn *receipts* am yr estyniad cegin adeiladon ni ugen mynedd yn ôl. Dim gwerth cadw'r un ohonyn nhw – ma pob *guarantee* wedi hen orffen. O'dd e'n blydi anodd gan fod popeth yn fy atgoffa i o achlysur teuluol pan o'dd Rhys ddim wedi rhedeg bant gyda menyw hanner ei oedran.

Roedd 'na hen ffôn mewn bocs yno. Sgwn i os yw e'n dal

i witho? Wastod yn dda ca'l un sbâr. Ond wedi meddwl, does dim clem 'da fi beth yw'r *password*. Bydd yn rhaid i fi ofyn i Huw shwd i ddatgloi'r ffôn hebddo fe. Falle bydd rhaid i fi fynd i un o'r siope *dodgy* 'na, y rhai sy'n gweud 'all phones unlocked here'.

O'n i wastod yn meddwl y byddwn i'n agosach at fy mhlant o ran deall y byd nag yr oeddwn i at Mam. Roedd ei chenhedlaeth hi'n teimlo mor bell i ffwrdd oddi wrth y byd modern, technolegol. Ond nawr dw i ddim mor siŵr. Ma fy mhlant i'n meddwl yn wahanol i fi – ac weithie dw i ar goll yn eu byd nhw. Wedyn ma'r dechnoleg yn newid drwy'r amser ac yn fy ngadel i ar ei ôl...

Beth bynnag, wi 'di gwneud pentwr o stwff nad oes ishe ei gadw. Bydd rhaid i fi brynu *shredder* achos ma lot o fanylion personol yn y papure. Gwell fyth, fe ddoda i popeth ar y tân. Fel rhyw fath o ddefod. I ga'l gwared ar y drwg.

Delyth

Wedi mynd yn ôl at lyfr Ella Mills sy'n sôn am *clean eating*. Yn gwneud iddo fe swnio'n gyffrous iawn, ac yn llawn amrywiaeth. Welais i erthygl mwy diweddar ganddi hefyd lle'r oedd hi'n dweud, 'I often surprise myself by finding new things to spiralize', sy'n wir – mae 'na lysiau di-rif fedrwch chi eu defnyddio yn lle tatws! Mae gen i beiriant addas, wrth gwrs, ac ro'n i wedi anghofio mor effeithiol oedd defnyddio pethau fel moron a *courgette* yn lle pasta neu nŵdls. A reis blodfresych! Ro'n i wedi anghofio popeth am reis blodfresych. Mae'n syniad mor syml ac yn hynod o effeithiol, ac yn well na'r holl reis gwyn 'na sydd fel gwenwyn, mewn gwirionedd.

Gollais i'r arfer o wneud y pethau 'ma pan ddechreuais i

weld Stuart. Doedd e ddim yn gredwr mewn deiets. Roedd e dros ei bwysau, wrth gwrs, a dim taten o ots 'dag e chwaith. Ond mae'n bwysig bwyta'n iach a pheidio magu pwysau wrth heneiddio. Meddwl rhoi tro ar *intermittent fasting* hefyd, efallai. Bwyta popeth o fewn ffenestr amser penodol. Dim brecwast, 'mond cinio a swper ysgafn a chynnar. Yn sicr mae newid deiet a bod yn ofalus am fy mwyd wedi gwitho i fi yn y gorffennol, i godi calon. Ocê, dyw e ddim yn lleddfu unigrwydd, ond yn sicr dw i'n teimlo'n well yn fy nghorff.

Anwen

Y pentwr i'w losgi yn cynyddu eto. Talebau am beiriannau fideo ddiflannodd i'r tip flynyddo'dd yn ôl. Un ar gyfer bwthyn gwylie enillon ni mewn raffl oedd yn rhy ddrud i ni ei ddefnyddio gan fod y blydi bwthyn yn yr Orkneys! *Manual* i ryw declyn cegin cymhleth wi ddim hyd yn oed yn cofio'i ga'l a bocsed o lythyre yn delio â'r insiwrans pan drawodd rhywun i fewn i'r car pan o'dd e 'di parco tu fas y tŷ. Nefo'dd yr adar. O'dd Rhys yn ffaelu ca'l gwared ar ddim!

Delyth

Wedi gwneud mwy o ddarllen am *clean eating*. Doedd gen i ddim syniad bod gliwten yn achosi *brain fog*! Mae cynnyrch diglwten yn gallu bod yn ddrud – ond fe alla i ei fforddio fe. Ac o hyn ymlaen dim coffi na the, a dim siwgr na charbs syml chwaith. Iawn. Wedi gwneud hyn o'r blaen. Ond mae un peth yn newydd i mi – bod angen osgoi llysiau o deulu'r *nightshade* hefyd (tomatos, *aubergines* ac ati). Maent yn ddrwg iawn i'r stumog yn ôl yr hyn o'n i'n ei ddarllen heddiw. Mae angen i mi wneud mwy o ymchwil. Ro'n i'n meddwl mod i'n lled awdurdodol ar faeth erbyn hyn, ond mae'n amlwg bod gen i lot i'w ddysgu. Wedi yfed siot gyda sinsir, tyrmerig a lemwn bore 'ma ac yna uwd cwinoa gyda banana – pryd yn llawn potasiwm! Ffeindies i'r ryseitiau ar Instagram – mae'r menywod sy'n arddel y ffordd yma o fwyta yn edrych mor iach. Ystyried gwneud *juice cleanse* dros y penwythnos, er mwyn cael gwared o *toxins* a dileu'r *heavy metals* yn fy nghorff. Mae Mimi ar Instagram yn esbonio mor bwysig yw osgoi rhai bwydydd, yn enwedig i fenywod hŷn. Mae'r rhestr o fwydydd derbyniol damaid yn gymhleth (ond mae 'na siop dda yn gwerthu pethau fel acai, burum maethlon a hadau *chia* ar fy mhwys i) ac fe fydd yn broses werth chweil yn ôl Mimi. Esboniodd hi'r cyfan yn glir iawn. Mae'n syndod i mi nad yw'r wybodaeth yma ar led. Mae 'na epidemig o salwch oherwydd ein bod yn bwyta'r pethau anghywir!

Anwen

O'dd rhaid i fi ddal 'y nhafod bore 'ma pam ddechreuodd Delyth sôn am *clean eating*. Ma hi 'di dechre dilyn pobol ar Instagram fel rhyw *teenager* dwl. A 'na beth yw nonsens. A'th un o ffrindie Llio yn beryglus o dene ar ôl dilyn un o'r deiets 'na. Whare teg i Llio do'dd hi byth yn talu sylw i'r math 'na o nonsens. A diawl erio'd, ma Del yn ddigon tene fel ma hi! Ys dywedai Angharad, ma Del y math o berson fyddai'n 'yfed y Kool-Aid'.

Nia

Poeni am Delyth a'r ffad diweddara 'ma. Mae hi 'nôl fel yr oedd hi cyn Stuart, yn gwrthod coffi yn y caffi ac yn mynnu sipian rhyw smwddi hunllefus yr olwg – fel sugno gwair!

Delyth

Shake llaeth ceirch yn y caffi bore 'ma gyda phowdwr *baobab*, piwre ffrwyth *acai* a sbirwlina. Yn llawn daioni! Dal i deimlo'n flinedig ond dyw'r *detox* ddim wedi dechrau gweithio, wrth reswm, ar ôl dau ddiwrnod yn unig. Ond falle nad ydw i wedi bod yn ddigon trylwyr? Mae'r arbenigwyr yn awgrymu bod bwyta fel hyn yn helpu rhywun i ffeindio *glow* mewnol, a dw i am wneud hynny yn bendant! Ac am drio'r *alkaline diet* nesa! Eto, doeddwn i ddim yn sylweddoli bod modd i chi gael gormod o asid yn eich corff. Fe bostiodd Mimi am hyn bore 'ma. Ond dw i ddim am ddweud rhagor wrth Nia ac Anwen, siŵr i mi weld Anwen yn rholio'i llygaid bore 'ma pan o'n i'n sôn am fy arferion bwyta newydd.

Nia

Wedi treulio'r amser ar ôl bod yn y caffi'n gwirfoddoli gyda'r ffoaduriaid. Yn neis i gael rhywbeth adeiladol i'w wneud ar ôl bwyta teisen a choffi. Y gegin oedd hi heddiw. Pilo tatws a moron a thorri winwns wrth wrando ar sgyrsiau y rhai o'm cwmpas. Roedd y *chef* yn hyfryd – mae e'n gweithio mewn gwesty drud fel arfer ond yn gwirfoddoli yma unwaith yr wythnos. Ond 'mond rhan o'r tîm yw e – un o'r pethau hyfryd yw fod y ffoaduriaid yn y gegin hefyd yn coginio eu bwydydd eu hunain. Heddiw roedd stiw o Syria, cyrri gafr o Sierra Leone a bara caws o Dwrci. Ro'n i'n hapus i wrando heb ddweud rhyw lawer, gan fod y gweithwyr yn cyfnewid profiadau ac yn trafod eu bywydau cyn troi'n ffoaduriaid. Straeon torcalonnus ar y cyfan a bob yn hyn roedd atgof yn troi'n ddagrau. A'r *chef* yn rhoi cwtsh mawr, cyn i ni i gyd droi 'nôl at y gwaith. Y coginio yn therapi o ryw fath.

Anwen

Dave o'r asiantaeth gwerthu tai yn galw draw i weld y tŷ. Fe wna'th e nifer o 'awgrymiadau'. Tacluso yn benna, a bod angen 'a lick of paint, a couple of well placed lamps, maybe a throw or two over any stubborn stains.' Ma fe'n awgrymu bo fi'n neud hyn cyn iddyn nhw ddod i dynnu lluniau o'r tŷ. 'Give you a chance to brighten things up!'

Bydd yn rhaid i fi ofyn am help Nia a Del eto. Sai 'di cyflawni lot ers iddyn nhw fod yma tro diwetha. Wi'n tindroi. Yn ffaelu cwpla dim byd wi'n ei ddechre. A bydd rhaid i fi ga'l blydi Rhys i dynnu ei bwyse a mynd â'i stwff o'r diwedd. Ac annog y plant i sorto'u pethe nhw hefyd, ma 'na dipyn ar ôl yn eu hen stafelloedd gwely. Ddim yn edrych ymla'n at orfod trafod hyn gyda nhw, meddwl y byddan nhw'n ei ffeindio mor anodd â finne.

Delyth

Wedi prynu llwyth o *supplements* – peth arall stopies i wneud pan o'n i gyda Stuart. Dim rhyfedd mod i'n flinedig. Heb edrych ar ôl fy hunan yn iawn ers amser. Felly, o hyn ymlaen, fitamins D, K, B a C a Zinc bob bore. Tyrmerig ac olew pysgod ar gyfer y cymalau, *propolis* a finegr seidr. Teimlo fel Samantha yn *Sex and the City* – roedd hi'n cymeryd 44 o *supplements* bob dydd! Dw i'n cofio hi'n datgelu hynny yn un o'r brecwastau 'na ro'n nhw'n eu cael drwy'r amser. Mi ro'n i bob amser yn uniaethu â Samantha (heblaw am y rhyw dibaid wrth gwrs). Roedd hithe wastod ar y tu fas, hyd yn oed o fewn ei chyfeillgarwch gyda'r merched eraill. Yn teimlo'n wahanol rhywsut.

Nid mod i'n ddynes sy'n byw bywyd i'r eithaf ar ei thermau ei hunan fel yr oedd hi'n ei wneud. Yn hynny o beth, mi ddylwn i drio bod yn debycach iddi. Magu rhywfaint o'i hunanhyder. Charlotte fyddai Nia wrth gwrs, yn garedig ac yn annwyl. Ond beth am Anwen? Does dim tamaid o ddiddordeb ganddi mewn ffasiwn a cholur felly does 'na ddim mymryn o Carrie ynddi. Miranda sydd agosa efallai, gyda'i thafod finiog a'i pharodrwydd i feirniadu.

Beth bynnag. Fe ges i fowlen o *kefir* a spigoglys gyda hadau a chnau a grawnwin fel trît bore 'ma. Dim gormod ohonyn nhw gan fod cnau a grawnwin yn llawn caloris. Siŵr bydd gen mwy o egni o hyn ymlaen, yn enwedig gan mod i wedi mynd yn ôl at *Yoga with Adriene*. Mae hi'n ymddangos yn berson caredig a chysurlon yn ei fideos. Yn llawn cydymdeimlad ac yn deall mor anodd yw bywyd. Wel, dyna sut dw i'n teimlo wrth ei gwylio. Mae awr o ioga cyn mynd i'r *gym* yn gwneud byd o les i rywun.

Nia

Fe ddysgais i sut i wneud bara caws yn y ganolfan ffoaduriaid. Ges i wers gan Azan o Dwrci. Un o dras Cwrdaidd yw e ac roedd wedi gorfod dianc am resymau gwleidyddol. Plymar yw e wrth ei waith bob dydd felly bydd digon o waith iddo pan gaiff e'r hawl i fyw yma. Yn y cyfamser fe sy'n trin y sincs a'r tai bach a'r gwres canolog yn y ganolfan. Roedd yn dweud ei fod wrth ei fodd gyda'r gwaith. Rysáit ei fam oedd y bara caws yma, yn ôl Azan. Mae'r toes yn reit syml ond y gymysgaeth o gaws arbennig o Dwrci a'r perlysiau yw'r gyfrinach. Roedd yn blasu'n ffein iawn ac fe ges i gymaint o bleser yn gweld pawb yn ei fwyta amser cinio.

Ac roedd *latkes* tatws Rosina o Moldova yn fendigedig hefyd. Yn bendant am goginio rhai i Ger oedd yn hwyr eto heno, druan. Ac wedi blino'n lân pan gyrhaeddodd e adre. Roedd e'n amlwg yn poeni hefyd, y gwaith yn y carchar yn chwarae ar ei feddwl. Prin yr oedd e'n medru siarad, a dweud y gwir, roedd e mor flinedig ac isel, yn union fel yr oedd e weithiau pan oedd e'n ficer ac o dan straen.

Fe edrychon ni ar benodau o *Le Bureau des Légendes*, cyfres Ffrengig am ysbiwyr mae Geraint yn hoff iawn ohoni fel arfer. Ond syllu'n ddiflas ar y sgrin wnaeth e drwy gydol y nos, a dw i ddim yn meddwl ei fod wedi gwylio'r peth yn iawn o gwbwl. A phan ofynnais i os oedd rhywbeth yn ei boeni, fe anwybyddodd y cwestiwn a dechrau sôn am gynllun newydd arall yn y carchar, i drio gwella iechyd meddwl y carcharorion. Mae'n swnio'n waith mor galed. Byddai Geraint yn cael tipyn mwy o hwyl gyda fi yn y ganolfan ffoaduriaid.

Anwen

Fe fynnodd Delyth fod Nia a finne yn ordro un o'r *shakes* erchyll 'na ma hi 'di dechre yfed eto. Dries i 'ngore. Ond o'dd e fel yfed cawl carped wedi pydru.

Nia

Ro'n i'n teimlo'n ofnadwy, a ddim am frifo Del, ond roedd y cyfuniad o wymon, plisgyn coed a llaeth gafr yn ormod i fi.

Delyth

Doeddwn i ddim wedi sylweddoli bod y merched mor *faddy* tan heddiw. Y ddwy'n gwingo wrth lyncu. Fel plant yn bwyta sbrowts am y tro cynta.

Anwen

Do'dd Delyth ddim yn fodlon iawn pan fynnon ni'n dwy gael *latte* yr un wedi gorffen y *shake* erchyll. Ac fe gafodd Nia *syrup* cnau yn ei un hi, a darn mawr o deisen!

Nia

Roedd yn rhaid i fi gael anghofio blas y gwymon.

Delyth

Bydd yn rhaid i fi drio eto gyda chyfuniad o flasau gwahanol. Wedi'r cyfan, all neb wrthod diod tyrmerig, siarcol a berw'r dŵr!

Anwen

Alwes i yn y llyfrgell ar y ffordd adre o'r caffi a dewis cwpwl o lyfre newydd i'w darllen. Dw i am drio dechre arferion newydd – mwy o ddarllen, mynd i'r theatr a'r sinema a cherdded. Ie, wi'n gwbod – annhebygol y gwna i lwyddo. Ond ma'n rhaid i fi drio neud llai o eistedd yn meddwl a meddwl am bethe na alla i mo'u newid, ac am orffennol na ddaw yn ôl. A watsio llai o sothach ar y teli – ocê, falle smo hwnna'n mynd i witho, ond fe alla i drio gwylio llai o deledu'n gyffredinol falle? Ma ishe mwy o bethe pendant yn fy mywyd. A phethe newydd i siarad amdanyn nhw. Wi hyd yn oed yn barod i ystyried cwrs blydi crochenwaith – ar ôl gweld *The Great Pottery Throw Down*. Wi'n lico'r beirniad 'na sy'n llefen drwy'r amser ac sydd wedi dechre dysgu Cymraeg achos ei fod e wedi prynu capel ym Mhwllheli.

Nia

Diwrnod adre heddiw ac fe benderfynais i wneud mwy o ymchwil gwyliau. Wedi creu cyfres o ffeiliau amryliw (bydd Ger yn hoffi hynny) a dw i am osod y cyfan o'i flaen pan fydd e'n barod, er mwyn i ni gael dewis gyda'n gilydd. Mae'n braf iawn edrych ar y gwefannau gwyliau! Wedi ystyried tocyn awyren sy'n mynd â chi rownd y byd ac yn caniatáu chwech stop. Dim ond ym mis Ionawr/Chwefror mae'r pris yn dderbyniol ac fe fyddai'n rhaid i fi fwcio'r tocynnau hynny'n go gyflym. Ond fe allen ni fynd i'r Unol Daleithiau, Awstralia neu Seland Newydd neu hyd yn oed De Affrica! Neu mae 'na drip trên o gwmpas yr Alban ar gael hefyd, yn aros mewn gwestai bach neis a *bothy* (ddim yn siŵr yn union beth yw 'bothy' ond dw i'n lico sŵn y gair) wrth ymyl y môr ar Skye! Eto, yn rhatach fis Ionawr/Chwefror. Os dw i o ddifri, rhaid cael Ger *on board* yn syth bìn.

Delyth

Dechrau teimlo damaid yn fwy egnïol. Yn mynd i sba yn y Fro am y diwrnod dydd Sadwrn. Am drio cwpwl o driniaethau newydd gyda mwd o'r Môr Coch. A heb gael colonic ers oesoedd. Ddylwn i roi trît bach i'n hunan.

Nia

Ger lan cyn chwech bore 'ma. Wedi ymuno â chlwb beicio. Mae e'n yfed Red Bull fel tase fe'n lemonêd nawr. Ac wedi prynu *onesie* oren.

Anwen

Ddeffres i bore 'ma yn teimlo'n uffernol o isel, meddwl nad oedd pwynt i ddim byd. Bo fi'n rhy hen i ffeindio hapusrwydd nawr. Weles i fy hun yn y drych yn y bathrwm, o'dd e mor *depressing*. Croen fel lleder erbyn hyn a lleder sy 'di gweld dyddie gwell hefyd. Rhyche dwfn bob ochr i'm ceg a rhwydwaith ohonyn nhw yn ymestyn o gwmpas y llyged. Dau rych anferth rhwng fy aeliau a gwddwg fel twrci. 'Mond gweld y rhyche, y *double chin*, y llygaid mwll alla i. Ac i lle a'th fy *eyelashes*? O'dd arfer bod lot 'da fi. Nawr ma'n llyged i'n hanner moel.

    A'r peth rhyfedd yw bo fi'n dal i deimlo'n itha ifanc. Ocê, ma crudcymale yn dechre yn fy mysedd, ma 'da fi ddiffyg traul parhaol a wi'n gwneud sŵn pan wi'n codi o 'nghader. Ond yn y bôn dw i'n dal i deimlo fel o'n i ugen mlynedd yn ôl neu fwy. Yn anffodus ma'r wyneb sy'n edrych yn ôl arna i o'r drych yn gwbwl wahanol i beth sy tu fewn i fi. Ys gwn i os yw Nia a Del yn teimlo fel hyn? Wel, ma Del yn dal i edrych yn grêt, wrth gwrs, a wi'n gwbod ei bod hi wedi ca'l itha lot o help ond ma hi 'di edrych ar ôl ei hunan yn well na fi beth bynnag. Ddim wedi stwffo gormod o fwyd, nac yfed poteli o *fizz* a ddim wedi magu tri o blant chwaith.

Ond ydyn nhw'n teimlo'r *disconnect* rhyfedd 'ma hefyd?

Fe es i 'nôl i'r gwely a dechre edrych drwy Facebook eto, sy jyst yn neud pethe'n wa'th wrth gwrs. Pawb o'dd yn y coleg 'da fi yn dechre ymddeol ac yn mynd ar '*dream holidays*'. Gwenan a Llwyd yn crwydro Ewrop ar y trên, Alwen a Meirion yn cerdded llwybr Sarn Helen, Alun Penllyn yn dysgu ym Mhatagonia am flwyddyn ac ma hyd yn oed Sian Waunfawr (o'dd yn gyment o lygoden yn y coleg) wedi prynu tŷ yn Tenerife.

Wi'n teimlo mor grac, mor chwerw am y ffaith na lwyddes i neud pethe fel hyn gyda Rhys. Eisteddes i yn y gwely am dros awr yn teimlo'n wa'th ac yn wa'th, yn un talp o hunandosturi. Diolch byth ro'dd rhaid i fi godi i fynd i gasglu Cai, o'dd yn gorfodi fi i feddwl am rywun heblaw fi fy hunan. Ma'n help hala amser gyda phlentyn mor annwyl a chwilfrydig. Aethon ni mas i'r parc a joies i fod mas yn yr awyr iach a mynd wedyn i'r caffi i ga'l siocled poeth a *marshmallows*. Bydde Llio yn fy lladd i 'se hi'n gwbod ond o'dd Cai bach wedi dwli. Yfodd e bob bripsyn. A phwy ots os nad o'dd e'n mofyn cino wedyn? 'Mond moron a chiwcymbr a hwmws o'dd Llio wedi dodi yn ei focs bwyd beth bynnag. Gafodd e cwpwl o *fish fingers* a sos coch amser te ac o'dd e wrth ei fodd.

Delyth

Derbyniad arall yn y Senedd. Chlywais i 'run gair o araith y Farwnes. O'n i'n rhy brysur yn edrych ar ddannedd newydd Marged Melangell! Lle yn y byd gafodd hi nhw wedi eu gwneud? Twrci falle, neu Fwlgaria. Wel, lle bynnag aeth hi maen nhw'n rhy fawr i'w cheg ac mor wyn allen nhw oleuo'r Senedd ar ben eu hunain.

Anwen

Penderfynu beth i'w neud am y blydi Nadolig
Peidio hala cardie

Nia

Prynu cardiau yn y ganolfan ffoaduriaid
Prynu te camoméil i Ger

Delyth

Cadw fy swydd
Osgoi'r Nadolig

Anwen

Ffaelu credu bod pobol yn dal i hala *round-robins* at ei gilydd amser Dolig. O'n i'n meddwl bod postio pethe troëdig ar Facebook wedi rhoi stop ar hwnna. Ond ma'r *usual suspects* wedi hala eto 'leni. Wyrion, bla bla bla, taith i'r Wladfa bla bla bla, downseisio i fflat yn edrych dros y Fenai, bla bla bla. A llunie o'r teulu *plus* wyrion i gyd yn gwenu yn eu siwmperi Nadolig. A gyda llaw, o ble dda'th y siwmperi 'ma? Do'dd neb yn gwisgo nhw pan o'n i'n blentyn. Ca'l fy nhemtio i hala manylion fy mlwyddyn erchyll i 'nôl at bawb, ond bydde fe'n rhy drist.

Wel, ma'r tŷ ar werth. Ffaeles i neud unrhyw beth o'dd Dave ishe heblaw prynu dwy lamp a *throw* o Dunelm. Ond chwarae teg, wedodd e, 'It'll make all the difference, believe me.'

Wedi gweud hynny, dyw e ddim yn disgwyl lot o ymwelwyr ym mis Rhagfyr. Ma pobol yn gyndyn i brynu tai adeg Dolig, yn ôl Dave. Ma fe wedi awgrymu bo fi'n pobi bara ac yn neud coffi pan mae pobol yn croesi'r trothwy. Medde Dave: 'Works brilliantly, creates a homely atmosphere.'

O leia ma Rhys wedi cytuno i fynd â'i bethau. Er 'mond conan wna'th e am bris storio (ma fflat y ddwyfol Emma yn fach iawn) er i fi atgoffa fe taw fe o'dd ar frys i werthu. Wedes i y dyle fe ddodi popeth yn y bin er mwyn iddo fe ga'l dechre'r 'bennod newydd' 'ma ma fe'n sôn amdani drwy'r amser.

Awgrymodd Huw bo fi'n defnyddio cwmni sy'n arbenigo mewn ailgylchu'r hyn ma'n nhw'n cliro, ac yn gwerthu beth fedran nhw hefyd, sy'n golygu eu bod nhw'n rhad iawn. Swno'n dda i fi.

Ma Rhys yn dod draw brynhawn Sadwrn. Wi'n mynd i fod mas. Mynd i'r sinema gyda Del ac yna swper a gwydred mawr o *prosecco*.

Nia

Mwynhau'r gwaith yn y ganolfan, helpu yn y gegin a mynd ag unigolion ar ambell drip. Fe allwch chi ddefnyddio'ch dychymyg – aeth un fenyw â ffoadur oedd yn gerddor reit enwog yn Syria i'r opera ym Mae Caerdydd. Ond mynd lawr i'r Barri am baned a thro ar bwys y môr wnes i a Noor a'i ffrind Asma. Ro'n nhw'n dwli ar y siwrne ar y trên a'r golygfeydd bendigedig o'r ynys. Ac mae 'na lefydd braf iawn i gael paned a brechdan erbyn hyn. A hufen iâ godidog ben pella'r prom. Anwen awgrymodd mod i'n gwneud hyn – fe aeth hi yno ar ei phen ei hun ychydig wythnosau yn ôl pan oedd hi'n teimlo'n isel. Ro'n i'n drist pan glywais i ei bod wedi gwneud hyn, ond yn ei hedmygu hefyd. Rhaid i finne drio bod yn fwy anturus.

Roedd Noor wedi gwirioni – does dim môr yn Affganistan a doedd hi ddim wedi ei weld o gwbwl nes iddi gyrraedd Prydain. Eisteddon ni ar y creigiau ac fe ddechreuodd y ddwy drafod eu bywydau yno. Roedden nhw'n sôn yn hiraethus am y mynyddoedd moel a'r coed pomgranad yn eu gerddi. Ac am y nosweithiau cynnes yn eistedd ar y to yn cymdeithasu. Cyn i'r Taliban ddod i rym, roedd Noor yn dysgu dosbarthiadau o ferched. Bu'n rhaid iddi ddianc mewn bŵt car dros y mynyddoedd i Pakistan. Fe ddaeth hi yma i chwilio seilam ond mae hi mewn rhyw fath o limbo ar hyn o bryd, yn disgwyl clywed os caiff hi aros. Mae'n amlwg bod yr ansicrwydd yn chwarae ar ei meddwl yn ofnadwy a dechreuodd hi grio wrth adrodd yr hanes. Fe driodd Asma a finne ei chysuro ond roedd ein geiriau'n swnio braidd yn wag, a bod yn berffaith onest.

Hanesion tebyg sydd gan y rhan fwyaf o'r ffoaduriaid yn y ganolfan sy'n dod o bob cornel o'r byd. O leia mae 'na groeso yno ac ymgais i leddfu'r boen o fod yn ffoadur drwy gynnal sesiynau celf a cherddoriaeth, coginio a diwylliant. Fe welais i Noor eto heddiw. Roedd hi'n gwneud shifft coginio ac fe ges i fynd i witho yn y gegin hefyd gan fod un o'r gwirfoddolwyr eraill wedi methu dod. Fe ddysgais sut i wneud hwmws go iawn (gyda *tahini* – hadau sesame wedi eu malu) – blasus iawn.

Roedd Ger yn hwyr iawn yn cyrraedd adre eto heno. Ac am unwaith fe gafodd e drafferth cysgu hefyd – sydd ddim fel Ger o gwbwl. Mae e wastod yn chwyrnu o fewn munudau unwaith i ni ddiffodd y golau. Deffrais i am dri a gweld ei fod e wedi mynd lawr i'r gegin. Ymunes i gydag e ac awgrymu falle bod y Red Bulls di-ben-draw yn rhan o'r broblem gan eu bod yn llawn caffîn.

Dywedodd e, 'O jyw, falle bo ti'n iawn. O'n i ddim 'di sylweddoli am y caffîn. Wi 'di bod yn yfed nhw fel lemonêd achos mod i'n lico'r blas. Ac yfes i bedwar can heddi! Sdim rhyfedd mod i mor *wired*.'

O'dd e'n edrych mor ddiflas gas e gwtsh a phaned o gamoméil cyn i ni fynd 'nôl i'r gwely. O'r diwedd, tua phedwar, fe aethon ni 'nôl i gysgu ac o'n i'n ddiolchgar nad oedd larwm Ger wedi ei osod am unwaith – gysgon ni tan wyth!

Rhuthrodd Ger bant i ympryd Cyfeillion y Ddaear tu fas i McDonald's, ond steddais i am dipyn dros fy mrecwast yn yfed coffi ac yn gwrando ar y radio.

Delyth

Aeth Anwen a finne i'r sinema i weld rhyw *rom-com* – ddim yn wych ond ambell linell fachog. Yna fe aethon ni i gael bwyd yn y lle figan newydd ffeindies i ac roedd hyd yn oed Anwen wedi mwynhau. Helpodd y gwydred o siampên, dw i'n meddwl.

Anwen

Blydi hel, a'th Rhys a lot o bethe 'dag e! Lot o stwff cegin, y lamp fawr o'r stafell fyw a'r recordie i gyd. A fi brynodd lot o'r rheina. O'n i'n mynd i ffono fe i roi pryd o dafod iddo fe ond wedyn feddylies i – odw i rili'n mofyn yr holl stwff 'na? Falle bydde fe'n well i finne 'ddechre pennod newydd'. A ma lot 'dag e ar ôl o hyd.

O'dd Del yn lyfli – aethon ni i weld rhyw ffilm ddwl ac yna i gaffi boncers i ga'l swper. Diolch i'r nefo'dd iddi ordro siampên achos o'dd y bwyd yn figan – fel byta stiw glaswellt a cherrig mân. Ond o'dd hi mor hael a meddylgar, wedes i ddim gair.

Delyth

Daeth Justin i fewn i'r swyddfa bore 'ma, galw'r uwch bartneriaid at ei gilydd a chyhoeddi (fel yr oeddwn i'n ofni) bod yna newidiadau mawr ar y gweill. Dim mwy o fanylion, jyst bod newid ar y ffordd. A phan ofynnwyd iddo beth yn union roedd hynny'n ei olygu, dywedodd e y byddwn ni'n cael clywed maes o law pan fydd cynllun Head Office yn barod. Dywedodd y byddai modd i ni roi adborth bryd hynny. Arhosodd e ddim yn hir – jyst dweud wrthon ni i feddwl am y dyfodol mewn byd lle mae AI a gweithio hyblyg wedi newid popeth. 'Just ask yourself what you'd like that future to look like for you,' medde fe cyn gadael pawb yn rhythu ar ei ôl.

Nawr dw i'n poeni mod i'n mynd i golli fy swydd neu gael fy ngorfodi i ymddeol. Fi yw'r hyna yn y cwmni, dw i'n gwybod hynny. Methais i gysgu neithiwr yn meddwl am y peth. Dw i'n gwybod bod yna bethau o werth y gallwn i fod yn eu gwneud i lanw'r dyddiau, bod yn ustus heddwch, ymaelodi â byrddau ac yn y blaen – ond dw i jyst ddim yn barod eto i golli strwythur mor elfennol yn fy mywyd. Be wna i os ydyn nhw am i fi fynd?

Nia

Fe gawson ni baned ddiflas yn y caffi bore 'ma. Roedd y ddwy arall bron yn fud a finne'n parablu i drio codi calon. Anwen yn grac bod Rhys wedi mynd â lot o bethau o'r tŷ a Del yn poeni am ei gwaith. Ac mae hi wedi colli gymaint o bwysau. O leia roedd modd cysuro Anwen fymryn gyda phaned a theisen. Dyw'r rwtsh gwyrdd 'na mae Del yn mynnu yfed ddim yn mynd i godi calon neb.

Anwen

Diawl, o'dd golwg wael ar Del yn y caffi bore 'ma – 'mond esgyrn yw hi. Ac yn bwyta nesa peth i ddim, jyst y *shakes* dwl 'ma ac omlets gwynwy. A phethe dw i erio'd wedi clywed amdanyn nhw. O'dd hi mor isel – ma hi'n ofni colli ei swydd. Wedodd hi bod ei gwaith yn rhoi fframwaith bendant i'w bywyd a bydde hi ar goll hebddo. A dw i'n deall hynny'n iawn – ma ishe mwy o bwrpas arna i. Fi'n rial *empty nester*, 'na'r gwir amdani. A heb ffeindio unrhyw beth i lanw'r bwlch ar ôl y plant. Wedi'r cwbwl, o'dd Rhys a finne'n mynd i deithio a mynd i gigs ac amgueddfeydd ac yn y bla'n. Alla i neud y pethe 'ma ar ben fy hunan? Oes 'da fi'r hyder?

Ma'r syniadau dwl 'ma sydd gyda Del am fwyd yn fy mhoeni i'n ofnadwy. Rhyw nonsens am *heavy metals* (na, nid Led Zep ond rhyw bethe sy'n ddrwg i chi) yr *alkaline diet* a'r erchyll *clean eating*. Wi'n digwydd gwbod rhywfaint am yr un ola achos bo un o ffrindie Llio wedi mynd yn *obsessed* 'dag e ac a'th hi'n dene iawn ac yn dost iawn. O'dd hi'n sôn byth a hefyd wrth Llio am fwydydd glân a bwydydd brwnt ac yn y pen draw o'dd hi'n ymwrthod â gyment o bethe gas hi ddeiagnosis o *malnutrition*. Wedes i ddim byd ond dw i'n mynd i gadw llygad ar Del. Ac fe ges i sgwrs dda 'da Nia am y peth ar ôl i Del ruthro bant i ryw gyfarfod.

Nia

Mae Anwen wedi sylwi ar Del nawr. Aethon ni'n dwy i ddal y bws wedi'r caffi ac fe gawson ni gyfle i drafod heb i Del ein clywed. Roedd hi'n ddigon tenau cyn iddi ddechrau'r deiet diweddara 'ma. Dy'n ni ddim yn siŵr beth i'w wneud. Mae Anwen yn meddwl bod yna arbenigwyr wedi bod yn ymchwilio'r problemau ddaw yn sgil y deiets 'exclusion' eithafol 'ma – ry'n ni wedi cytuno i wneud tamaid o ymchwil i weld os gallwn ni berswadio Del i roi'r gore i'r arferion newydd. Ond alla i weld bod cadw golwg ar ei deiet yn rhyw fath o gysur iddi a hithau'n poeni gymaint am ei gyrfa. Mae rheoli bwyd yn rhywbeth y gall hi wneud yn gymharol rwydd. Bydd yn anodd ei chael hi i stopio hynny, dw i'n meddwl, a hithau mor fregus yn feddyliol hefyd.

Daeth Ger adre o'r carchar mewn tymer wyllt. Un o'r bosys wedi ei gythruddo, medde fe. Yn ôl Ger, does dim cyfleoedd i'r carcharorion wneud dim i newid eu bywydau. Dim ond cadw trefn llym mae'r staff. Mae 'na ambell grŵp therapi ond ar y cyfan mae'r carcharorion yn pydru yn eu celloedd. Achos does dim digon o staff i gynnal gweithgareddau. Ac mae cyffurie a thrais yn rhemp yno.

Edrychodd e'n syn arna i pan ddangoses i'r ffeils yn llawn manylion gwyliau. Dywedodd e bod e'n anodd iddo feddwl am ymlacio pan mae cymaint yn dioddef. A phan ddywedais i, fel jôc, mod i'n dioddef hefyd – o ddiffyg *mini breaks* – fe aeth e'n eitha blin a dweud nad oedd modd cymharu ein hangen ni am faldod gyda gwewyr y carcharorion!

Ges i ddigon ar yr holl bregthu a mynd i gael bath mewn lot o fybls a lot fawr o ddŵr twym gwastraffus. Bues i'n swatio yno am hanner awr dda, yn troi'r tap dŵr twym mla'n gyda 'nhroed pan o'n i'n oeri. A meddwl. Ydi e'n ormod i ofyn ein bod ni'n cael tamed o hapusrwydd ar ôl yr holl flynyddoedd o wasanaethu? Ac oes rhaid iddo fe wneud yr holl bethau 'ma? Rhwng y carchar a'r pwyllgorau mae'r *wall planner* yn orlawn. A dyw Geraint ddim fel tase fe'n gweld eisiau cyfle i ymlacio.

O'r diwedd, agorodd y drws a daeth polyn bambŵ a phâr o bants gwyn Ger wedi clymu iddo fe i fewn drwy'r drws. Ac fe ges i ymddiheuriad a chwtsh gwlyb. Ac wedyn daeth e mewn i'r bath gyda fi. Oedd yn rhywfaint o eli ar y briw. Ond dw i ddim nes at fy *mini break*!

Anwen

Da'th Angharad adre o'r coleg ac ma hi'n cywiro POPETH wi'n weud. Wi'n teimlo fel hen gant, fel Jimmy Tarbuck a'r bois 'na mewn teis *kipper* yn yr wythdegau oedd gyment ar ei hôl hi o gymharu â'r comedïwyr newydd. Ma hi a'i ffrindie yn byw bywydau mor wahanol i ni pan o'n i'r oedran 'na. Am un peth smo'n nhw'n yfed! Dim sesio na whare *bunnies* yn gaib yn y Cŵps. Smo hi 'di croesi'r trothwy!

Ma o leia dwy o'i ffrindie yn *non-binary*. Ac *apparently* wi'n galw pawb wrth yr enw anghywir. *East Asian* yw rhywun o China nawr. Ac wedyn ma'r holl fusnes traws 'ma. Wel, pob lwc iddyn nhw weda i. Fe glywes i sgwrs mor ddiflas ar *Woman's Hour* lle'r o'dd rhyw fenyw'n taranu bod menywod yn cael eu gorthrymu gan bobol traws. Wel, 'na beth yw nonsens. Wi'n gallu gweld bod 'na gymhlethdodau o ran chwaraeon a phethe fel'na. Ond ma 'na bobol traws wedi bodoli erio'd, on'd o's e? Wi'n cofio Siôn Wyn yn gwisgo colur a ffrogie yn yr ysgol – fel o'dd David Bowie yn ei neud ar y pryd, wrth gwrs. Ac ma fe'n byw fel menyw ers blynyddo'dd nawr. Deimles i erio'd y mymryn lleia o orthrwm oddi wrth Siôn Wyn.

Ond dw i'n poeni bo fi'n troi i fewn i Mam. Yn ffysan gormod. Yn gweud yr un pethe drosodd a throsodd. Ac yn wa'th na hynny – fe wnes i hala linc am frechiadau ffliw oddi ar WalesOnline at Angharad cyn i fi sylweddoli beth o'n i'n neud!

Ar ben hyn i gyd, wi 'di gorfod gweud wrth y plant bod ishe i ni gliro'r tŷ er mwyn gwerthu. Dagre gan Llio, wrth gwrs ('ond dyma'n CARTRE ni'). Er taw hi sydd wedi bod yn ffysan fwya am gliro, tra oedd Huw ac Angharad yn iawn, er dw i'n meddwl byddan nhw'n teimlo'n wa'th pan fyddan nhw'n gorfod dechre ar y gwaith. Dw i 'di synnu faint o deimladau anodd ac atgofion sy'n rhuthro i'r wyneb pan fo rhywun yn mynd drwy'r drôrs a'r bocsys o gwmpas y tŷ. Ond ma'n rhaid i ni neud e, os y'n ni'n mynd i ddenu pobol i brynu. Meddwl falle dylen i brynu cwpwl rhagor o lampe hefyd. Bydd Dave yn bles os wna i hynny.

Delyth

Laura'n zoomio o Efrog Newydd. Yn bwriadu dod draw i Lundain cyn Dolig. Bydd yn neis dal lan gyda hi. Catrin gynt o Jones Jones Jones a Jones wedi ffonio ddoe hefyd. Diwrnod hen ffrindiau mae'n amlwg. Mae hi'n mwynhau ei hymddeoliad. Newydd fod yn y Wladfa. Yn dringo mynyddoedd ar y ffin gyda Chile. Nefi blw!

Mor wahanol i Llinos sydd yn fwy o *earth mother* nag erioed – yn DYHEU am wyrion. Chafodd hi fawr o yrfa – wedi penderfynu aros adre i fagu'r teulu. Oedd yn grêt ddeng mlynedd yn ôl ond nawr mae'r nyth yn wag a does ganddi ddim i'w wneud. Mor falch mod i'n dal i weithio – gobeithio i'r nefoedd mod i'n mynd i fedru cario mlaen. Bydd Justin 'nôl yn y flwyddyn newydd. Gyda chynllun Head Office, mae'n siŵr. Cawn weld beth ddaw o hynny. Diolch byth nad oes unrhyw benderfyniadau yn debygol o gael eu gwneud cyn Dolig. Rhywfaint o amser i anadlu felly.

Aeth Anwen ar fy nerfau ddoe, yn bychanu'r *alkaline diet*. Ddim yn gwybod pam dw i'n synnu. Fel'na mae hi bob amser pan dw i'n sôn am fwyta'n iach neu gadw'n heini. Methu dirnad mod i'n teimlo gymaint yn well nawr mod i'n rheoli fy nghorff eto. Ac mae hithe ymhell dros ei phwysau ac yn ddigon hapus yn bwyta bob math o fwyd ofnadwy – soniodd hi ei bod wedi prynu pryd parod i swper, eog mewn saws *hollandaise*, fydd yn llawn pob math o *preservatives* a halen a siwgr, a'i bod am ei fwyta gyda thatws wedi ffrio. Mae eisiau gras weithiau.

Anwen

Waw, wnes i *actually* enjoio swper heno – pryd parod o Marks. Pysgod a *hollandaise*, tato wedi rhostio (lyfli) a brocoli (ma hwnna'n iach, on'd yw e?). A gwydred o win. Blydi hel ma'n rhaid i fi ga'l ambell bleser. Ac fe ges i *chocolate éclair* yn bwdin hefyd!

Nia

Ffeindies i lyfr ges i gan Eirwen mewn bocsed o lyfrau ddoe. *God/Womb/Man*. Doeddwn i ddim yn ei ddeall e bryd hynny a dw i ddim yn ei ddeall e nawr. Roedd arogl ffags arno fe. Cofio mod i'm aml yn ei ddefnyddio i gadw drws y festri ar agor rhag ofn i Eirwen glywed hogle'r ffags. Dim rhyfedd ei fod yn dal i ddrewi. Diolch i'r nefoedd, mae smygu'n troi arna i nawr. Dim tamaid o eisiau ffagen arna i ers blwyddyn gyfan. Cofia, tase Eirwen neu rywun tebyg yn fy mywyd o hyd byswn i'n siŵr o droi 'nôl at y fath gysur. Does dim dwywaith fod Meiriona yn y banc bwyd yn syndod o debyg iddi – ond fe alla i ei hosgoi hi diolch byth. A does dim teips felly yn y ganolfan ffoaduriaid, wel, hyd yn hyn beth bynnag.

Mae'n rhyfedd bod heb strwythur Nadolig yr Eglwys eleni. Dy'n ni ddim wedi ymuno ag Eglwys newydd eto er, chwarae teg, fe alwodd y ficer lleol pan symudon ni yma gyntaf – bu'n rhaid i Ger roi gwybod ein bod ni yn ei blwyf fel mater o gwrteisi. Ond rhywsut, rhywfodd, â Ger yn y carchar gymaint dy'n ni ddim wedi ailddechrau unrhyw addoli ar y Sul. A dw i'n synnu gymaint dw i'n gweld eisiau'r ddefod. Am awgrymu i Ger ein bod yn mynd i wasanaeth carolau yn yr Eglwys. Awydd tamaid o ysbryd yr ŵyl arna i.

Anwen

Gytunodd Nia a finne i neud bach o ymchwil ar ddeiets dwl Delyth ac fe ffeindies i'r union beth mewn llyfr o'r enw *The Wellness Rebel*. Ma'r awdur yn defnyddio tystiolaeth wyddonol i gefnogi ei syniade a bydd hwnna'n help i berswadio Del, gobeithio. Merch o'r enw Pixie Turner sydd wedi ei sgrifennu – roedd hi'n gaeth i'r ffads *clean eating* 'ma, ac a'th hi'n itha tost cyn iddi sylweddoli gyment o ddwli gwag oedd y cwbwl. Ma'r Pixie 'ma'n dda am ddangos shwd ma'r diwydiant bwyta'n iach yn rhaffu celwydde. Yn honni bod deiets arbennig yn gallu gwella cancr ac yn y bla'n. A bod *supplements* drud a *detox cleanses* yn cyflawni pob math o wyrthiau. Ac ma hi'n dangos shwd ma'r cwmnïe hyn yn neud llond côl o arian wrth neud yr addewidion gwag yma. Y cwestiwn nesa yw shwd alla i ga'l Del i ddarllen y blincin llyfr?

Nia

Fe soniais i wrth Ger am y syniad o fynd i wasanaeth carolau ac fe ddywedodd e, 'Wel, wrth gwrs os wyt ti ishe. Ond dw i 'di cael gwell syniad...'

Mae Geraint am i ni'n dau wirfoddoli yn y carchar ar Ddydd Nadolig! Mae e'n dweud ei fod wedi cael modd i fyw ers dechrau gweithio yno ac mae e am drio gwella bywydau'r trueiniaid. Awgrymais i nad oedd hyn yn hollol wir a'i fod e wedi bod yn *stressed* iawn ers wythnosau, ac y dylai e ystyried gwneud llai yn y carchar, er mwyn amddiffyn ei iechyd meddwl. Ac y byddai treulio amser gyda fi yn y ganolfan yn gwneud mwy o les iddo. Fe ddywedais i mor neis bydde fe tasen ni'n gallu cael mwy o amser gyda'n gilydd o'r diwedd. Wnaeth e ddim ateb yn syth – o'n i'n meddwl bod e'n ystyried fy ngeiriau, felly fwres i mlaen a sôn eto am gymryd gwyliau bach ar ôl Dolig. Manteisio ar y prisoedd teithio rhad yn y flwyddyn newydd ac ati.

Roedd 'na seibiant bach arall ac o'n i'n meddwl bod Ger ar fin cytuno, ond yn lle hynny fe ochneidiodd e'n ddwfn a dweud ei fod yn siomedig iawn yndda i. Fe alwodd fi'n hunanol a dweud mod i'n anwybyddu'r byd er mwyn plesio fy hunan, ac ishe gwastraffu arian ar '*jaunts* egsotig'!

Edryches i arno fe'n syn – sôn am gamddeall. Bysen i'n hapus 'da diwrnod yn y Mumbles. 'Na'r gwir amdani. Dw i jyst ishe trip bach i rhywle. A chael yr hen Ger yn ôl, oedd yn arfer mwynhau bach o wylie, gwin coch a *box set* yn y nos. Ro'n ni'n aml yn cyfnewid eglwys gyda ficer arall yn yr haf, ac er bod rhaid i Ger wneud tamed o waith pregethu ar y Sul, roedden ni gan amla'n llwyddo i ymlacio a chael cyfle i grwydro o gwmpas rhan newydd o Gymru. Roedd digon o amser gyda ni i gerdded a phrynu bwydydd neis i'w bwyta. Ac yfed gwin o flaen y tân.

Ro'n i'n teimlo mor grac es i bach yn bell a dweud mod i jyst ddim yn nabod y dyn briodais i. Ei fod e mor feirniadol a hunangyfiawn y dyddie 'ma. Edrychodd e'n drist arna i a dweud, 'Wel, dw i ddim yn dy nabod di chwaith, Nia' cyn gafael yn ei got a gadael y tŷ. Ond Dydd Nadolig! Allwn i ddim wynebu bod yn y carchar. Ac o'n i wedi bod yn edrych ymlaen at ddiwrnod tawel, jyst ni'n dau yn ein fflat bach newydd. Wedi iddo fe fynd fe ddechreues i grio. Ddim yn cofio i ni gael cweryl fel'na erioed o'r blaen.

Delyth

Diwrnod gyda Laura yn Llundain – dy'n ni ddim wedi gweld ein gilydd ers bron i ddeng mlynedd rhwng un peth a'r llall. Dyw hi ddim wedi newid rhyw lawer ers ein blwyddyn gyda'n gilydd yng Ngholeg Cyfreithiol Caer. Er bod ganddi dinc Americanaidd i'w hacen erbyn hyn. Mae bywyd yn yr Unol Daleithiau yn ei siwtio hi i'r dim, medde hi. Fflat yn Manhattan a thŷ ar bwys y môr yn yr Hamptons. Sef breuddwyd Carrie yn *Sex and the City*. Anodd peidio â chenfigennu. Mae hi'n dal i fod gyda Rob ac mae'r ddau ohonynt yn sôn am ymddeol – oedd damaid yn ddiflas i'w glywed. Y plant wedi hen dyfu i fyny, yn gyfreithwyr ac yn ddarlithwyr parchus. Felly dyma'u hamser 'nhw', yn ôl Laura. Eto, anodd peidio â throi'n wyrdd wrth glywed hyn. O, am fod y math o berson sy'n gallu sôn am 'ni' yn lle 'fi'.

Mae'n amlwg ei bod hithau yn gyfaill i'r nodwydd *botox*, ac amryw o driniaethau eraill. Mae hi'n edrych yn dda iawn. Fe gwrddon ni yn Soho, mewn lle bwyta llysieuol neis. Roedd yn rhwydd i fi ffeindio rhywbeth da i'w fwyta yno, ac fel pob Americanwr dw i'n adnabod doedd Laura ddim yn yfed dros ginio. Dŵr pefriog fuodd hi i'r ddwy ohonon ni.

Trafod y gorffennol wnaethon ni fwya – hynt a helynt y rhai oedd yn y coleg gyda ni. Sawl un yn farnwr neu'n KC erbyn hyn, wrth gwrs, neu fel finne yn uwch bartner mewn cwmnïau cyfreithiol. Diddorol, ond aeth yr amser yn rhy gyflym – cyn pen dim roedd Laura'n gofyn am y bil ac yn dweud bod yn rhaid iddi fynd i gwrdd â Rob er mwyn teithio draw i Rydychen am y penwythnos.

Felly fues i'n crwydro Llundain am dipyn ar fy mhen fy hun. Roedd y strydoedd yn orlawn a hithe mor agos at y Dolig. Ges i ddigon a phenderfynu mynd adre'n gynnar. Doedd dim modd cael paned o ddŵr poeth ar y trên ar gyfer fy nhe gwyrdd, oedd yn fendith o fath gan fod bron pob tŷ bach wedi torri.

Teimlo'n ddiflas. Ffordd bell i fynd am sgwrs.

Anwen

Ma'r Nadolig yn nesáu a dw i ddim yn gwbod beth i'w neud ar y diwrnod mawr. Ma Llio a James yn mynd at ei rieni e yn Nhrefynwy, ond bydd Huw ac Angharad o gwmpas. Bydd e'n gachu beth bynnag benderfynwn ni neud. Allen ni fynd i westy falle? Neu ishte o flaen y teli gatre?

Delyth

Nadolig. Does gen i ddim amynedd mynd i westy eto. Oes modd cymeryd tabled cysgu sy'n parhau am 24 awr, ys gwn i?

Nia

Wedi gwrthod yn stond mynd i'r carchar ar Ddydd Nadolig. Be wna i?

Anwen

Ma Huw wedi cael cyfle i fynd ar drip botaneg i Costa Rica ac ma Angharad am fynd i'r Eidal gyda'i ffrindiau coleg. Dw i ddim ishe'u stopio nhw – ma'n nhw, fel fi, yn ceisio osgoi'r Nadolig cynta 'ma heb Rhys. Ond ma meddwl am hala'r diwrnod ar ben fy hunan mor blydi diflas. Alla i ddim. Felly...

Nia

Anwen! Wedi achub y dydd! Dechreuodd hi drafod ei threfniadau Nadolig gyda Del dros ein paned ni bore 'ma a phan gyfaddefais i mod i hefyd ar fy mhen fy hun fe wahoddodd hi fi draw i dreulio'r diwrnod gyda hi!

A dw i'n mynd i wasanaeth carolau yn Sant Ioan nos Sul. Bydd Ger ddim o gwmpas gan ei fod yn gyfrifol am stondin Amnesty tu fas i'r orsaf ganolog. Ni fel Siôn a Siân. Pan mae un ohonon ni yn y tŷ mae'r llall ar ei ffordd allan.

Delyth

Anwen wedi gwahodd Nia a finne draw Dydd Nadolig. Byswn i ddim yn cyfadde hyn wrth neb. Ond dw i MOR ddiolchgar iddi. Eleni roedd y syniad o fod yn unig ar y diwrnod yn ormod i fi.

Nia

Dw i'n methu credu lle mae Ger a fi wedi cyrraedd. Prin mae e'n yn siarad gyda fi ar hyn o bryd. Nid mod i'n ei weld e rhyw lawer beth bynnag, rhwng cyfarfodydd Nadolig ei bwyllgorau a'i ddyletswyddau yn y carchar. Mae hi'n sefyllfa mor rhyfedd ac anarferol. Ry'n ni'n dau'n styfnig, wrth gwrs – ddim eisiau cyfaddawdu. Mae Ger yn methu'n lân â deall pam dw i ddim am wirfoddoli a finne'n methu deall pam nag yw e'n poeni am fy nheimladau i.

Diolch byth am y merched. Y ddwy yn dweud nad ydw

i'n bod yn afresymol. Yn wir, Del yn awgrymu bod Ger wedi anghofio ystyr y Nadolig a'i fod e ddim yn gwerthfawrogi'r hyn sydd ganddo! Dw i ddim yn gwybod wir. Methu deall ydw i ein bod yn methu cymodi am rywbeth mor ddibwys. Ond y gwir yw ei fod yn mynd at wraidd ein *new normal* ni – lle mae Ger yn dal i wasanaethu a finne'n chwilio am bleserau mwy hunanol. Er eu bod nhw'n ddiniwed iawn, mewn gwirionedd. Ond ydw i'n bod yn rhy hunanol? Ai fi sydd ar fai?

Delyth

Wedi ordro hampyr hyfryd i fynd gyda fi i dŷ Anwen – llawn pethau Nadoligaidd. Wel, fydda i ddim yn eu bwyta nhw, wrth gwrs, ond dw i'n gwybod y bydd y ddwy arall yn eu gwerthfawrogi. Ac wedi ffeindio pryd parod figan neis (heb *additives* a *preservatives*) i'w fwyta ar y diwrnod. Braf medru dweud wrth bawb yn y gwaith mod i'n treulio'r dydd gyda ffrindau a bod hyn am unwaith yn wir.

Anwen

Wel, fe wawriodd y diwrnod erchyll a finne ar ben fy hunan yn y gwely. Y tŷ yn hollol dawel. 'Mond saith o'dd hi ac yn dal i fod yn dywyll. Dim gobeth mynd 'nôl i gysgu. Dries i beidio â meddwl am yr holl foreau Nadolig a fu – y plant i gyd yn ein gwely ni erbyn pump y bore, yn rhy gyffrous i gysgu ac yn gwbwl *hyper* wedi stwffo pob siocled o'dd yn eu sane Dolig. Tegane bobman lawr llawr, papur Dolig yn bentwr yn y gornel (o'dd yn aros yno am wythnose, nes i fi ffeindio'r egni i gliro'r stafell), cino yn cymeryd orie i'w goginio a phob plentyn yn gwrthod byta unrhyw beth gwyrdd heblaw pys. Rhys mewn uffern o strop hyd nes iddo fe ga'l ei gino a'i lased o bort a dechre rhochian o fla'n y teledu. Heulwen yn edrych lawr ei thrwyn ar y bwyd a'r diffyg addurniadau ffurfiol ar y ford – dim un plât yn matsio a dim *centrepiece*. A Mam wedyn yn ymyrryd – gormod o halen yn y bwyd, y plant yn ca'l eu sbwylo gan yr holl anrhegion a pham na allen i fod yn debycach i fy mrawd a'i wraig oedd yn neud sioe o'r Nadolig bob blwyddyn.

Ond o leia o'dd y tŷ yn llawn. A finne yng nghanol yr hwyl. Ocê, o'n i yn conan am yr holl waith a'r diffyg cwsg. Ond licsen i fod 'nôl ynghanol y mes stwrllyd yna nawr.

Roies i Radio 3 mla'n a neud paned cyn mynd 'nôl i'r gwely i gadw'n dwym. Dim nonsens am deuluoedd hapus, jyst cerddoriaeth hyfryd iawn a dim gormod o newyddion chwaith. A throi'r gwres mla'n hefyd wrth yfed y te – defnyddies i'r ap dda'th 'da'r *boiler* newydd 'nôl yn y gwanwyn. Rhwbeth arall o'dd rhaid i Huw ddangos i fi shwd i'w ddefnyddio. Ro'dd e'n neis clywed sŵn y *radiators* yn cynhesu ac yn llanw (wastod wedi ffeindio hyn yn gysur am ryw reswm) ac ar ôl 'y mhaned, ro'dd y tŷ wedi twymo digon i fi fentro i'r gawod.

O'n i wedi penderfynu neud bach o ymdrech bore 'ma achos bod y merched yn dod, felly fe wisges i dop coch newydd o Next, 'festive top' yw e yn ôl y label, achos bod cwpwl o secwins o gwmpas y gwddwg am wn i. Beth bynnag, wishges i bach o *tinted moisturiser* a masgara a *blusher* ac o'n i'n edrych yn ocê. Wel, damed yn well nag arfer, eniwe. Ac o'dd y trowsus llac brynes i o Marks yn ddigon cyffordus i ymestyn o gwmpas bola'n llawn cino Nadolig, lot gormod o Quality Street a sawl mins pei o Lidl.

Ges i frecwast iach-ish. Muesli a banana. Ocê, fe ddechreues i ar y Quality Street ond do'dd dim taten o ots 'da fi. Yna dodes i'r twrci yn y ffwrn mewn pabell o ffoil, ac wedi ei orchuddio gan gig moch a menyn, yn unol â'r efengyl yn ôl Delia. Diolch i'r nefo'dd bod Del wedi cytuno i ddod â'i bwyd ei hunan – o'n i'm yn gwbod lle i ddechre gyda hwnna gan fod gyment o bethe *off the menu* gyda hi.

Cyrhaeddodd Nia am ddeg a dodi trefn ar y llysie tra mod i'n gosod y bwrdd. O'dd golwg bell arni – fel tase hi wedi bod yn llefen. Wedes i ddim gair. Druan ohoni. Ma'n amlwg bod rhwbeth mawr yn bod rhyngddi hi a Ger – pam ddiawl ei fod e wedi baglyd hi draw i'r carchar yn hytrach na hala'r diwrnod gyda'i wraig? Nefo'dd yr adar! Beth sy'n bod ar y dynon 'ma?

Wnes i baned o goffi (yn y Bialetti ffeindies i yng nghefn y cwpwrdd pan fuodd Nia a finne'n cliro – jyw, ma fe'n neud coffi ffein) ac fe yfon ni fe gyda bisgedi siocled hyfryd yr o'dd Nia wedi'u prynu yn un o'r arcêds yn y dre. Wedyn o'dd hi'n amser i dynnu'r ffoil bant o'r deryn a dodi'r tato rhost mewn. Gofies i'n sydyn bo fi heb bilo tatws ar gyfer tato stwnsh hefyd ac o'n i mynd i ddweud *bugger it*, sdim ishe dou math o datws, pan wedodd Nia y bydde hi'n pilo'r tatws yn glou a'u dodi nhw i ferwi. Ma hi wedi dysgu rhyw dechneg newydd yn y ganolfan ffoaduriaid, ma'n debyg, ac yn gallu pilo taten mewn eiliade. Ac fe fwrodd hi ati ac o'dd ei watsio hi'n ddigon o ryfeddod.

Ac yna fe ganodd y gloch a da'th Del gyda thamed bach o Bond Street i ganol y *proceedings*. Basged fawr yn llawn danteithion oedd wedi eu gorchuddio gyda phapur aur a rhyw addurniadau rhyfeddol o sgleiniog. O'dd hi mewn *cashmere* o'i chorun i'w sawdl a'i cholur yn berffaith. Eisteddodd y tair ohonon ni gyda'n gilydd am funud ac fe fynnes i bo'n ni'n cynnig llwncdestun bach gyda siampên (ocê, rhyw rwtsh wedi ei neud o laswellt a llaeth gafr yfodd Del), i ddathlu bod y tair ohonon ni gyda'n gilydd ac yn dal i fod yn ffrindie ar ôl yr holl flynyddo'dd.

Am hanner awr wedi un fe eisteddon ni wrth y bwrdd i fwynhau cino ffein iawn. O'n i wedi cofio'r saws bara ac o'dd 'na saws *cranberry* hyfryd ym masged Del. O'dd y twrci wedi ei goginio'n iawn a'r tato rhost (*even if I say so myself*) yn berffeth. *Plus* sbrowts, moron a thato stwnsh. A bowlen o bys, achos ma'n rhaid i chi ga'l bowlen o bys er bo dim plant 'ma i'w byta nhw nawr. A stwffin – ocê, fe brynes i'r stwffin *so sue me*. O'dd e'n blydi lyfli. Wrth gwrs, 'mond gwellt a siafins fytodd Delyth i gino. Wedes i ddim gair.

Wrth i ni fyta fe agoron ni'r cracyrs a gwisgo'r hetiau papur ac adrodd y jôcs. A'th y foment yn ormod i fi yn sydyn achos o'dd Rhys yn dwli ar y jôcs ofnadwy mewn cracyrs. Fe ges i lefad bach. A theimlo'n well wedyn.

Whare teg, ar ôl i ni gwpla'r gino, fe fynnodd y merched gymoni gyda fi ac fe ddododd Nia'r pwdin Nadolig yn y *microwave*. 'Mond fi a hi fytodd hwnna, wrth gwrs – gyda hufen – alla i ddim godde menyn brandi, Rhys o'dd yn lico hwnna. Satsuma gafodd Del (!). Beth bynnag, wedi i ni gwpla byta'r pwdin, fe roliodd y tair ohonon ni i'r stafell ffrynt (wel, o'dd Nia a fi'n rholio, o'dd Del yn iawn wrth reswm) ac ishte o fla'n y tân ac o gwmpas y goeden i agor anrhegion. O'dd Nia wedi dewis llyfre arbennig i ni – *Excellent Women* gan Barbara Pym i fi a hunangofiant Gwyneth Paltrow i Del. Ac o'dd Delyth wedi prynu pethe hyfryd iawn – olew bath rhosyn drud o ryw siop Eidalaidd mewn poteli gwydr prydferth iawn. Mor hael. Rhoies i gwtsh i'r ddwy ohonyn nhw ac fe dda'th y dagre eto (o'n i wedi dechre ar y Port erbyn hyn) a gweud mor ddiolchgar o'n i am eu cefnogaeth.

Ffonodd Llio, a dw i'n meddwl ei bod hi wedi cael un gwydred yn ormod achos o'dd hi'n ddagreuol iawn hefyd ac yn gweud ei bod hi'n gweld fy ishe i ac yn gofyn os o'n i'n ocê. So wedyn dechreues i grio eto a gweud bo fi'n iawn ond, jyw, o'dd e mor neis clywed ei llais hi. A shwd oedd Cai bach, o'dd e'n lico'r anrheg brynes i? A Llio'n gweud bod hi'n caru fi lots a Cai bach hefyd, ac fe fuon ni'n tagu llefen fel hyn am rai munude. O'r diwedd fe afaelodd James yn y ffôn a gweud, 'I must grab Llio now as our meal is ready but lovely to speak to you, Anwen, we all send our love and will be over to see you on Thursday as agreed,' a diffodd y ffôn. Gan fy ngadel i fel clwtyn llestri ar y soffa yn llefen fel babi.

Da'th Nia â phaned o de i fi a darn mawr o deisen (eto o fasged Del, y *stollen* mwya hyfryd) wna'th i fi deimlo'n llai caib. Es i lan i'r bathrwm a gweld bod y masgara wedi rhedeg ac o'dd ishe cwpwl o *wipes* arna i i gliro'r mes, a dodes i ragor o *blusher* mla'n, ac o'n i'n edrych bach yn well (allen i ddim neud lot am y llyged coch) pan es i 'nôl lawr llawr. O'dd yn beth da achos, yna, fe gysylltodd Angharad ar alwad fideo WhatsApp o Rufain (ar ben y byd 'mae Rhufain mor ffab Mami, wedi bwyta fy *bodyweight* mewn pasta'), ac fe dda'th 'Nadolig Llawen' gan Huw hefyd, o'dd jyst yn codi i ga'l ei frecwast yn Costa Rica. Ma teulu'n lot o gysur, dim dwywaith am hynny.

O'n i 'di prynu sgarffie i Del a Nia ond fe roies i'r llyfr *Wellness Rebel* i Del hefyd gan weud bo fi wedi clywed pethe da iawn amdano fe ar Radio 4. Edrychodd hi bach yn amheus ond fe ddiolchodd hi amdano a gweud ei bod hi'n edrych ymla'n at ei ddarllen. Wedyn, fe eisteddodd y tair ohonon ni 'nôl yn y cadeirie esmwyth ac fe gyniges i lwncdestun i'r ddwy arall am fy nghefnogi ar ddiwrnod mor anodd. Gweud y byddwn i ar goll hebddyn nhw.

A thro Nia oedd hi i ddechre llefen a gweud – na, taw hi o'dd yn ddyledus i'r ddwy ohonon ni a hithe'n wynebu diwrnod gwaetha'i bywyd. Bod hi a Ger wedi cweryla a do'dd ganddi ddim clem beth i'w neud gan fod pethe mor anodd a'i bod hi wedi edrych mla'n gyment at y cyfnod yma yn ei bywyd, ond fod popeth wedi troi'n rhacs. Ac ar ben popeth bod Geraint heb gyffwrdd â hi ers pythefnos. Gafodd hi bwl anferth o lefen ar ôl iddi gyfadde hynny.

Wedi i fi ddod dros y sioc bod Nia a Geraint yn dal i neud y busnes, fe dries i ffeindio'r geirie i'w chysuro, ond diawch o'dd hi'n anodd meddwl am rwbeth adeiladol i'w weud. Yn y pen draw, fe wedes i fod lot o gyplau wedi stopio erbyn eu chwedegau, bod e'n ofnadwy o gyffredin. A bo fi ddim wedi gweld ishe fe rili, taw cwmni a rhywun i ga'l cwtch 'dag e o'dd yn bwysig i fi erbyn y diwedd. A dechreuodd Del wherthin a gweud nad o'dd hi erio'd wedi hoffi mynd i'r gwely gyda neb – hyd yn oed Stuart! A chytuno taw'r gwmnïaeth, yn hytrach na'r antics chwyslyd, o'dd yn bwysig iddi hi hefyd. Ond cochi wna'th Nia a gweud ei bod hi'n deall yn iawn beth o'n ni'n feddwl, ond ei bod hi a Ger wedi arfer neud sawl gwaith yr wythnos a'i fod e'n rhan bwysig o'u perthynas nhw. A'i bod hi'n teimlo ar goll heb yr agosatrwydd arbennig yna. Gan adel Del a finne'n edrych arni'n syn, a thamed yn genfigennus hefyd, os dw i'n onest.

Wedyn dechreuodd Del lefen a gweud ei bod hithe hefyd yn ddiolchgar i ni am ein cwmni, bod y diwrnod wastod yn hunlle iddi. Hyd yn oed pan o'dd hi'n blentyn. Diawch, yn ôl Del, yn amal iawn 'mond hi a'r *housekeeper* o'dd gatre ar

Ddydd Nadolig! Ac yn ôl Del, ers i Stuart fynd ma pethe'n wa'th nag erio'd, ei bod hi'n teimlo boncers o unig nawr. A buon ni'n tair wrthi'n hanner llefen hanner wherthin achos bod popeth mor *shit* a bod dim syniad gyda ni shwd i newid pethe.

Yn y pen draw, fe gallion ni, a neud cwpwl o frechdane twrci a watsio *The Muppet Christmas Carol* a'r *Dyn 'Nath Ddwyn y Dolig* a stwffo mwy o sioclets. Ac yfodd Del ryw gongotsion gwyrdd arall.

O'r diwedd a'th y ddwy adre – gafodd Nia lifft gyda Del o'dd, wrth gwrs, yn hollol sobr. A dyna ni. O'dd y diwrnod erchyll drosodd. Lanwes i'r peiriant golchi llestri (sy'n dal i witho os rowch chi gic iddo fe) a mynd i'r gwely.

Nia

Mae pethau'n well! Pan gyrhaeddais i adre o dŷ Anwen roedd Ger yn eistedd yn y gegin yn y tywyllwch. Neidiodd e lan pan ddes i mewn drwy'r drws a dechrau ymddiheuro – a dweud ei fod wedi cael diwrnod diflas ac anodd yn y carchar a'i fod e'n teimlo'n ofnadwy am y gweryl. Ac o'n i mor falch fe aethon ni'n syth i'r gwely. Wedyn, fe ddaeth Ger â phaned i fi bore 'ma ac fe agoron ni'n anrhegion, gyda bocs o siocledi, yn y gwely. Ro'n i wedi prynu siwmper newydd iddo fe a llyfrau gan y ffarmwr o ogledd Lloegr, James Rebanks. Ac fe ges i fwclis hyfryd a sebon Eidalaidd ganddo fe. Lyfli.

Dy'n ni ddim wedi siarad am y busnes gwaith a gwylie 'ma eto. O'dd e'n neis jyst eistedd o flaen y tân (pan godon ni o'r diwedd) yn bwyta ac yn yfed – a dw i'n amau nad oedd e, yn fwy na fi, am ddweud dim a fyddai'n amharu ar agosatrwydd y diwrnod.

Delyth

Mae Dydd San Steffan wastod yn well! Siopau ar agor, cyfle i fynd i'r *gym* ac egni a bywyd 'nôl yn y byd. Fe ges i sesiwn codi pwysau cyn gwneud dosbarth Pilates ac awr o ioga. Yna *sauna* a chawod a chyfle i drio'r caffi figan sydd wedi agor ar bwys y *gym*. Bwyd blasus, roedd gyda nhw *clean eating special* oedd yn hyfryd.

Yn teimlo'n well hefyd ar ôl cael arllwys fy nghôl gyda'r merched ddoe. Mae 'na wirionedd yn y busnes 'ma fod rhannu baich yn ei haneru. Ddim yn teimlo'n gymaint o ffŵl unig nawr. A'r gwir yw fod y ddwy arall yr un mor ddiflas â finnau! Fel soniodd Nia, mae pawb yn cario rhyw fath o groes. Ac mae'n beth ofnadwy i'w ddweud, ond mae'r ffaith taw nid fi yw'r unig un sy'n anhapus yn rhywfaint o gysur.

Anwen

Diolch byth fod 'da fi Boxing Day i roi trefn ar y tŷ cyn y *state visit* gan Llio, James a Cai. Glires i'r gegin (lanhaies i tu ôl i'r bocs bara a phopeth) a neud pei twrci a ham (ocê, Jus-Rol *pastry* ond do'dd dim taten o ots 'da fi) a digon o dato stwnsh a llysie. O'dd pawb fel 'sen nhw wedi mwynhau'r bwyd (wedodd James 'lovely meal, Anwen, delicious pastry', wedes i ddim gair!) ac achos bo 'da fi gwpwl o anrhegion ecstra i Cai o'dd e ar ben y byd.

A wna'th Llio ddim beirniadu fi unwaith. A gweud y gwir, o'n i'n gweld golwg bell arni, yn welw ar y diawl ac yn pigo ar ei bwyd. Wrth gwrs, pan ruthrodd hi i'r tŷ bach, ddealles i pam, ma 'na fabi arall ar y ffordd! Felly, nid caib o'dd hi ar Ddydd Nadolig ond yn llawn hormons.

'We're trying to keep it a bit quiet,' wedodd James. 'Not past the 12 week scan. But Llio's nausea means it's quite hard to keep it a secret. My mother guessed too.'

Ma'n nhw'n meddwl ca'l help ffurfiol yn y tŷ pan ddaw'r babi newydd – *au pair* neu 'nanny stroke housekeeper' yn ôl James. Wedodd e 'actually, we're looking for a French or Italian girl, would be good for Cai to learn another language while he's young.'

Edryches i'n syn arno fe. A sylweddoli nad o'dd Cymraeg ar yr agenda gydag e o gwbwl. Wel, 'mond Cymraeg fydda i'n siarad 'da'r plant 'na, a 'na ddiwedd ar y mater.

Nia

Aeth Ger i loncio bore 'ma. Ond aeth rhywbeth mawr o'i le achos ddaeth e adre mewn poen ofnadwy. Yn methu symud, ei gefn yn grwc a phoenau ofnadwy yn ei goesau. Doedd dim pwynt aros am ambiwlans felly fe aethon ni draw i'r ysbyty mewn tacsi ac aros am dair awr i weld doctor. Roedd hi'n orlawn yno, wrth gwrs, a doedd hi ddim yn gyfforddus o gwbwl i Ger ar y gadair galed. Eistedd mewn coridor berwedig wnaethon ni am y rhan fwyaf o'r amser a Ger mewn gormod o boen i siarad hyd yn oed. Roedd e'n edrych yn ofnadwy, yn wyn fel y galchen a golwg mor ddifrifol ar ei wyneb, bu'n rhaid i fi estyn draw a rhoi cwtsh (gofalus) iddo fe.

Daeth nyrs draw o'r diwedd gyda chwpwl o dabledi Ibuprofen a dweud bod y doctor wedi rhoi caniatâd iddo eu llyncu tra mae'n disgwyl am *X-ray*. Es i i nôl paned a bisgits iddo fe, i fynd gyda'r moddion, ac erbyn i fi gyrraedd 'nôl roedd e'n edrych bach yn fwy cyfforddus, y nyrs wedi ffeindio clustog o rywle iddo fe gael eistedd arni.

O'r diwedd fe gawson ni fynd adre ar ôl iddo gael *X-ray* a gweld y doctor. Mae e wedi cael tabledi cryfach i leddfu'r boen ac fe fydd e'n gorfod mynd at y GP wythnos nesa i drefnu ffisio ar ei gefn. Sciatica oedd y deiagnosis ffurfiol ond dw i'n meddwl bod stres yn rhannol gyfrifol hefyd. Ond pan awgrymais i hyn, twt-twtian wnaeth Ger, gan ddweud mod i'n ffysan a'i fod e'n iawn.

Ionawr

Anwen

Facebook *detox*
Byta rhwbeth ond bisgits

Nia

Cael Ger i wneud llai
Trio cwinoa
Cerdded 10,000 cam bob dydd

Delyth

Darllen *The True You – Love It Or Lose It!*
Meithrin positifrwydd
Te madarch?

Delyth

Wnes i ddim dathlu'r Flwyddyn Newydd. Dw i'n casáu'r noson gyda chas perffaith ac yn falch mod i wedi dod i'r arfer o'i hanwybyddu, gan lyncu tabled cysgu a mynd i'r gwely'n gynnar.

Wedi bwcio penwythnos yn Llundain i ddathlu fy mhen-blwydd. Yn rhyfedd iawn dyw Nia ac Anwen a finne ddim yn dathlu penblwyddi'n gilydd a does neb ar ôl sy'n ei gofio ers i Fodryb Edith fynd. Felly dw i'n trio bod yn garedig i fy hunan, gan nad oes neb arall yn mynd i wneud. Wedi bwcio triniaethau neis a stafell hyfryd. Am drio *enema* coffi, yn bendant, ar ôl colli fy nghyfle ym Mharis. Sôn ei fod yn rhoi gwefr i rywun.

Nia

Aeth Ger i'r gwely'n gynnar ar nos Galan – mae'n dal i fod mewn tipyn o boen. Fe ymddiheurodd am fod mor fyr ei dymer gyda fi yn yr ysbyty a dweud nad oedd e wedi profi poen tebyg i hyn o'r blaen. Druan ohono fe, bydd rhaid iddo fod yn fwy gofalus o hyn ymlaen – a sori ond mae e YN gwneud gormod, dyna'r gwir amdani. Ond wnaiff e ddim cyfaddef hyn, wrth gwrs. Ac os dw i'n hollol onest, dw i'n eitha balch bod yn rhaid i Ger gymryd gwyliau a gorffwys.

Edrychais i ar ddathliad Nos Galan S4C – roedd Elin Fflur yn fendigedig, wrth gwrs, a digon o bobol yr oeddwn yn eu hadnabod yn y corau a'r partïon cerdd, ond roedd hi'n chwithig eistedd yno heb Ger. Roedd e'n chwyrnu'n drwm erbyn i fi gyrraedd lan i'r gwely – mae'r tabledi poen yn rhai cryf iawn ac yn dueddol o'i wthio i drwmgwsg.

Diolch byth, daeth galwad gan y GP i drefnu ffisio ddoe,

felly o leia mae 'na obaith, er yn wan, y bydd e'n dechrau gwella cyn bo hir. A bydd Ger ddim yn gallu mynd i wirfoddoli am o leia tair wythnos – hwrê!

Anwen

Dechre blwyddyn newydd heb Rhys. Am beth alla i obeithio eleni, ys gwn i? Ŵyr neu wyres arall ar y ffordd, sy'n neis. A ffrindie da. Ma ishe i fi wneud mwy ohonyn nhw. Falle af i aros 'da Gill yn Llambed. A mynd mas gyda Mali am sesh. Sori. Be dw i'n weud? Ody menywod yn eu chwedegau yn mynd am sesh? Wel, allen ni ga'l coctêls yn rhywle... Ma hynny'n fwy derbyniol falle. Ond bydd Mali'n rhy brysur beth bynnag. Mewn cyfarfodydd, yn ei sodle uchel a'i siwtiau Max Mara, neu'n paratoi swper i Rhys a *she-who-must-not-be-named*. A wi ddim yn siŵr os galla i fadde iddi eniwe. Bod hi'n gwbod am yr affêr ymhell cyn fi. A wedodd hi ddim gair. Er bo fi jyst gyment o gefen iddi hi a Siôn ag o'dd Rhys pan geson nhw eu 'blip' – wel, pan redodd Mali bant gyda'i *toyboy*, a bod yn fanwl gywir. Drion ni'n gore i beidio â chymryd ochr y naill na'r llall. Ond ma Mali'n amlwg yn llwyr ar ochr Rhys a'i 'bennod newydd'. Yn awgrymu bod hwn yn 'gyfle newydd' i fi, fel tase hynny'n beth rhwydd i fi ei dderbyn. Na, *too soon* yw hi 'da Mali.

Alla i ymuno â chlwb llyfre, falle? Weles i un yn cael ei hysbysebu yn y llyfrgell. Ond ydw i rili y math o berson sy'n mynd i ddarllen llyfr a meddwl am rwbeth diddorol i'w weud amdano fe bob mis? A beth os wy'n casáu'r llyfr? A beth os oes 'na rywun sy heb ddarllen y blydi peth ond yn dominyddu'r sgwrs beth bynnag? O'dd hwnna'n arfer digwydd mewn seminars yn y coleg ac o'dd e'n hala fi lan y wal.

Mynd i weld ffilmie tramor yn y sinema? Wedi gweud celwydd wrth Angharad yn barod am hwnna, felly bydd yn rhaid i fi neud e rywbryd. Ma hi am ruthro 'nôl i Aber cyn gynted ac y gallith hi, felly yrra i hi draw 'na fore Sadwrn nesa. Ma fe 'di bod mor neis ei cha'l hi gatre. Geson ni lot o hwyl yn dathlu'r flwyddyn newydd gyda Huw neithiwr – ac o'n i'n falch yn dawel fach bod annwyd trwm wedi ei chadw hi fewn am y noson fawr. O'dd y tsili goginiodd Huw yn fendigedig ac o'n i'n dwli ar y *guacamole* a'r caws a'r trimins i gyd. Ac o'dd e'n laff watsio rhyw nonsens ar Netflix, cyn troi at Jools Holland a throad y flwyddyn. Dduw mawr, ma pawb wedi heneiddio gyment – yr holl fandie 'na o'n i'n dwli arnyn nhw. Hen ddynion y'n nhw nawr. Y *punks* a'r *new romantics* yn foel neu'n wyn. Cofiwch, ma Jools yn edrych yn gwmws 'run peth. Sy bach yn od.

Ac o'dd e'n neis cael brecwast hwyr 'da'n gilydd cyn i Huw fynd adre, gan neud i'r cwbwl bara jyst damed bach yn hirach. Dros y cig moch fe drafodon ni addunedau. Wedodd Angharad ei bod hi'n meddwl bod addunedau'n stiwpid. A dywedodd Huw y dylen i addunedu i ga'l bach mwy o hwyl. Ma fe mor annwyl.

Heddiw ma Angharad yn mynd i helpu fi i neud rhagor o gliro. Wnethon ni beth rhwng Dolig a'r Flwyddyn Newydd ond o'dd y ddwy ohonon ni'n ffeindio fe'n itha anodd – popeth yn ein hatgoffa ni o'r gorffennol. Sai'n meddwl bod Rhys yn sylweddoli gyment o effaith ma gadel wedi ei ga'l ar y plant – yn gysgod dros bob atgof.

A'th Huw â lot o stwff 'dag e – wedodd e wrtha i am dwli popeth arall. O'n i'n gallu gweld ei fod e wedi ypsetio hefyd. Cyn iddo fe fynd, gofynnodd Huw i fi os o'dd ei dad yn dal i fod yn siomedig nad a'th e i'r brifysgol. Wedes i 'na' a bod

Rhys yn browd iawn o'r llwyddiant ma Huw wedi'i ga'l gyda'i fusnes garddio. Ond, blydi Rhys. Pam fo Huw hyd yn oed yn gofyn y math yma o gwestiyne?

Ac ar ben hyn i gyd ma 'da fi lond atig o stwff i fynd drwyddo fe nesa.

Delyth

Reit. Wedi penderfynu bod yn bositif fel adduned blwyddyn newydd. Felly unwaith i fi sortio fy mochau (a'r crych rhwng fy aeliau) yn y clinig yn Llundain, dw i'n mynd i gymdeithasu mwy. *Networking* fydd e gan fwyaf, byddai'n dda o beth i mi ddod â gwaith newydd i fewn i'r cwmni. A bydd hyn yn bwysicach nag erioed tra mae Justin o gwmpas.

Byddai'n braf cael teithio mwy gyda'r gwaith hefyd – rhaid i mi drio gweld a fyddai hynny'n bosibl? Dilyn ambell achos yn Llundain, efallai? Roedd y cwmni yn arfer gwneud mwy ym Mharis cyn Brexit wrth gwrs. Ys gwn i os oes modd i ni ailgynnau'r fflam yno? Mae'r fi positif newydd yn mynd i ofyn y cwestiynau yma. A chadw fy swydd, gobeithio, wrth wneud.

Anwen

A'th Angharad 'nôl i Aber yn ddigon hapus. O'dd hi'n fwyn ac yn wlyb ar y siwrne ac o'dd honno dipyn yn rhwyddach na'r tro diwetha. Ac fe a'th y ddwy ohonon ni i gael cino yn Ultracomida, o'dd yn neis. O'n i'n teimlo'n well yn ei gadel hi tro hyn.

Wedi bwcio i fynd i weld ffilm Ffrengig yn y Chapter – ma hi wedi ei henwebu am lot o wobrwyon yn barod, felly mi ddyle hi fod yn dda. Dw i'n benderfynol o *actually* neud rhai o'r pethe 'ma dw i 'di bod yn wewan amdanyn nhw!

Ond ma'r tŷ'n teimlo'n dawel iawn heno.

Nia

O, dier – a finne wedi penderfynu mynd am wâc hir yn ôl fy addunedau, fe gwmpais i ar yr iâ a nawr ma 'da fi *hairline fracture* yn fy mraich! Ro'n i'n gwybod yn syth mod i wedi gwneud rhywbeth difrifol – roedd y fraich yn brifo'n ofnadwy. Bu'n rhaid i fi ddal tacsi i'r ysbyty, ac ar fy mhen fy hun, gan fod Ger braidd yn simsan o hyd ac wedi methu dod allan i gerdded.

Arhoses i dros ddwy awr eto i weld doctor, yn yr un coridor ag o'r blaen – ond a bod yn deg, fe ges i driniaeth wych yn y pen draw, *X-rays* manwl a rhywbeth o'r enw *backslap* o gwmpas y fraich, oedd yn feddal mewn mannau, achos bod y fraich yn chwyddedig. Dw i'n gorfod mynd 'nôl mewn pythefnos i gael plaster go iawn. Dywedodd y nyrs y gallwn i gael un pinc!

Dyw'r fraich ddim yn rhy boenus erbyn hyn ond dw i ddim yn gwybod sut beth fydd cysgu gyda'r teclyn yma o'i chwmpas. A dw i wedi darganfod ei bod hi'n anodd gwneud lot o bethau gydag un llaw yn unig. A dim gyrru am wythnosau! Yn wir, fe all fod yn gwpwl o fisoedd, yn ôl y nyrs. Ni mewn tamed bach o bicyl, a dweud y gwir, gan nad yw Ger fod i godi pethe trwm ac mae ei *repertoire* yn y gegin yn gyfyng a dweud y lleia. Tost ac wy 'di'i ferwi neu sosej a *chips* ffwrn fydd hi ar ben bob stori, os nad wy'n ofalus. Ar ben hynny i gyd ges i alwad gan ryw nyrs yn gofyn i fi fynd mewn i gael rhywbeth o'r enw DEXA Scan 'because you've had a little fall'. Ishe gweld os oes *osteoporosis* arna i!

Mae Ger a finne wedi mynd yn hen yn sydyn – a dyw e ddim yn deimlad neis.

Anwen

Nia, druan – ma'r fraich yn edrych yn boenus. A sai'n meddwl bod Geraint yn lot o help iddi chwaith ar y foment. O'dd rhaid i Nia fyta'i theisen gyda llwy yn y caffi heddi. A nawr ma hi'n gorfod mynd i'r ysbyty i ga'l rhyw fath o sgan. Wedi cynnig mynd draw i'w helpu nhw – peth lleia alla i neud.

Da'th y cynta o'r ymwelwyr i weld y tŷ bore 'ma. Digon neis ond dyw e ddim yn brofiad pleserus i wylio pobol yn crwydro o gwmpas eich cartre, yn byseddu'ch cyrtens ac yn edrych lawr eu trwynau ar bopeth. O hyn ymla'n dw i'n mynd i drefnu bod mas – gall Dave neud y cyfan. A wnaethon nhw ddim neud cynnig yn y diwedd.

All y *throws* mwya bendigedig ddim cuddio'r ffaith bod ishe neud lot i'r lle 'ma.

Delyth

Methu credu nad ydy Nia nac Anwen wedi cael DEXA Scan erioed – dw i 'di cael dau yn barod drwy Bupa. A dy'n nhw ddim wedi bod yn cymeryd *supplements* fel fi. Wfftio wnaeth y ddwy ohonyn nhw dros y blynyddoedd. Ddim yn wfftio gymaint nawr, wrth gwrs.

Nia

Roedd y sgan yn rhwydd iawn – dim angen dadwisgo hyd yn oed. Jyst gorwedd ar y gwely wrth i'r peiriant symud yn araf dros fy nghorff. Ond fe ddaeth galwad oddi wrth y nyrs ddau ddiwrnod yn ddiweddarach. Mae 'da fi *osteoporosis* yn fy nghefn! Ges i dipyn o fraw pan wedodd hi hyn ond roedd hi'n neis iawn – eglurodd hi fod modd gwneud tipyn i wella'r sefyllfa – ymarfer corff, cymeryd fitamin D ac un dabled wythnosol yn cynnwys rhywbeth o'r enw *alendronic acid*. Rhaid i chi eistedd yn llonydd am hanner awr wedi i chi ei lyncu. Dim paned o de, jyst lot o ddŵr i wneud yn hollol siŵr ei fod wedi mynd lawr y lôn goch. Swnio'n frawychus ond mae'n siŵr y dof i arfer â'r peth. Wedyn mae ioga a chodi pwysau (!) yn help mawr i'r cyflwr, yn ôl bob sôn. Roedd Del yn gwybod lot amdano fe – mae hi'n mynd i ddod gyda fi i rywle o'r enw Decathlon i brynu pwysau i fi eu codi.

Mae Ger wedi bod yn cael tipyn o hwyl ar yr ymarferion awgrymwyd iddo gan y ffisio – mae nifer ohonynt yn rhai Pilates sy'n cryfhau'r cyhyrau o gwmpas y cefn. Ry'n ni wedi dod i ryw fath o rythm – ymarferion yn y bore ac wâc fach leol i gael awyr iach. Wedyn tamaid o ginio a darllen cyn paned a ffilm bob prynhawn. Mae 'na sianel anhygoel o'r enw Talking Pictures TV sy'n dangos peil o hen ffilmiau du a gwyn, ond mae Ger yn dwli ar ffilmiau Americanaidd hefyd gydag actorion fel Al Pacino a Robert de Niro. Am ddyn mor addfwyn a diniwed mae Ger yn hoffi lot o ffilmiau eitha treisgar!

Mae 'na arwyddion calonogol na fydd e'n ailafael yn y bywyd ffrantig oedd ganddo cyn Nadolig. Mae'n amlwg bod y cyfnod gorfodedig o orffwys yma wedi bod yn gyfle i Ger ailasesu pethau. I ddechrau, mae e wedi dechrau ymchwilio taith i Sgandinafia wedi i ni wella – am ailgysylltu gyda ffrindiau o'i gyfnod yn y Coleg Diwinyddol sydd bellach yn byw yno. Ac mae e wedi dweud wrth y carchar na fydd e ar gael tan i ni ddod yn ôl. Ar ben hynny, dyw e ddim wedi sôn am y pwyllgorau fuodd e arnyn nhw ers tipyn nawr. Dw i ddim am ddweud gormod. Ddim am ei wthio rhag iddo newid ei feddwl.

Anwen

Ma'r hen Llio yn ôl. Ges i lond ceg 'da hi bore 'ma achos bo fi'n gwisgo fel rhywun 'sydd wedi rhoi lan ar fywyd'! Ma hi 'di rhoi i linc i fi i gwmni o Gymru sy'n neud dillad 'joli' i fenywod canol oed. Wel, edryches i ar y wefan ac mi o'dd y menywod yn edrych yn joli iawn ond alla i ddim gweld 'yn hunan mewn croen llewpart a phethe gliteri, na ffrogie tynn secwins. Y math o beth ma Tess yn gwisgo ar *Strictly*.

Yn ôl y wefan, ma lot o'r menywod sy'n prynu'r dillad yn neud *speed dating*. Blydi hel. Ma'n nhw'n sôn am ffeindio 'mature love'. Beth ddiawl yw hynny? Onid yw cariad yn rhwbeth sy'n dibynnu ar anaeddfedrwydd a nwyd? A chwpwl o ddrincs? A dim lot o ddillad.

Ma Llio'n gallu bod mor hunangyfiawn a *bossy*! Ie, 'na'r gair amdano fe, *bossy*! Yn rholio'i llyged yn ddi-ben-draw, wastod yn gwbod yn well na fi ac yn fy nhrin i fel plentyn, neu'n wa'th, fel ffŵl. Ac ma ddi'n teimlo fel ddoe pan o'n i'n gorfod aros lan achos ei bod hi mas tan orie mân y bore, yn bihafio'n wyllt ac yn gwbwl anghyfrifol. Ond ma hi wedi anghofio hwnna nawr, wrth gwrs.

O'dd e'n braf dianc i wneud swper i Ger a Nia.

Nia

Fe wnaeth Anwen bryd hyfryd i ni heno – pasta a *chorizo* a chennin a thomatos. Mor flasus. Fe gawson ni wydred o Merlot gydag e ac roedd y tri ohonon ni'n eitha llawen.

Gliriodd hi'r llestri wedyn hefyd. Mor garedig. Ac mae Del wedi rhoi canpunt ar acownt Just Eat i ni. Ry'n ni'n ordro cyrri nos fory.

Buon ni'n trafod y daith eto. Mae Ger yn frwdfrydig iawn – wedi bod ar-lein ac wedi ffeindio adroddiadau ar wefan Which am y trenau gorau, y cesys gorau (rhai gyda phedair olwyn, mae'n debyg), y gwestai gorau, a hyd yn oed y sgidiau cerdded gorau i grwydro dinasoedd. Mae hyn yn wych, wrth gwrs, ac alla i ddim meddwl am rywbeth neisach na mynd ar daith gyda Ger i Sgandinafia. Ond ydw i'n iawn i feddwl bod Ger wedi taflu ei hunan i fewn i'r holl ymchwil yma yn union fel y gwnaeth e gyda'r pwyllgorau a'r carchar?

Anwen

Joies i goginio i Nia a Ger – wedi anghofio mor neis yw bwydo pobol. Wel, do'n i rio'd yn lot o gogydd – ond ma 'da fi restr o bethe o'dd y plant yn lico. Mynd i rewi cwpwl o bethe i Nia ga'l eu defnyddio wythnos nesa – y caserol ffowlyn 'na o'dd Huw (a blydi Rhys) yn dwli arno fe a'r *shepherd's pie* 'na sy'n llawn llysie. A neud digon i fi hefyd falle – i fi ga'l dechre byta'n iawn eto. Ma ishe i fi golli pwyse ac edrych ar ôl fy hunan yn well. Haws gweud na neud, wrth gwrs, pan fo stwffio siocled a hufen iâ o fla'n y teli yn gyment o gysur ar ddiwedd diwrnod diflas.

Nia

Wedi darganfod cynnyrch rhywun o'r enw Charlie Bigham – prydau parod gwirioneddol neis. Eitha drud wedi dweud hynny. Mae Ger wedi dechrau coginio, sy'n dipyn o syndod, ond fel mae'n dweud, mae'n gallu dilyn rysáit ac mae e'n benderfynol o roi cynnig ar fwy na sosej a *chips*. Mater o ddod i arfer yw e, dw i'n meddwl. A pheidio â phoeni, falle, am y damweiniau. Diolch byth fe ddiffoddodd y larwm mwg yn y pen draw...

Delyth

Hunllef arall. Dal i'w cael nhw er mod i dros drigain. Yr un hen hunllef – dw i'n styc yn y dorm yn yr ysgol ar ben fy hunan ac yn gweld y merched eraill yn mynd adre drwy'r ffenest. A finne'n taro'r ffenestr ond neb yn fy nghlywed. Dw i wastod yn deffro yn morio mewn chwys oer a 'nghalon yn curo a dim gobaith o gael mynd yn ôl i gysgu. Ddim yn gwybod beth oedd y *trigger* y tro yma. Heb gael un ers oesoedd. Fe wnes i baned o de camoméil ac edrych drwy focs o hen luniau ddaeth gyda fi o dŷ Mam a Dad. Lluniau ohonyn nhw allan am y nos, mewn ciniawau crand neu'n yfed coctêls yn y clwb golff. Ro'n nhw mor hardd. Ond byth adre. A tasen i heb glywed y gwir gan Modryb Edith byswn i byth wedi deall taw celwydd oedd y cwbwl. Eu bod nhw'n byw bron â bod yn gwbwl ar wahân. Wel, ro'n nhw ddigon pell oddi wrtha i drwy'r amser, beth bynnag. Dw i ddim yn meddwl bod Mam yn *maternal* o gwbwl ac er bod Dad yn fwy parod i siarad ac yn llai beirniadol ohona i, doedd e byth o gwmpas pan oedd ei angen e arna i. Ac ar y diwedd doedd e ddim yn fy adnabod i o gwbwl.

Dw i dros drigain nawr. Ac yn dal i fod yn gaeth i'r diffyg yma yn fy mherthynas gyda fy rhieni. Mae'n hen bryd i fi symud ymlaen. Ond sut? Dw i am fod yn fwy positif ond yr unig beth mae blynyddoedd o therapi wedi ei wneud yw esbonio dylanwad fy mhlentyndod ar fy mywyd. Mae angen i fi ffeindio rhywbeth sy'n fy ngwneud i'n hapus, sy'n fy stopio i rhag edrych yn ôl a thindroi yn y gorffennol.

Nia

Wedi cael y plaster pinc! Fe ges i drafferth dewis rhwng y pinc a'r porffor, ond fel y dywedodd y nyrs, mae pinc yn mynd gyda phopeth. Dyw e ddim yn rhy anghyfforddus ac mae pawb yn y clinic esgyrn yn hyfryd.

Ger dipyn yn well erbyn hyn ac mae'r ffaith iddo orfod bod i ffwrdd o'r carchar cyhyd wedi dangos iddo bod mwy i fywyd na gwasanaethu. Wel, dw i'n gobeithio hynny beth bynnag.

Mae wedi bod yn hwyl ailddarganfod ein diddordeb mewn *Nordic noir*. Ry'n ni wedi gweld cyfresi o Sweden, Denmarc, Norwy a'r Ffindir – a phob un ohonynt yn codi ein harchwaeth am deithio i Sgandinafia. Er, dw i'n mawr obeithio nad oes corff rownd bob cornel fel mae'r rhaglenni 'ma'n awgrymu!

Delyth

Trio dwyn perswâd ar Nia i ymuno â'r *gym* ac i edrych ar ôl ei hunan yn well. Mae angen iddi godi pwysau a gwneud lot o *load bearing excercises* nawr i helpu gyda'r *osteoporosis*. Fe ofynnais am hyn yn y *gym* ac roedd Damien yn llawn cyngor gwych. Ys gwn i os alla i berswadio Nia i ymuno? Rhy ddrud, siŵr o fod. Ond efallai y gallen i dalu am gwpwl o sesiynau preifat iddi gyda Damien? Fe ofynna i iddo a fyddai hynny'n bosibl.

Ac mae'n siŵr 'da fi y bydde cwpwl o lyfrau hunan gymorth yn addas iddi. Pa rai alla i awgrymu, ys gwn i? Fe ymchwiliaf! Heb ddarllen y *Wellness Rebel* eto, ddim cweit yn siŵr pam brynodd Anwen y llyfr 'ma i fi. Mae e'n edrych yn ddiddorol, er fe welais i Mimi ar Insta yn siarad amdano ac yn awgrymu ei fod yn llawn 'negative energy'. Er bod Mimi yn ifanc mae hi'n hynod o ddoeth – yn deall lot am fwyta ac am yr holl bethau yn ein bywydau sy'n ein llethu. Bwyd yw ei harbenigedd – mae hi'n awdurdod ar *clean eating*. Mor ddiddorol clywed bod gliwten 'like sandpaper for the gut' a bod *juice cleanses* yn medru glanhau'r *toxins* o'ch afu ac ailddyfrhau'ch celloedd. Am brynu rhai o'r pacedi *detox* mae hi'n eu gwerthu ar-lein a'r tabledi golosg mae hi'n eu hargymell hefyd. Rhaid i fi ofyn i Dr Gervase yn y clinig os ydy e'n gwneud yr *IV vitamin infusions* mae hi'n sôn amdanyn nhw. Fitaminau sy'n mynd yn syth i'r gwaed drwy'r gwythiennau. Cyffrous!

Nia

Ffoiniais i Meiriona yn y banc bwyd i esbonio am fy mraich ac fe ddywedodd ei bod hi wedi dringo'r Wyddfa pan oedd ganddi fraich mewn plastr. Wrth gwrs ei bod hi. Yn meddwl na ddylwn i ddefnyddio'r fraich fel esgus i beidio gwirfoddoli.

'Mae 'na ddigon o dasgiau yma i chi, Nia. Mae estyn clust i wrando ar straeon y trueiniaid sy'n defnyddio'r adnodd mor bwysig â llwytho bocsys!'

Dw i ddim yn meddwl fyddai'r bobol sy'n dod aton ni am feddwl am eu hunain fel trueiniaid. Ond dw i mor llwfr ddywedais i ddim, 'mond addo bod yno fel arfer bnawn fory.

Anwen

Es i i Lambed am y penwythnos ac aros gyda Gill. Profiad chwerwfelys. Aethon ni mas i swper – ma ffrind i Gill yn rhedeg lle bwyta neis iawn yn y dre ac fe geson ni fwyd ffab. Popeth yn lleol ac yn dymhorol a phawb yn siarad Cymraeg. Byse neb â'r hyder i redeg busnes fel hyn pan o'n i'n blentyn. O'n i'n lot rhy barod i droi i'r Saesneg yn y 70au. Yn meddwl bod rhaid neud er mwyn denu cwsmeriaid. Cofio gwitho yn y *greasy spoon* ofnadwy 'na jyst cyn i fi fynd i'r coleg, lle o'dd y cwsmeriaid i gyd yn siarad Cymraeg. Ond Saesneg o'dd iaith y busnes – pob bwydlen yn uniaith Saesneg a'r iaith gynta ym mhob sgwrs o'dd Saesneg. 'What are you having?' nid 'beth gymrwch chi?' fel o'dd hi heno.

O'dd Gill yn ymddangos yn ddigon hapus, ac ma hi'n iawn ar ei phen ei hunan, medde hi. Yn ennill yn ddigon da i ga'l gwylie neis bob blwyddyn ac ma ei thŷ hi'n hyfryd. Ma 'da hi lot o ffrindie neis yn y dre a bywyd cymdeithasol go brysur – clwb llyfre, clwb cinio, clwb cerdded. Ar ôl gweud hynny, ma hi'n edrych mla'n at ymddeol – am deithio mewn hen ambiwlans gyda'i ffrind Nansi. Ma'n nhw am yrru i India!

Heb weld ishe dyn parhaol yn ei bywyd o gwbwl. Gweud ei bod hi'n ca'l digon o *action* os yw hi ishe fe. A phan ethon ni draw i'r clwb rygbi i gael *nightcap* weles i fod y dynion yno yn talu lot o sylw iddi. Ond diawl erio'd, wi'n cofio nhw i gyd yn fois ifanc – nawr ma'n nhw'n foel ac yn dew ac yn edrych mor blydi hen.

Ges i laff gyda Derfel (Caib a Rhaw o'n i'n galw fe yn y coleg, o'dd e'n rial Adferwr), ma fe'n dad-cu hapus erbyn hyn ac wedi treulio'i fywyd yn Llambed yn dysgu Daearyddiaeth. Ac yn briod gydag Edwina ers deugain mlynedd! O'dd gyment o wynebe cyfarwydd yno – mewn ffordd, o'dd e'n neis bod 'nôl gyda'r acenion cyfarwydd a gyda phobol oedd yn fy nghofio i'n blentyn.

Arhosodd Gill a fi lan yn itha hwyr yn clebran. Ma hi'n un dda am wrando ac o'dd hi'n deall yn iawn shwd wi 'di bod yn teimlo am Rhys. O'dd hi'n bositif iawn am y cyfleo'dd newydd ma bod yn sengl yn eu cynnig, yn llawn cyngor ac yn siarad lot o sens. Ond ry'n ni'n itha gwahanol. Sai'n gwbod os ydw i mor ddewr â hi, i ddechre. Ac ma hi wedi arfer bod ar ei phen ei hunan hefyd. Falle wir ei fod e'n bryd i fi fod bach yn fwy beiddgar. Alla i drio. Ond af i ddim i India mewn hen ambiwlans.

Ond er mor neis yw bod 'nôl yn Llambed, sai'n meddwl allen i ddod i fyw 'ma. Bydde fe'n rhy drist, rhywsut. Pawb wedi heneiddio. Neu wedi marw (!). Ma egni'r ddinas yn teimlo'n fwy positif i fi. Yn codi calon rhywun. Ond fe ddo i 'nôl eto am y penwythnos – wi'n mwynhau.

Delyth

Roedd Damien yn hapus iawn i ddod draw i'r fflat i roi sesiwn ymarfer corff i Nia – heb yn wybod i'r *gym*, wrth gwrs. Talais mewn arian parod. Es i â Nia i Decathlon i brynu mat a phwysau o flaen llaw, felly o'n i'n gallu gwneud popeth yn fy fflat i. Roedd hi damaid yn hunanymwybodol i ddechrau, ond roedd Damien mor dda gyda hi fe ymlaciodd hi'n ddigon cyflym.

Wedi talu £300 am y Zoe App – gweld pa fwydydd sy'n codi lefel y siwgr yn fy ngwaed. Llawer o ganmol iddo fe. Wedi dechrau *intermittent fasting* hefyd, mae 'na nifer o ddoctoriaid yn awgrymu bod cadw'r stumog yn wag am dros ddeuddeg awr yn gwneud byd o les i rywun. Wel, dyw hwnna ddim yn anodd. Nid y 5/2 yn union – jyst trio cadw fy mhrydau bwyd o fewn ffenestr arbennig. Dw i ddim yn bwyta ar ôl saith y nos ac yn trio peidio bwyta cyn un ar ddeg y bore. Dydy e ddim yn anodd os fydda i yn y *gym* ac yna'n rhuthro i gyfarfod yn y gwaith. Fe allwch chi gael te heb laeth i yfed, beth bynnag, ac mae coffi du yn iawn hefyd. Dw i'n yfed te gwyrdd wrth ddeffro yna'n cael coffi *decaf* a theisen geirch a menyn cnau almwnd am un ar ddeg. Felly, llai o fwyd ond yr hyn rwy'n ei fwyta'n fwy pwrpasol ac yn fy siwtio i'r dim.

Nia

Roedd Damien yn hyfryd. Fe ges i dro ar godi pwysau – gydag un fraich wrth gwrs. Roedd e'n eitha caled ond mae'n debyg fod codi pwysau fel hyn yn fy helpu i fagu esgyrn mwy cadarn, felly mae'n werth dyfalbarhau. Wedyn fe wnaethon ni ymarferion ar y mat ioga. Roedd Damien yn ofalus iawn o'r fraich, ac er nad o'n i'n gallu gwneud popeth, mae e wedi dangos lot o bethau y bydd hi'n bosib i mi eu gwneud unwaith bydd y fraich yn well. Dywedodd Damien y dylwn i fanteisio ar unrhyw ffisio sy'n cael ei gynnig i fi gan y clinic esgyrn. Ac o weld cystal mae Ger yn gwella dw i'n benderfynol o wneud.

Anwen

Reit yng nghanol brecwast lyfli gyda Gill, ffonodd Llio. Ma'r blydi babis wedi cyrraedd! Cysylltodd Rhys gyda Llio neithiwr – rhyw nonsens sentimental bod gan Cai ddwy fodryb newydd. A'i fod e am iddyn nhw 'nabod ei gilydd'. A gan bod Llio'n llawn hormons babi dechreuodd hi lefen ac addo mynd â Cai i'w gweld nhw yn yr ysbyty. Blydi Rhys.

Shwd alle hi wrthod? O'dd hi'n ymddiheuro, wrth gwrs, a dw i *sort of* yn deall, ond diawch ma fe'n brifo! Wi'n teimlo mor chwerw ac yn genfigennus hefyd. Bydd Rhys yn ca'l llond tŷ eto – yn edrych mla'n i'w blydi 'pennod newydd' tra bo fi'n styc adre yn ffaelu gweld shwd alla i symud mla'n o gwbwl.

O'dd Gill yn lyfli. Aethon ni'n syth o'r caffi i'r pyb ac fe geson ni'n dwy jin a thonic mawr.

Delyth

Ac fe ddechreuodd Nia wneud *sit-ups*! Roedd hi'n eitha hyblyg a chryf! Hyd yn oed gyda'i braich mewn plaster.

Nia

Mae Damien yn awgrymu mod i'n gwneud yr ymarferion cyn brecwast. Ddim yn siŵr os galla i wneud hynny, dw i ddim yn wych yn y bore. Mater o ddod i arfer fydd hi, mae'n siŵr. Does gen i ddim egni nac ymroddiad Del. Ond fe wnes i fwynhau'r sesiwn!

Delyth

Ddim yn meddwl y daw Nia mas i redeg gyda fi, yn anffodus, ond fe ymdrechodd hi mor galed!

Nia

Fe fynnodd Delyth dalu am y wers gyda Damien, a phrynu'r mat ioga a'r pwysau. Mae hi mor hael.

Delyth

Wedi i Damien fynd fe gafodd Nia a finne ginio bach sydyn yn y caffi figan. Ac roedd Nia wedi hoffi'r bwyd – fe driodd hi lot o seigiau gwahanol.

Nia

Fe ges i bethau blasus iawn – stiw madarch a thomatos, *tofu* wedi ei fygu a rhyw fath o bancosen wedi ei gwneud o flawd *chickpeas*. Hyfryd.

Delyth

Chwarae teg i Nia, mae ganddi feddwl agored. Yn fwy parod i drio pethau newydd ac yn llai rhagfarnllyd nag Anwen. Ac yn sicr yn llai nawddogol tuag ata i.

Anwen

A'th Gill a fi mla'n i ga'l cino a lot o win coch. Wrandawodd hi arna i'n taranu drwy'r prynhawn. 'Na beth yw ffrind. Wedyn swper yn y pyb a mwy o win. Gorffennon ni lan 'nôl yn y clwb rygbi, yn gaib, yn canu rownd y piano gyda Derfel. Wel, wi'n meddwl taw Derfel o'dd e, fe a'th pethe bach yn niwlog ar ôl gadel y pyb, os dw i'n onest. Ro'dd rhaid i Gill arllwys fi mewn i'r tacsi ar ddiwedd y noson.

Nia

Pan gyrhaeddais i adre, roedd Geraint wrthi'n ymchwilio torchau pen – rhag ofn ein bod ni am fynd ar drip dringo *fjords* yn y nos! Awgrymodd e hefyd y dylwn i wisgo *weighted vest* wrth i ni gerdded o gwmpas Sgandinafia – rhywbeth sy'n dda i fenywod gydag *osteoporosis*, yn ôl Ger. Mae e'n llawn syniadau ac yn fwrlwm o awgrymiadau.

Dw i'n falch ei fod e mor frwdfrydig. Ond dw i'n poeni o hyd ei fod yn trio llanw rhyw wacter – ei fod wedi cyfnewid bwrlwm ei waith gwirfoddol gyda'r holl ymchwil 'ma am ein taith.

Delyth

Mae Justin yn ôl ac wedi bod yn ymyrryd eto – wedi symud ymlaen o ofyn yn ddibaid am fy 'work life balance' i holi 'what makes you truly happy, Dellyth? Do you feel you have enough time for you?'

Hynny yw – a fydden i'n ystyried ymddeol? Ac arbed cyflog go fawr i'r cwmni wrth wneud. Yn rhyfedd iawn, dyw e ddim yn lico'r ffaith fod criw ohonon ni'n mynnu dod i fewn bron bob dydd i'r swyddfa. A'r ffaith taw fi sydd wedi mynnu bod hyn yn digwydd. Dw i'n hapus i fod adre ar ddydd Gwener ond dw i jyst ddim yn meddwl ei bod hi'n iach i ni wneud gymaint dros Zoom. Mae camgymeriadau'n digwydd os nad y'ch chi wyneb yn wyneb. Ond dw i'n gallu gweld ei fod yn ysu i werthu'r swyddfa hyfryd 'ma a'n danfon ni i ryw adeilad heb enaid. Hanner y gost a lot llai o le.

Anwen

Dechreuodd hi fwrw eira ar y ffordd 'nôl o Lambed. O'dd uffern o ben tost 'da fi a wna'th y brecwast mawr fwytes i cyn gadel ddim lot i wella'r *hangover*.

Ges i ddigon o amser i feddwl ar y daith achos o'dd y

traffig yn erchyll. O'dd ca'l arllwys y cwbwl mas i Gill ddoe yn help mawr – er bo fi'n dal i deimlo mor grac, wi yn teimlo'n dawelach am y peth. A bydd yn rhaid i fi dderbyn bod y blydi babis yn bod. O'dd Gill yn awgrymu falle y gallen ni fod yn beth ma'n nhw'n alw'n *blended family*. Hynny yw, fod cyn wragedd a gwragedd newydd yn cyd-dynnu'n iawn ac yn joio penblwyddi'r plant ac yn y bla'n. Na. Ddim i fi. Yn un peth, alla i jyst ddim godde meddwl mor smyg fydde Rhys 'sen i'n bodloni ar hynny.

O'n i'n mor siŵr neithiwr bo fi am aros yn y ddinas, ond heddi dw i 'di dechre ailfeddwl am symud 'nôl 'ma. Lle ma pawb yn fy nabod i ac ma 'na fywyd cymdeithasol *ready made*. A dim perygl o weld Rhys a'r teulu newydd, wrth gwrs. Ond a fyddwn i'n blino'n glou? Ar bawb yn gwbod fy musnes i? A bydden i'n gweld ishe Cai bach, heb sôn am fabi newydd Llio, wrth gwrs. A beth am Del a Nia? Na. Ma gormod yn fy nghadw i yng Nghaerdydd, wi'n credu. A pham ddyle Rhys wthio fi i ffwrdd, eniwe!

Delyth

Roedd hi'n hyfryd gweld yr eira. Eisteddais yn y ffenest yn ei wylio am dipyn. Dw i wedi dechrau darllen y llyfr ges i gan Anwen – *Wellness Rebel*. 'Mond un bennod dw i wedi ei darllen – ac am ei fod yn negyddol iawn am bron popeth yn fy *regime* presennol, dw i ddim yn siŵr os ydw i am ddarllen mwy.

Amser hyn wythnos nesa fe fydda i yn Llundain. Hwrê! Newid positif! Mae Dr Gervase yn sôn am 'smart ageing' ar ei wefan, a dyna fy nelfryd i. Mae e bob amser wedi llwyddo i wneud gwyrthiau gyda fi o'r blaen. Mae'r stafelloedd yn y gwesty drws nesa i'r clinig yn hyfryd ac yn cynnig preifatrwydd llwyr. Ddim ishe taro i fewn i neb ar ôl *facial peel* – a gobeitho y bydd yn fwy llwyddiannus na'r un ym Mharis! Dim syrjeri y tro hyn (er fe wnes i ystyried Blepharoplasty – mae'r croen o gwmpas fy llygaid wedi gostwng ac mae hynny'n heneiddio rhywun gymaint), sticio at y *peels* a'r *ultrasound*. Edrych ymlaen at weld canlyniadau'r triniaethau. A dw i am gael un sesiwn gyda Dr G a'i nodwydd hudol hefyd. Felly fe ddof i 'nôl gyda llai o rych rhwng fy aeliau a bochau llawnach. Ac yn edrych llawer yn well, gobeithio. Wedi cael digon ar bobol yn dweud wrtha i fod 'golwg wedi blino' arna i.

Nia

Eisteddais i'n llonydd i lyncu'r *alendronic acid* bore 'ma. Roedd gormod o ofn arna i i symud – mae'n rhaid iddo fe fynd lawr yr *oesophagus* neu mae perygl y gwnaiff e losgi'ch tu fewn. Yfais i lond dau wydred mawr o ddŵr i fod yn gwbwl siŵr ei fod wedi cyrraedd y man cywir – a threulio gweddill y bore yn y tŷ bach!

Anwen

Weles i lunie o'r babis gan Llio pnawn 'ma – edrych fel *aliens* bach ciwt. Ma Cai yn dwli arnyn nhw, yn ôl Llio, oedd hefyd yn gweud bod Rhys yn 'wych gyda nhw', gan fod Emma'n itha clwc o hyd. Bues i'n dda iawn – wedes i ddim gair am ba mor gwbwl ddiwerth o'dd ei thad pan o'dd hi, Huw ac Angharad yn fabis. Wedodd Llio ei bod hi'n hapus i Cai weld ei fodrybedd, ond dyw hi ddim wedi maddau i'w thad a dyw hi ddim yn mynd i fod yn 'chummy' gydag Emma. Gododd hwnna fy nghalon i fymryn.

Ond nawr fod y drws arbennig yma wedi'i agor fe fydd hi'n bownd o weld mwy o'r babis, ac fe fydd hynny'n golygu gweld mwy o Emma hefyd. Ma babis yn dueddol o ddod â phobol at ei gilydd ac fe fydd rhaid i fi dderbyn hynny. Ac, wrth gwrs, fe fydd Anti blydi Mali ac Wncwl blydi Siôn o gwmpas hefyd, sy'n neud fi hyd yn oed yn fwy cenfigennus!

Benderfynes i fynd i Chapter er mwyn trio stopio fy hun rhag meddwl mwy am hyn i gyd ac o'dd y profiad yn well nag o'n i wedi'i ofni. Er bod yna ambell wyneb cyfarwydd yn y caffi do'n i ddim yn nabod neb yn y ciw i'r ffilm. Ac nid fi oedd yr unig un ar fy mhen fy hun chwaith. Sylwodd neb arna i, diolch byth.

O'dd y ffilm yn ocê – isdeitlau rhwydd eu darllen, actorion hardd a golygfeydd neis o Baris. Ond o'n i bach yn unig ar ben fy hunan, ac o'dd wynebau'r efeilliaid yng nghefn fy meddwl drwy'r amser.

Falle ofynna i i Del a Nia os odyn nhw am ymuno gyda fi tro nesa.

Nia

Mae Ger wedi ymuno â dosbarth Pilates i gryfhau ei gefn. Am i fi wneud hefyd pan dynna i'r plastr. Yn dweud ei fod yn wyrthiol. Wedi llacio darnau o'i gorff nad oedd e'n sylweddoli bod modd eu llacio! Ac mae e wedi awgrymu mod innau'n prynu dillad *lycra*. Yn ôl Ger, maen nhw, fel y Pilates, yn rhyddfreinio'r corff! Ond dw i'n eitha hapus gyda fy nillad ymarfer corff oedd ar sêl yn M&S.

Anwen

Trio osgoi meddwl am Rhys a'i deulu newydd. Es i mas am dro hir rownd y castell cyn mynd i'r caffi. O'dd hi'n oer a llwyd ond o leia do'dd hi ddim yn bwrw. Yn ôl Nia, ma *midlife crisis* Geraint yn parhau (wel, ddefnyddiodd hi mo'r geirie yna, fi sy'n gweud hynny.) Ma ei obsesiwn e gyda phwyllgorau a helpu pawb yn y byd ond ei wraig wedi troi'n obsesiwn ymarfer corff a threfnu gwylie. Ma'n debyg ei fod ar y cyfrifiadur bob whip-stitsh, yn bwcio trenau a theithie cerdded ar gyfer y trip mawr i Sgandinafia. Ac ma fe'n trio ca'l Nia i wisgo'r pethe *lycra* dwl ma fe'n dwli arnyn nhw shwd gyment. *A supplements*! Ma fe wedi dechre cymeryd fitaminau, olew pysgod, *algae* gwyrdd (beth bynnag yw hwnna), tyrmerig a phupur du a rhyw fath o blisgyn coed sy'n helpu gyda phrobleme treulio bwyd. Ma Ger wedi troi mewn i Delyth!!!

Delyth

Wel, dim syndod clywed yn y *café* bore 'ma bod Anwen yn negyddol iawn am ymdrechion Ger i gadw'n heini ac yn iach. Dw i'n meddwl ei fod yn wych ac yn gobeithio y bydd Nia'n manteisio ar ei frwdfrydedd.

Anwen

Del yn dwli ar nonsens Ger, wrth gwrs!

Nia

O, dier, Del ac Anwen yn anghytuno eto. A dw i ddim yn siŵr pwy sy'n iawn. Anwen yn wfftio popeth a Del yn meddwl bod Ger yn wych. Meddwl mod i rywle yn y canol. A, sori, mae olew pysgod yn gam yn rhy bell i fi – fe wnaeth yr un driais i wasgu arna i drwy'r dydd. Y blas yn fy ngheg yn ffiaidd.

Anwen

Huw yn ffono. Ma Angharad ac e wedi gwrthod gwahoddiad i weld yr efeilliaid. Ma'n beth ofnadwy, dw i'n gwbod, ond ro'n i'n teimlo lot yn well ar ôl clywed hyn.

Chwefror

Anwen
Peidio meddwl am y babis!

Nia
Meddwl am y gwyliau!

Delyth
Ailfeddwl popeth!

Delyth

O, jyw am brofiad anodd yn y clinig. Ro'n i ar fin dechrau ar y driniaeth gyda Dr Gervase pan lewygais i! Ac fe wrthododd e fy nhrin i wedi hynny, yn dweud ei fod yn poeni mod i'n rhy denau ac yn awyddus i fi gael profion gwaed i weld os oedd gen i anaemia!

Dywedodd e, 'I just can't stand by and not refer you, I'm afraid. I may have left the NHS but I'm still a doctor and I think you need to look after your health. You must have lost a stone since I last saw you.'

Esboniais i am yr *alkaline diet* ac fe ochneidiodd a dweud taw nonsens oedd y cwbwl. 'It's good that you're careful what you eat, but some of these food exclusion diets are downright dangerous.'

Roedd e'n wfftio'r busnes *heavy metals* 'ma hefyd. Dweud taw nonsens heb sylfaen wyddonol oedd yr obsesiwn gyda nhw.

'Honestly, you'd be dead if some of these assertions were true!'

Es i 'nôl i'r gwesty wedi siglo braidd a gwneud apwyntiad gyda'r doctor yng Nghaerdydd i gael prawf gwaed. Yna es i'r baddondy ac arllwys yr olew drud oedd ar erchwyn y bath i fewn a socian am dipyn yn ystyried geiriau Dr Gervase. Ro'n i wedi cael tipyn o ofn, a dweud y gwir. Mae'r menywod eraill sy'n mynychu'r clinig yn denau iawn, felly roedd rhywbeth mawr o'i le os oeddwn i'n cael fy ystyried yn fwy eiddil na nhw. Codais allan o'r bath ac edrych ar fy hun yn y drych ac fe welais mod i ddim yn edrych yn dda o gwbwl – dim llawer o gyhyrau ar ôl ar fy mreichiau a'r esgyrn yn glir i'w gweld ar fy mrest. *Scrawny* oedd y gair ddaeth i'm meddwl.

Beth yn y byd ddaeth drosta i? Nid fel hyn oeddwn i am edrych. Ro'n i am fod yn bwerus, yn iach ac yn gryf. Heno dw i wedi fy sobri – mae gen i feddwl mawr o Dr Gervase, wedi bod yn ei weld ers blynyddoedd. Os yw e am i mi ennill pwysau, byddai'n ddoeth i mi wrando. Ac efallai bod y llyfr ges i gan Anwen yn ddoethach nag oeddwn i wedi ystyried. Teimlo'n ddigalon iawn. Fe ordrais i stecen a *chips* i swper yn fy stafell, a spigoglys hefyd sydd (chwedl Popeye) yn llawn haearn. Eithafol, dw i'n gwybod, ond dw i wedi cael ofn.

Ffŵl, ffŵl, ffŵl. Dyna beth ydw i.

Anwen

Ma galar am dor priodas yn beth rhyfedd. Ambell ddiwrnod ma'n teimlo'n bell – fel syniad niwlog sy'n rhan ohona i ond ddim yn gafael yn llwyr. A dw i'n llwyddo i anghofio am Rhys ac am y sioc. Dro arall ma fe'n fy ngwasgu i mor drwm, prin dw i'n gallu anadlu. Cymysgedd o gasineb tuag at Rhys yn fy llorio, y teimlad taw fy mai i oedd y cwbwl rhywsut, yn gymysg oll i gyd gyda hiraeth am y gorffennol. A'r chwerwedd ofnadwy 'ma sydd wedi gafael yndda i.

Wedi dysgu i osgoi pobol ar y diwrnode hyn.

Nia

Does dim ar ôl i finne i'w wneud o ran trefnu'r daith – mae Ger wedi meddwl am y manylion i gyd. Ddim yn gwybod pam mod i'n synnu, mae wedi bod yn anodd ei dynnu oddi ar y cyfrifiadur dros yr wythnosau diwethaf. Fe ges i weld manylion y daith bore 'ma. Trip i Sgandinafia a thros y môr Baltig i Estonia sydd ar y gweill. Gan ddefnyddio sawl trên a chwch – un ar ddeg trên a thri cwch a bod yn fanwl gywir, yn ôl Ger. Bydd y siwrne arbennig yma'n eitha drud – ro'n i'n synnu i glywed nad oedd tocyn Interrail yn well dewis, bod bwcio o flaen llaw a sticio at gynllun pendant yn rhatach. Mae Ger wedi gwneud cymhariaeth ofalus – roedd ganddo'r ffigurau i gyd ar *spreadsheet*.

Un peth fydd yn lleddfu ar y boen ariannol yw fod gan Ger ffrindiau yn Tallinn a Helsinki (y cyfeillion o'r Coleg Diwinyddol buodd e'n sôn amdanyn nhw), sydd wedi cynnig llety i ni – a bydd hynny'n help mawr. Beth bynnag, holl bwynt yr arian ges i ar ôl fy rhieni yw ei fod 'at iws', ys dywedai Mam. Yno i'w ddefnyddio!

Delyth

Y GP yn garedig iawn am unwaith. Awgrymu mod i'n gweld deietegydd – mae un yn dod i'r syrjeri unwaith yr wythnos a fydda i'n ei gweld hi wythnos nesa. Dal i deimlo'n ansicr. Ond dw i ddim am lewygu eto – a, diolch byth, roedd y profion gwaed yn iawn – *borderline anaemia* yn unig, felly dw i wedi cael tabledi haearn am fis. Esboniodd y doctor fod obsesiwn gyda phethau fel *clean eating* a deiets llym iawn yn gallu arwain at gyflwr o'r enw *orthorexia* a diffyg maeth difrifol. Gweld nawr bod Anwen yn amau hyn pan brynodd hi'r llyfr na i fi. Gobeithio nad yw hi'n chwerthin am fy mhen.

Nia

Y plastr wedi ei dynnu a 'ngarddwn i'n edrych yn eitha truenus. Dim rhyfedd bod angen ffisio arna i.

Anwen

Cai yn pwyntio at fabis mewn pram yn y parc prynhawn 'ma a gweud 'edrych, co Amber a Saffron.' 'Na beth yw enwau'r babis! Amber a Saffron! Blydi hel, Rhys, beth ddigwyddodd i ti?

Delyth

Lisa, y deietegydd yn y syrjeri yn eitha rhesymol. Yn deall mod i am fod yn ofalus gyda fy mwyd ond yn awgrymu taw'r peth pwysig yw bwyta amrywiaeth o fwydydd ('eat the rainbow') ac osgoi prydiau parod a bwydydd wedi'u prosesu – hyd yn oed y rhai figan! Ac yn ategu bod angen i fi fagu pwysau. Yn ôl Lisa mae ambell wydred o win yn iawn hefyd, dywedodd hi, 'I'm not supposed to say this but I think it's fine in moderation.' Pwy feddylie?

Roedd y merched yn gefnogol iawn pan gwrddon ni yn y caffi. Ac roedd yn rhaid i fi gyfadde wrth Anwen bod ei llyfr hi'n siarad lot o sens. Mae 'na ryseitiau eitha apelgar ynddo hefyd – ac mae Anwen wedi awgrymu ein bod ni'n tair yn cwrdd i gael 'cook in' a thrio cwpwl o ryseitiau Pixie. Wnaeth hynny godi 'nghalon i – weithiau dw i methu credu bod gen i ffrindiau fel hyn. Yn dal i boeni am gynnal cyfeillgarwch er mod i dros fy nhrigain. A wnaeth Anwen ddim dweud 'I told you so', sy'n wych, achos fe fyddai hi'n rhwydd iawn iddi fod wedi gwneud. Ac roedd Nia, wrth gwrs, mor annwyl ag erioed.

Anwen

Del, druan – wedi ca'l itha braw, dw i'n meddwl. A dw i mor falch ei bod hi'n hoffi llyfr Pixie!

Ar ôl y caffi ges i brynhawn hyfryd gyda Huw. Ro'dd e'n garedig iawn yn dewis heddi i 'ngwahodd i mas, gan ei bod hi'n ddydd Sant Ffolant. Nid bod Rhys yn gredwr mewn dathlu'r diwrnod hwn, na Santes Dwynwen chwaith. Ond ma'r holl galonne a'r rhosod cochion yn y siope yn fy atgoffa i bob dydd nad yw Rhys o gwmpas i gonan mor ddrud a masnachol ac Americanaidd yw'r nonsens. Fel o'dd e'n neud bob blwyddyn.

Beth bynnag, ethon ni mas yn y car i Fro Morgannwg i ga'l swper yn y Plough and Harrow, hen dafarn smyglwyr ar bwys y môr. Walie trwchus a thân hyfryd. Ges i ffagots a phys! Heb eu ca'l nhw ers ache. *Delish*!

Ma Huw yn fy neall i'n well na Llio ac Angharad, dw i'n meddwl. Am un peth, dyw e ddim yn beirniadu popeth wi'n weud, fel y merched. Wedodd e ei fod e'n gweld ishe ei dad yn ofnadwy, ond ei fod yn ei gweld hi'n anodd i gysylltu 'dag e nawr ar ôl iddo fe fihafio mor wael. Dyw e ddim am gwrdd ag Emma chwaith. Ma'n drist, achos o'n nhw wedi ffeindio lot o dir cyffredin yn ddiweddar – aethon nhw i gwpwl o gemau rygbi gyda'i gilydd ac ro'n nhw wedi dechre ca'l peint bob yn hyn. O'dd pethe'n itha gwael rhyngon nhw pan o'dd Huw yn ei arddege, achos bod Rhys mor benstiff – yn ffaelu deall pam o'dd Huw ddim ishe mynd i'r brifysgol, ddim yn gweld dyfodol mewn diploma mewn garddio. Ond ma busnes Huw yn itha llewyrchus nawr. Hyd yn oed ar ôl Covid a'r holl broblemau eraill sydd wedi ein llethu ni i gyd ers Brexit. Ma 'na ddigon o arian gan rai cyfoethogion i hala ar eu gerddi. Ac ma Huw yn dwli ar y gwaith.

Fe ofynnes i os oedd e'n gweld ishe rhywun arbennig yn ei fywyd – y tro cynta i fi neud erio'd! Cochodd Huw o'i gorun i'w sawdl a gweud y bydde fe'n lico ffeindio menyw (ie, noder, menyw) ond ei fod e ddim wedi ca'l lot o lwc erio'd. A'i fod e ddim yn ca'l lot o gyfle i gwrdd â neb yn ei fusnes e – yn gwitho ar ei ben ei hunan gan fwya.

Awgrymes i ei fod yn ymuno â chôr. Ma 'na sawl un yng Nghaerdydd ac ma'n edrych fel 'sen nhw'n ca'l lot o hwyl (pan wi'n eu gweld nhw ar y teledu), yn clapo ac yn dawnsio. Edrychodd e'n amheus arna i ond wedyn wrth i ni yrru 'nôl i Gaerdydd fe wedodd e, 'Falle bod côr yn syniad da, Mam.' Ma fe'n nabod boi sy'n mynd i ryw gôr yn barod – falle gwneiff e ofyn shwd ma ymuno. Jyw, bydde fe'n neis 'sen i'n gallu neud rhwbeth i helpu un o'r plant. Am unwaith.

Delyth

Sant Ffolant. Wedi stopio esgus erbyn hyn. Ddim am wastraffu arian ar ddanfon rhosys cochion a chardiau ffug i'r swyddfa, fel yr oeddwn i'n arfer ei wneud. Pan oedd Arfon o gwmpas yn fy mhryfocio a'm bychanu ro'n i mor *embarrassed* am y peth, ond dw i'n rhy hen i boeni nawr. Fe ddechreuais i chwerthin yn uchel pan wnes i gŵglo Arfon ddoe. Diolch byth mod i adre ar fy mhen fy hun, dw i'n meddwl y byddai pobol yn y swyddfa wedi edrych yn syn arna i oherwydd mod i'n gwneud gymaint o sŵn. Ond roedd beth ffeindiais i mor ddoniol. Byswn i ddim wedi meddwl am chwilio'i hanes e heblaw fod yr atgofion wedi llifo 'nôl gan ei bod hi'n ddydd Sant Ffolant. Roedd Arfon bob amser yn ei gwneud hi'n hollol glir ei fod e'n gwybod bod y cardiau a'r blodau ro'n ni'n arfer eu derbyn yn dod oddi wrth edmygydd ffug. Wel, sôn am Karma. Nid uwch bartner na barnwr mohono ond 'Hyfforddwr Bywyd' a chanddo arbenigedd mewn 'agor drysau newydd'. Roedd 'na lun ohono ar ei wefan, yn edrych yn hynach ac yn llwydach, yn hysbysebu ei hunan fel rhywun sydd 'wedi deall beth yw dioddef amseroedd caled sy'n eich herio.' Dim sôn yn yr hysbyseb taw yn y carchar y derbyniodd e'r heriau arbennig hynny!

Mae dydd Sant Ffolant wedi bod yn ddiwrnod anodd i mi erioed. Dw i'n cofio tensiynau ofnadwy adre os oedd Mam wedi cael blodau oddi wrth rhywun heblaw Dad, ac fe ddigwyddodd hynny o leia ddwywaith. Ar y pryd, doeddwn i ddim yn sylweddoli bod Mam yn cael affêrs a'u bod nhw'n byw cymaint o'u bywydau ar wahân. Roedd y tawelwch annaturiol rhyngddynt yn oeri'r tŷ fel gwynt y dwyrain, ond roeddwn i'n rhy ddiniwed i ddeall pam. Gwaeth fyth, roedd hi'n mynnu gofyn i fi bob blwyddyn sawl cerdyn o'n i wedi ei dderbyn ac yn gwneud iddo fe swnio fel tasen i ar fai bod neb byth yn danfon rhai ata i.

Na, dw i ddim am adael i'r dydd fy llethu fel yn y gorffennol – roedd e'n neis anghofio amdano a chael bod yn y caffi gyda'r merched bore 'ma, cyn treulio'r diwrnod yn arwyddo cytundebau a mynd adre i wylio tair pennod o *The Good Wife*. A chael gwydred bach o win organig gyda fy salad sbigoglys, cyw iâr a thatws melys gyda hadau a pherlysiau. Mae'r deietegydd wedi rhoi llawer o syniadau da i fi am sut i fwyta'n dda. Dw i'n cael *stir-fry* gydag eog, pupur a reis gwyllt nos yfory!

Nia

Paned hyfryd gyda'r merched cyn mynd am fy apwyntiad ffisio cyntaf. Gyda nyrs arbennig o hyfryd o'r enw Adrian. Fe ddangosodd e sawl ymarfer i fi. Codi potel o ddŵr gyda fy llaw a gwasgu pelen o ryw stwff plastig i gynyddu cryfder fy nwylo. Mae Adrian yn dweud os wna i ymarfer yn gyson y dylwn i adfer y cryfder yn llwyr. Hei lwc y bydd hyn yn wir, am drio popeth er mwyn gwella cyn i fi fynd i ffwrdd.

Adre roedd rhosod cochion a siocledi yn aros amdana i a'r newyddion bod Ger wedi bod ym ymchwilio *saunas* cyhoeddus yn Sgandinafia. Mae e'n dweud bod cyfnod mewn *sauna* yn dda i'r galon, i'r ysgyfaint ac i bethau fel pwysau gwaed ac iechyd meddwl. Ond, yn ôl bob sôn, mae nifer ohonyn nhw'n gymysg ac mae'r rhan fwyaf o bobol sy'n eu defnyddio'n borcyn. Mae Ger yn frwdfrydig iawn. Finne ddim cweit gymaint.

Anwen

Meddwl weithie bod y cyflwr 'na arna i – iselder ysbryd achos diffyg haul. Allwch chi brynu lampe arbennig, ma'n debyg – sy'n dynwared effaith yr haul. Ddim yn ffôl o syniad.

Y gwerthu'n araf. Dave yr asiant yn gweud bod Chwefror wastod yn fis gwael – a bod mis Mawrth yn well fel arfer. Ac ma hi wedi bod mor ddiflas. Y llwydni sy waetha, yr haenen drwchus o gwmwl fel gwlân cotwm brwnt yn ein mygu ni.

Bydd ishe i fi brynu daffodils neu rwbeth i ddodi mewn potyn bach ar bwys y drws ffrynt achos ma Dave yn gweud bod y pethe 'ma'n gallu neud gwahaniaeth mawr. Ma Dave yn bach o boen rili.

Delyth

Mae ryseitiau bwyd Lisa yn ardderchog. Heno dw i am gael pysgodyn gyda *tapenade* cartre, ffa a llysiau wedi eu rhostio (betys, moron a winwns) gyda *kale* a chnau. Mae hi'n deall mod i'n awyddus i fwyta'n iach ac wedi awgrymu cymaint o ffyrdd diddorol i gynnwys carbs cymhleth, sy'n dal i fod yn dda iawn i chi. Mae lentils a blawd ffacbys yn llawn maeth ond ddim yn eistedd ar y stumog fel bara gwyn. Er, wedi dweud hynny, mae hi wedi awgrymu hefyd mod i'n chwilio am fara *sourdough* sydd wedi ei goginio gan bobydd annibynnol artisan gan ei fod yn llawn pob math o bethau da, ac yn flasus hefyd!

Nia

Bydd yn rhaid i fi feddwl am ddillad addas ar gyfer y gwyliau. Er bydd hi'n ddiwedd Mawrth arnon ni'n teithio, bydd hi'n aeafol o hyd yn Sgandinafia. Ac mae eisiau cot gynnes sy'n ysgafn i'w chario o gwmpas arna i. Ac un sy'n cadw dŵr i ffwrdd, wrth gwrs. Gobeithio y bydd yna rai ar gael yn y siopau o hyd. Maen nhw'n troi'r tymhorau mor gyflym nawr. Cofio chwilio am wisg nofio ym mis Awst a 'mond yn gallu ffeindio dillad gaeafol!

Y peth pwysicaf oll yw mod i'n prynu sgidiau cerdded â gafael da ar eu gwaelodion. Dw i ddim eisiau cwympo eto. Mae Ger wedi bod yn ymchwilio ac mae e am ddangos *spreadsheet* i fi sy'n olrhain manteision ac anfanteision sawl esgid cerdded. Ydy, mae Ger yn yn feistr ar y *spreadsheet*.

Anwen

Y trip i Sgandinafia yn swno bach yn boncers. Bob eiliad o'r dydd wedi ei sorto, yn ôl beth ma Nia'n gweud. Ond falle taw fi sy'n genfigennus. O'dd Rhys a finne wedi trafod rhwbeth tebyg. A dw i'n torri 'nghalon na chawn ni'r cyfle nawr.

Delyth

Mae Nia mor ffodus i gael cymar fel Geraint – mae'n amlwg ei fod yn ei addoli hi ac yn barod i wneud unrhyw beth drosti. Mae'r gwyliau mae e wedi ei drefnu iddi yn swnio'n gyffrous iawn. Ro'n i wedi gobeithio gwneud mwy o deithio gyda Stuart. Er taw ar awyrennau ac nid trenau y byswn i am deithio, ac aros mewn gwestai pum seren yn hytrach nag airbnb.

Anwen

Ma'n nesu at ddiwedd Chwefror. Y gwanwyn ar y ffordd. Ambell i saffrwm yn yr ardd a'r daffodils bron ag agor. Ma'r nosweithie'n ymestyn a'r boreau'n oleuach hefyd. Wrth gwrs, fel arfer, fe fyddwn i'n llawn cyffro am ddyfodiad y gwanwyn ond eleni ma fe'n teimlo'n greulon. 'April is the cruellest month,' medde'r bardd, a dw i'n deall pam. Beth yw'r pwynt dathlu bywyd newydd a'r tir yn glasu a finne ar ben fy hunan?

Nia

Ger wedi ffeindio gwefan dillad cerdded sy'n cadw'r dŵr i ffwrdd ond yn caniatáu i ni anadlu. Wedi awgrymu prynu siwt un darn sy'n gweithio orau os ydych chi'n noeth tu fewn iddo. Yn awyddus i ni brynu un yr un. Meddwl bod fy ymateb negyddol wedi ei synnu braidd...

Delyth

Wedi cyfeirio Nia at wefan Gore-Tex. Mae'r cotiau a'r trowsusau glaw yn grêt ac fe allwch chi wisgo dillad oddi tanyn nhw...

Nia

Diolch byth am Del. Dim angen noethni!

Anwen

Ger yn boncers. 'Na'r gwir amdani.

Yn y cyfamser ma 'da fi ddyn itha boncers yn fy mywyd i. Ges i lythyr ffurfiol arall gan gyfreithiwr Rhys yn gofyn am fy 'timeline for sale'. Am awgrymu yn garedig y gallai'r 'timeline' gyflymu pe bai Rhys yn:

1. Gorffen cliro'i blydi stwff, ma 'dag e sawl bocsed o bethe ar ôl.
2. Helpu fi i gliro gweddill y tŷ.
3. Pobi blydi bara a neud coffi i Dave.

Mawrth

Anwen

Mwy o *throws*?
Papur tŷ bach lliwgar?

Nia

Cardigan newydd i'r daith
Tripiau diddorol i'r ffoaduriaid

Delyth

Tongue scraping?
Microneedling?

Nia

Meddwl am yr holl swperau gawson ni yn ein hen Eglwys i ddathlu Gŵyl Ddewi. Roedd y fwydlen bob amser yr un peth – cawl cennin, bara brith a phice bach. Roedden nhw'n nosweithiau braf, y teimlad bod y gaeaf yn dod i ben o'r diwedd a'r gwanwyn ar y ffordd. A phobol yn mwynhau'r gwmnïaeth mewn ffordd mor ddiniwed – paned o de yn hytrach na gwydred o win.

Dw i'n gweld eisiau'r dyddiau hynny yn sydyn.

Anwen

Llio wedi dechre wewan am ryw grŵp rhieni yn y cylch chwarae Montessori – awgrymu bo fi'n mynd yno ar ei rhan, gan ei bod yn rhy flinedig a hithe'n disgwyl. Na, na, na! Ges i ddigon o blydi rhieni ar PTFA ysgol gynradd fy mhlant i!

Na, sai'n mynd i roi fy hunan yn y sefyllfa 'na eto – rhieni sy'n obsesio am addysg y plant ac mor gystadleuol. Ych, na! Yn enwedig os bydd yr ysgol yn uniaith Saesneg!

Delyth

Fel rhan o'm adduned i fod yn fwy positif dw i wedi penderfynu trio therapydd newydd. Rhywun sy'n cynnig 'tools for living', yn ôl ei wefan. Atebodd e'r drws (mewn tŷ digon cyffredin yr olwg yn Canton) bron yn syth ar ôl i mi ganu'r gloch, a'm tywys i fewn i'w ystafell ffrynt. Do'n i ddim yn meindio bod popeth yn brin o bersonoliaeth – wedi arfer â hynny gyda phob therapydd. Dim lluniau teuluol na chelf llachar. Lliwiau niwtral pastel – brown a phinc mwdlyd. Dwy gadair esmwyth ond ddim yn rhy isel, bocs o Kleenex ar ford fach Ikea rhyngddyn nhw.

Roedd Andy, y therapydd, yn eitha di-liw hefyd – *chinos* a *trainers* hufen a siwmper frown olau. Barf a llygaid brown. Yn ddigon annwyl, ond yn ffurfiol iawn.

'I'm here to listen Delyth,' dywedodd e. 'Tell me what you want to get out of this session.'

Yn rhyfedd iawn roedd adrodd hanes fy mhlentyndod yn teimlo'n hollol wahanol y tro hwn. Fel tasen i'n darllen stori rhywun arall bron. Ai dyma beth yw persbectif? Neu ai fi sydd wedi adrodd yr hen, hen hanes 'ma gymaint o weithiau gyda chymaint o therapyddion gwahanol mod i 'di diflasu erbyn hyn. A falle taw ei agwedd at therapi sy'n ennyn y teimladau newydd yma. Er bod Andy'n hapus i glywed am y gorffennol, ac am y pethau sydd wedi fy arwain i'r fan yma – mae ganddo fwy o ddiddordeb yn y presennol, yn arbenigo mewn 'contentment theory' ac wedi sgrifennu llyfr yn olrhain 'how to live genuinely in the moment and love life'.

A dw i'n falch, mewn gwirionedd, bod Andy mor ddi-liw a ffurfiol. Rhaid i fi atgoffa fy hun mod i wedi syrthio am gwnselwyr o'r blaen – dw i'n gwrido wrth gofio am Jasinder. Roedd popeth yn teimlo mor iawn ar y pryd – y datganiadau positif, yr hunangariad. Ond twyll oedd y cyfan, doedd e ddim o ddifri, fe ddiflannodd e i ryw swydd gorfforaethol gyda chwmni mawr yng Nghaerdydd. Ac nid Jasinder oedd ei enw e chwaith ond Colin.

Dylwn i fedru ymfalchïo yn y ffaith mod i wedi symud ymlaen a gadael lot o'r 'baggage' ar ôl pan adewais i'r tŷ yn y Rhath – roedd cael gwared ar ddillad Mam a phapurau Dad a'r holl hen ddodrefn 'na yn rhyddhad. Mae Andy'n dweud bod rhaid i fi ddysgu canmol fy hun am y newid mawr yma. Ac ymfalchïo yn yr hyn sydd gen i yn yr eiliad yma. Felly dyma atgoffa fy hun bod fy fflat yn olau ac yn rhwydd, gyda dodrefn sy'n fodern ac yn gyfforddus. A does dim atgofion plentyndod i'm llethu i yma. Mae'r gadair *chintz* lle'n o'n i'n eistedd pan ddywedodd Mam mod i'n afrosgo a bod ishe i fi wisgo mewn ffordd mwy deniadol neu fyddai dynion ddim yn fy licio, wedi mynd i'r British Heart Foundation. Mae'r *chaise longue* melfed lle'r o'n i'n gorwedd pan sylweddolais i fod Dadi yn feddw gaib drwy'r amser wedi ei werthu ar eBay. Ac mae'r ffôn mawr Bakelite oedd yn canu'r gwahoddiad blynyddol erchyll i fynychu partïon Marged Melangell mewn siop retro ym Mhontcanna.

Ond dw i'n gweld trwy lygaid Andy mod i'n araf i ganmol fy hun ac yn dal i fod yn treulio gormod o amser mewn lle negyddol, yn meddwl am y gorffennol ac am y nosweithiau diflas ar ben fy hun yn edrych mas drwy'r ffenestr ar y byd yn mynd heibio. Heno eto, fe gofiais am y llwynog oedd yn cadw cwmni i fi yng Nghwrt Mawr pan o'n i yn Aber. A'r pâr ifanc a'r babi oedd yn byw gyferbyn â fi yn y Rhath. Roedd eu bywydau nhw'n ymddangos mor ddelfrydol i fi – yn llawn cariad a chyfeillgarwch. Cofio'r gŵr yn rhwbio traed ei wraig ar ddiwedd y dydd a finne gyferbyn yn eistedd yn y tywyllwch, yn gwingo mewn cenfigen ac unigrwydd. Roedd y lleuad yn fwy o gyfaill i fi na lot o fy ffrindiau – yno'n gyson i oleuo'r tywyllwch.

Ac mae'r therapi yma wedi agor ambell hen grachen sy'n ei gwneud hi'n anodd iawn i osgoi meddwl am fy mhlentyndod. Yr hyn sy'n fy llorio yn oriau mân y bore yw deall nad oedd gan fy rhieni ddiddordeb yndda i, heblaw fel rhyw *accessory*. A do'n i ddim yn ddigon prydferth nac yn ddigon llwyddiannus i fod yn addurn ar fraich Mam neu Dad beth bynnag. Ro'n i'n gadael nhw lawr drwy'r amser jyst wrth fod yn fi – doedd y ffaith mod i'n academaidd ddim o bwys iddyn nhw. Eisiau i fi briodi'n dda oedden nhw. A chael wyrion bach hardd.

Y gorau ges i gan Dad erioed oedd pan aethon ni ar drip i'r hen dŷ lle cafodd e hyfforddiant gyda'r RAF. Roedd e mewn cartre erbyn hyn ond fe agorodd yr ymweliad lifddorau yn ei feddwl. Doedd e ddim yn fy adnabod, yn meddwl taw rhywun o'r RAF oeddwn i oedd yn mynd gydag e am *run* yn y car, am wn i. Dechreuais i lefain pan soniodd e am ei ferch. Roedd e'n siarad mewn ffordd oedd yn awgrymu efallai taw atgofion cynnes a chariadus oedd ganddo. Ond dw i dal ddim yn siŵr os oedd e'n sôn amdana i.

Dw i'n gwybod bod oerni fy mhlentyndod wedi effeithio arna i. Ond mae cyfeillgarwch Nia ac Anwen wedi profi nad ydw i'n hollol oeraidd ac anymunol. (Am eiriau negyddol – dyna'r *critical voice* wrthi eto!) Felly, mae 'na obaith, er yn wan. Ac mae siarad gydag Andy yn gwneud i mi obeithio y galla i symud ymlaen o hyn i gyd.

Anwen

Wedi ffeindio cylch chwarae Cymraeg mewn capel lawr yr hewl. Mynd â Cai yno fory.

Nia

Wedi bod yn hel mwy o atgofion am yr achlysuron cymdeithasol yn yr Eglwys dros y blynyddoedd. Ac wrth feddwl, yn sylweddoli gymaint mae ein bywydau ni wedi newid. Ar y cyfan dw i'n eitha hapus ond mae ymddeol wedi bod yn fwy o sioc i Ger. Pan oedd e yn yr Eglwys roedd pobol ei angen e – yn enwedig ar achlysuron pwysicaf eu bywydau: wrth briodi, bedyddio, ac ar y diwedd, wrth gwrs. Cylch bywyd a Ger yn rhan annatod ohono. A finne falle wedi bod damaid yn hunanol, heb ystyried yn iawn mor anodd fyddai gadael hyn ar ôl i Ger. A dw i'n synnu gymaint dw i wedi bod yn hiraethu am y bywyd hwnnw ar adegau – roedd yna strwythur a phwrpas i'r flwyddyn a'r calendr eglwysig yn ein cynnal. Mae'n wahanol iawn hebddo.

Dechreuais i feddwl hefyd am y ciwradau. Ddim yn gweld eisiau Eirwen, wrth gwrs. Ond roedd Owain a ddaeth ar ei hôl hi yn gymaint o chwa o awyr iach. Roedd ganddo ddiddordeb arbennig mewn cerddoriaeth ac roedd yn gallu chwarae'r organ fel angel. Fe drefnodd e gôr yn y plwyf – wnaethon nhw hyd yn oed gystadlu yn y Genedlaethol! Ac roedd e'n berson mor bositif, yn gymaint o gefn i Ger. Piti nad oedd modd iddo fe aros gyda ni am fwy na blwyddyn. Ond fe gafodd e gynnig ei blwyf ei hun ac, wrth gwrs, roedden ni'n dau yn falch iawn drosto er ein bod yn siomedig iawn i'w golli. Fe atgyfododd e'r Plygain yn y plwyf newydd – ges i gerdyn Dolig ganddo yn dweud bod tri deg o bartïon ac unawdwyr wedi addo bod yno eleni.

Anwen

Y cylch chwarae yn lyfli – nid fi oedd yr unig fam-gu chwaith, o'dd yn beth da. Dy'n nhw ddim wedi newid lot ers amser fy mhlant i. Paned i'r mame/gofalwyr tra mae'r plant yn chwarae. Yna, tamed bach o grefft – torri papur, gludo, ac yn y blaen, yna pawb mewn cylch i ganu 'Dacw Mam yn Dŵad' a 'Dau Gi Bach'. Ond o'dd Cai wedi dwli.

Lot o sôn am addysg a nifer fawr o'r plant yn dechre mewn cylch meithrin yn yr hydref. Fe allai Cai neud 'ny, wrth gwrs, ond ddim os ody e'n mynd i'r blydi Montessori. Ma fe mor ddosbarth canol. Bydd rhaid i fi drio ca'l Llio i ddod i'r cylch chwarae yma, gweld os galla i ei pherswadio hi. Dw i'n siŵr y bydde hi'n dwli hefyd.

Delyth

Mae'r diwrnod gwaith wedi gwella gymaint ers i mi gael Courtney yn ôl – y babi'n mynd at ei mam yn ystod oriau gwaith. Popeth wedi ei drefnu'n berffaith unwaith yn rhagor. Dw i'n lwcus iawn ei bod hi'r un mor drefnus fel mam ag y mae hi fel ysgrifenyddes!

Nia

Es i a Noor allan eto, i Sain Ffagan y tro yma. Roedd hi wedi gwirioni. Wedi mwynhau clywed y Gymraeg ymhobman ac yn rhyfeddu at yr adeiladau. Roedd hi'n dwli ar y Tŷ Prefab. Dw innau wastod wedi hoffi'r adeilad yna – mae'n edrych mor rhwydd i fyw ynddo, yn olau ac yn glyd. A doedd Noor ddim wedi bod tu fewn i gapel ymneilltuol o'r blaen, roedd hi wedi dotio at Gapel Penrhiw. Dries i esbonio am yr Undodiaid a'r Smotyn Du – ond dw i ddim yn meddwl mod i wedi gwneud jobyn da. Eglwys Sant Teilo a'r paentiadau lliwgar oedd hi'n hoffi orau beth bynnag. Roedd hi'n hyfryd eistedd yno yn y tawelwch, yn myfyrio.

Soniodd Noor am ei chefndir eto. Mae hi'n gweld eisiau dysgu yn ofnadwy ond yn methu cael caniatâd i weithio yma hyd nes iddi gael statws swyddogol ac ailhyfforddi. Mae fy nghalon yn torri drosti – wedi gorfod gadael popeth ar ôl yn Affganistan. Y dagrau'n cronni wrth iddi siarad am ei theulu. Ond does dim modd iddi fynd yn ôl tra bod y Taliban mewn grym. Dw i'n dysgu lot fawr wrth siarad gyda Noor a'r ffoaduriaid eraill ac mae'n gwneud i fi feddwl y dylwn i werthfawrogi'r myrdd o fendithion sydd yn fy mywyd i dipyn yn fwy.

Anwen

Dduw mawr, ma'r tŷ 'ma mor DAWEL! Dalen ni rhwbeth i gael Rhys 'nôl yn hala fi'n benwan yn gweiddi ar y teli, a cha'l llond lle o blant yn gwneud uffern o fes ac yn conan am bopeth ac yn strancio lan i'w stafelloedd. Nefi blw, wi'n isel heno. Ac nid jyst mater o unigedd a bod yn uffernol o chwerw yw e, wi'm yn gweld shwd alla i symud mla'n o hwn achos sdim lot o bobol wedi dod i weld y tŷ. Yn ôl Dave ma'r farchnad yn dawel iawn. Ma Rhys wedi awgrymu y dylen ni ddefnyddio mwy nag un asiant gwerthu tai nawr gan fod pethe mor araf. Ond dw i'n meddwl bod Dave yn llygad ei le – o'dd erthygl yn y *Western Mail* yn sôn am y farchnad dai – ma lot o bobol yn ca'l problem gwerthu ar hyn o bryd. O, Dduw mawr, wi'n dyfynnu'r blydi *WM* – wi'n bendant wedi troi mewn i Mam nawr!

Delyth

Y sesiwn therapi heddiw yn corddi'r dyfroedd. Falle ei fod e'n beth da mod i'n medru cofio holl drawma fy mhlentyndod – mae Andy'n dweud bod rhywun yn prosesu wrth gofio ond bod rhaid gadael fynd yn y pen draw. Cawn weld. Yn y cyfamser, mae e wedi awgrymu mod i'n ceisio bod yn garedig i fy hunan – wedi prynu pethau hyfryd o Santa Maria Novella ar gyfer y baddondy, wedi llanw'r oergell gyda danteithion ac yn bwriadu gwylio ffilm ddiweddara George Clooney ar Amazon heno.

Anwen

Ma Llio wedi anghofio'n llwyr gyment o boen o'dd hi yn yr ysgol. Gwddwg yn *love bites* i gyd ac yn rial *drama queen*. Heb sôn am mitso ysgol byth a hefyd. Wi'n cofio pan ddales i hi a'i ffrindiau yn Howells rhyw fore pan o'n i yno gyda Mam. O'n i'n tampan! Ac yn ffaelu neud dim rhag ofn i Mam ei gweld hi hefyd. Gas hi uffern o stŵr y noson honno ond fe gariodd hi mla'n beth bynnag. ('Honestly, Mam, 'mond Add. Gref. ac Ast. Clas. fi'n colli!')

Nawr, allech chi feddwl ei bod hi'n angel pan o'dd hi yn yr ysgol. Yn rhoi'r bai arna i am unrhyw ddiffygion yn ei phlentyndod, wrth gwrs – fy niffyg trefn, byth yno pan o'dd ishe fi, bla bla. Wel, 'mond un plentyn sydd 'da hi – plys glanhäwr tŷ, *au pair* ar y ffordd ar gyfer yr ail blentyn a gŵr sy'n tynnu'i bwyse. O'dd dim un o'r rheina gyda fi ac o'n i lan at fy nghlustie drwy'r amser. (Falle taw 'na pam ma'r tawelwch presennol yn teimlo mor annaturiol i fi.) Cofio teimlo'n uffernol o flinedig drwy'r amser, y plant yn hala fi lan y wal a Rhys yn werth nesa peth i ddim. Rhaid i fi drio atgoffa fy hun o hyn i gyd pan ma Llio yn fy meirniadu. Magu persbectif yw hwnna, yn ôl Del. Ma ei therapydd newydd hi'n ei dysgu hi shwd i neud hyn. Licsen i ga'l therapydd – ond alla i jyst ddim fforddio fe. Yn y cyfamser, llanw fy nyddiadur yw'r gobeth gorau sy 'da fi o fod yn wrthrychol am y *shitshow* presennol.

Nia

Heddiw, wrth i mi gerdded i'r siopau, dechreuais i feddwl eto am y gorffennol. Nawr fod Howells wedi cau mae 'na dwll mawr ynghanol Caerdydd ac mae cymaint o'r hen siopau wedi diflannu. Mae'r Ais yn wahanol iawn hebddo fe. Ac ro'n i bob amser yn gweld rhywun o'n i'n nabod ynghanol y ddinas pan o'n i'n arfer siopa gyda Mam. Dyw'r ganolfan newydd a John Lewis ddim 'run peth rhywsut. Llai personol, falle? Diolch byth fod yr arcêds yn dal i fod yno. O jyw – ai dyma beth yw heneiddio? Meddwl yn ddagreuol am y gorffennol? Wedi bod yn myfyrio fel hyn eitha tipyn yn ddiweddar.

Delyth

Mae ryseitiau neis yn y llyfr brynodd Anwen i fi – nid bod Anwen yn eu defnyddio. Dw i ddim yn siŵr faint o goginio mae hi'n ei wneud, mae'n gaeth i brydau parod o hyd. Fe wnaethon ni sôn am gael sesiwn coginio gyda'n gilydd – efallai y dylwn i drio awgrymu hyn eto. Meddwl efallai bod angen atgoffa Anwen mor rhwydd yw coginio pethau *from scratch*. Mae Lisa yn y syrjeri yn canmol Pixie a dw i'n ei dilyn hi ar Insta nawr.

Wedi ailymaelodi â'r clwb busnes. Andy'n meddwl y dylwn i ehangu fy ngorwelion drwy fynd allan a chwrdd â phobol newydd. Bwriadu dechrau trwy fynd i'w brecwast misol nhw – mae 'na ormod o ddynion mewn *blazers* a siwtiau rhad yno ond fe ges i ambell sgwrs ddiddorol pan fues i'n mynd o'r blaen. Ac mae modd gwneud cysylltiadau da. Dw i ddim yn cofio pam y rhoies i'r gorau i fynd pan o'n i gyda Stuart – ond mae'n bryd ailddechrau. Ac fe fydd yn help i ddenu gwaith i fewn i'r swyddfa hefyd efallai. A phlesio Justin. Dy'n ni ddim callach am ei gynlluniau ar gyfer y dyfodol – dw i ddim yn gwybod beth sydd ar ei feddwl a doedd dim cyhoeddiad mawr ym mis Ionawr wedi'r cyfan. Neb yn deall pam mae'r mater yn rhygnu mlaen fel hyn, ac yn achosi tensiwn mawr i bawb. Dw i ddim yn trystio Justin o gwbwl ac yn amau fod rhywbeth mawr ar y gweill ganddo. A dyw e ddim yn mynd i fod yn rhywbeth da.

Nia

Ger a finne'n mynd i brynu cotiau ar gyfer ein taith (o'r diwedd). Mae 'na bwynt pan mae ymchwil Geraint yn mynd yn ormod hyd yn oed iddo fe. Aethon ni â'r *spreadsheet* gyda ni i'r siop ac fe ystyriodd Ger bob agwedd o bob cot wrth i ni eu gwisgo. Cynhesrwydd, lliw, trymder ac yn y blaen. Roedd y ferch oedd yn ein helpu yn wych ar y dechrau, ond ar ôl awr o hyn roedd hi wedi gwelwi ac fe ddechreuodd hi fwmian rhywbeth am ei brêc cinio. Diolch byth, fe ddaeth y broses i ben yn fuan wedi hynny ac fe ddewiswyd cotiau sy'n dal dŵr, yn ysgafn, yn 'anadlu' ac yn meddu ar 'detachable lining'. Ges i got las dywyll a diolch i'r nefoedd fe lwyddais i stopio Ger rhag prynu un oren.

Anwen

O'r diwedd ma cwpwl o ymwelwyr yn dod i weld y tŷ fore Sadwrn. Yn ôl Dave, ma'r ffaith nad oes gyda ni dŷ bach lawr llawr yn milwrio yn ein herbyn. *Who knew?*

Nia

Dw i wedi bod yn gwneud mwy o ddyddiau yn y ganolfan ffoaduriaid (am wneud fy rhan cyn i ni fynd i ffwrdd), yn gweithio yn y gegin, yn gwrando ar y straeon a'r sgwrsio. Dangosodd Noor sut i wneud bara syml sy'n chwyddo'n swigen anferth yn y ffwrn. Gwych i'w fwyta gyda hwmws! Ac mae'r bwyd i gyd mor flasus – roedd cyrri gafr o Sierra Leone a chyrri pwmpen o Kerala yno ddoe.

Mae'r awyrgylch yn y ganolfan yn neisach na'r banc bwyd ar hyn o bryd gan fod Meiriona *on the warpath*. Buodd Vijay (sy'n gweithio yno ar y penwythnosau) yn ddigon dwl i ddechrau system newydd i storio'r bwyd. O, dier, dechreuodd Meiriona daranu am y peth ac fe fuodd tipyn o rolio llygaid ymysg y gweithwyr wrth iddi wneud. Ond, yn anffodus, dw i'n meddwl i Meiriona sylwi. Ac roedd hi'n edrych yn hynod o drist yn sydyn. Ro'n i'n teimlo'n ofnadwy drosti.

Delyth

Sgwrs lwyddiannus gyda Charlotte o Crumlins Smith – cytundeb ar y ffordd am waith newydd! Roedd yn bendant yn werth mynd yn ôl i'r clwb busnes! Wedi rhoi tamaid o hwb i fi. Mae cyfnod o fynd i therapi bob amser yn anodd ac mae'n braf cael rhywbeth mor bositif i feddwl amdano.

Anwen

Dave yn awgrymu'n gryf eto ein bod ni'n gwario arian ar roi tŷ bach lawr llawr! Wel, gawn ni weld beth ma Rhys yn gweud. Ddim yn meddwl y bydd e ishe gwario. Ond wedyn falle bod

Dave yn iawn a bod yn rhaid neud rhwbeth dramatig os ydyn ni am werthu'r tŷ 'ma.

Nia

Fe alwais yn y banc bwyd am y tro olaf cyn i ni fynd ar ein gwyliau. A gwneud ymdrech i fod yn neis i Meiriona. Wrth i ni bacio bocsys fe ofynnais iddi am ei theulu a'i chefndir. Synnais i ei bod hi'n hapus iawn i siarad yn agored am ei cholledion a'i hunigedd presennol.

Dywedodd hi, 'Dw i ddim yn gwybod beth wnethen i heb y lle yma, mae'r oriau'n teimlo mor hir weithiau. A dw i'n mwynhau bod yn rhan o'r gymuned, mae pawb mor ffeind yma.'

Ffeindies i mod i methu edrych arni, ro'n i'n teimlo mor euog. Ond dw i'n mynd i wneud ymdrech i fod yn neisach iddi pan ddof yn ôl o'r daith. Mae ei chalon yn y lle iawn. Er iddi ddweud wrtha i mod i'n stacio pethau yn anghywir yn y bocsys. Ond wnes i ddim rholio fy llygaid tu ôl i'w chefn. Sy'n gam ymlaen.

Treulio fory'n gorffen pacio ein cesys newydd. Mae Ger wedi trefnu insiwrans iechyd ac fe dreulion ni heno yn rhoi ein tocynnau trên ar ein ffonau. Ar ben hynny mae ganddo ffeil bapur yn llawn manylion gwestai ac amserlenni trenau a chychod.

Ry'n ni bron yn barod i fynd!

Ebrill

Anwen

Tŷ bach lawr llawr?
Canhwyllau posh?

Nia

Mwynhau!
Trio popeth!

Delyth

Darllen *The Love you Deserve is in You*
Thai slap facial?

Nia

Ar yr Eurostar! Yn anffodus ry'n ni mewn cadeiriau heb ffenestr sy'n biti. Ond 'mond am y daith yma i Amsterdam, dw i'n meddwl, a dw i'n gallu gweld cornel bach o'r wlad drwy ffenestr y gadair o 'mlaen i. A dw i mor gyffrous am y gwyliau dw i ddim am adael i ddim byd fy mhoeni i heddiw. Roedd cyrraedd yma'n reit anodd, sawl trên o Gaerdydd i Lundain wedi eu canslo a'r gwesty yn Kings Cross yn *basic* iawn (er yn ddrud) felly chawson ni ddim llawer o gwsg – yn swnllyd tu allan (a thu fewn) i'r gwesty.

Ond dim ots – ry'n ni ar ein ffordd!

Delyth

Meddwl am Ger a Nia'n cychwyn ar eu siwrne heddiw. Swnio'n eitha anghyffordus – cario'ch bagiau o drên i drên a chiwio am bopeth, mae'n siŵr. Dw i'n casáu ciwio a bob amser yn ceisio ffeindio ffordd i'w osgoi. Ymuno â chlybiau teithio er mwyn cael *upgrade* i'r dosbarth cyntaf (y gyfrinach yw gwisgo'ch dillad gorau a chario bagiau smart) – dw i bob amser am droi i'r chwith wrth fynd ar awyren. Busnes neu well – dyna fy arwyddair.

Nia

Mwynhau bod ar y trên! Gymaint neisach na hedfan, er prin mod i wedi bod ar awyren mewn gwirionedd. Mor falch taw fel hyn (ac ar y cychod wrth gwrs) y byddwn ni'n teithio'r holl ffordd i Tallinn. Mae Ger wedi paratoi nifer o draethodau i'w darllen ar y trenau sy'n cynnwys gwybodaeth am y dinasoedd y byddwn yn ymweld â nhw. Sy'n wych, wrth gwrs, ond dw i'n falch fod gen i lyfrau diweddara Marlyn

Samuel a Rhian Cadwaladr ar fy iPad hefyd. Peth arall wnes i cyn gadael oedd casglu nifer o groeseiriau o'r *Guardian* a *Golwg* a'u gosod mewn ffeil fach binc. Rhai cryptig i Ger, rhai syml i fi. Fe fydd rhai o'r siwrneiau'n reit hir – Ger yn dweud y bydd rhaid i ni godi a symud o gwmpas bob awr – er mwyn osgoi thrombosis!

Anwen

Economy class fuodd hi i ni bob tro fuon ni'n agos at awyren. A do'dd hynny ddim yn digwydd yn amal iawn. 'Mond unwaith fuon ni i gyd ar awyren fel teulu – *package tour* i Sbaen. O'dd e'n grêt. Gwesty glân a stafell deuluol o'dd yn ddigon mawr i'r pedwar ohonon ni. Pwll nofio i blant, yn ogystal ag un i oedolion, ac un ohonon ni'n mynd i'r pwll bach gyda'r plant yn ein tro tra o'dd y llall yn ymlacio. Y bwyd yn ddim byd sbesial ond y plant yn dwli ar y pasta. A chrwydro i nôl hufen iâ ar ôl swper yn un o uchafbwyntiau'r dydd. Ocê, o'dd e bach yn swnllyd yn y nos ond o'dd ein stafell ni'n ddigon pell o'r bar a lwyddon ni i gyd i gysgu'n dda. Yn enwedig gan fod y plant wedi blino'n shwps ar ôl nofio drwy'r dydd. Do'dd y tywydd ddim yn rhy dwym chwaith, gan taw adeg gwylie'r Pasg aethon ni. Bysen ni wedi mynd eto ond fe dda'th Angharad fel syrpréis bach neis y flwyddyn wedyn ac a'th e'n rhy ddrud i ni beth bynnag gan fod Rhys wedi rhoi'r gore i'w swydd (pam, Rhys, pam?) a'r cwbwl o'n ni'n gallu fforddio o hynny mla'n o'dd campo yn Ffrainc mewn pabell fenthyg. A mynd â llwyth o fwyd o Lidl gyda ni i fwydo'r plant yn rhad.

Wi mor genfigennus o Nia a Ger, wi'n ffaelu setlo o gwbwl. Am fynd mas am dro hir i weld os galla i stopio hel meddylie a theimlo mor chwerw.

Delyth

Bues i'n darllen llyfr gan ryw leian Fwdhaidd, Pema Chödrön. Mae hi'n siarad am y 'llais mewnol negyddol'. Mae gen i un yn sicr. Yn dweud wrtha i drwy'r amser na ddylen i wneud rhywbeth. Fy mod i ddim yn ddigon da i'w wneud e, a ddyliwn i ddim hyd yn oed trio. Dw i'n beirniadu fy hun am fethu priodi, am fethu cael plant, am fod yn hyll ac yn unig. Ydy, mae'r llais beirniadol yno drwy'r amser.

Mae'r lleian hefyd yn sôn am dyfu cryfder mewnol drwy dderbyn y tristwch a'r caledi yn eich bywyd. Ond dw i jyst ddim yn meddwl bod gen i'r hyder (na'r asgwrn cefn) i wneud hynny. Dw i ddim yn siŵr pwy ydw i erbyn hyn. Yn magu amheuon drwy'r amser. A dw i 'di trio gymaint o lyfrau, a blogiau a sesiynau therapi.

Wedi dweud hynny, mae Andy yn ffan ohoni ac yn dweud – os galla i dderbyn y pethau negyddol a phoeni llai amdanyn nhw falle galla i symud i dir brafiach. Derbyn ac ailffocysu. Ys gwn i os galla i wneud hynny?

Nia

Roedd arogl mwg drwg i'w glywed yn glir yn yr awyr pan ddaethon ni allan o'r orsaf yn Amsterdam, ac arwydd mawr yn Saesneg yn gofyn i bobol beidio â phrynu cyffuriau ar y stryd! Edrychodd Ger a finne'n syn ar ein gilydd. Mae'r ddinas yn teimlo'n llawn ofnadwy, mae 'na heidiau o ddynion ifanc mewn grwpiau meddw, partïon plu swnllyd, twristiaid canol oed mewn sgidiau cyffordus a phobol yn tyrru i'r siopau canabis, a gwaeth fyth, at y merched truenus sy'n syllu'n ddiflas o'r ffenestri gyda'r goleuadau coch.

Mae 'na resi o bobol yn ciwio tu fas i bob amgueddfa – cartref Anne Frank, amgueddfa Van Gogh a'r Rijksmuseum. A ninne heb fwcio tocynnau – doedden ni ddim wedi deall o gwbwl mor orlawn y byddai hi yma a heb feddwl am archebu tocynnau o flaen llaw. Dechreuodd Ger, druan, ymddiheuro'n daer am hyn, yn dweud ei fod wedi ei gamarwain. Aeth e'n eitha ypsét am y peth a bu'n rhaid i fi ei ddarbwyllo nad oedd ots o gwbwl. Am weld y ddinas ydw i nid y tu fewn i amgueddfeydd! Crwydro a sgwrsio gyda Ger. Dyna beth yw gwyliau i fi.

Fe aethon ni'n syth draw i'r B&B (tŷ hyfryd ar lan canal) i ollwng ein bagiau. Ystafell fach iawn ond yn lân ac yn gyfforddus. Roedd Elsje, sy'n rhedeg y gwesty, yn llawn tips diddorol am lefydd neis i fwyta, ac fe awgrymodd hi ein bod ni'n mynd i amgueddfa fach hyfryd lle nad oedd ciw fel arfer. Gan ei bod hi'n hanner awr wedi dau yn barod fe aethon ni draw yno gynta – i *Ons' Lieve Heer op Solder* – Ein Duw yn yr Atig. Enw rhyfedd ac, ar y cychwyn doedd gen i, ddim syniad pam y cafodd yr enw. Fe gerddon ni i fewn i dŷ digon cyffredin, yn edrych yn union 'run fath â'r rhai o'i gwmpas. A dringo o stafell i stafell a gweld sut oedd y bobol adeiladodd y tŷ yn yr ail ganrif ar bymtheg yn byw. Er bod yr addurn yn syml, lloriau a dodrefn pren ac ati, roedd awyrgylch gynnes a chlòs ym mhob stafell. Ar y waliau yn nifer o'r stafelloedd, roedd yna deils glas golau o Delft, yn dangos lluniau o blant yn chwarae neu bobol yn gweithio yn y caeau. Cynheswyd y tŷ gan sawl ffwrn fendigedig ac wrth fynd o stafell i stafell o'n i'n meddwl mor neis fyddai cael byw yma – yn enwedig gan fod i bob un stafell olygfa hynod o'r ddinas – y tai godidog, y blodau a'r canals.

Ond yna reit ar dop y tŷ dyna beth oedd sioc. Yn yr atig

roedd y teulu wedi adeiladu Eglwys Gatholig ysblennydd. Yn ymestyn ar draws top dau dŷ arall. Mae'n debyg fod y llywodraeth Brotestannaidd ar y pryd yn ddigon hapus i addolwyr arddel eu ffydd Gatholig yn breifat mewn adeiladau pwrpasol. Roedden nhw'n gwybod yn iawn amdanyn nhw ond yn hapus i adael llonydd i'r addolwyr. Eisteddon ni yn yr Eglwys am dipyn yn mwynhau'r tawelwch a'r awyrgylch dangnefeddus. Roedd hi mor braf yno gyda'r haul yn tywynnu drwy'r ffenestri lliw, gan daenu patrymau ar y seddi pren a'r brodwaith aur o gwmpas yr allor. Aeth Ger yn dawel iawn – yn amlwg roedd y lle hyfryd yma wedi effeithio arno'n ddwfn. A dweud y gwir, buodd e'n reit fyfyrgar am weddill y dydd. Gofynnais iddo fe os oedd e'n poeni am rywbeth, ond dywedodd e fod popeth yn iawn.

Yn y man, fe benderfynon ni ei bod hi'n bryd i ni fynd i chwilio paned a theisen afal (arbenigedd y brifddinas, yn ôl pob sôn) a dilyn argymhelliad Elsje, gan ddianc rhag y torfeydd tuag at heol fach dawel yr ochr arall i'r farchnad flodau. Fel yn yr amgueddfa, roedd yna deils glas a ffwrn ysblennydd yn y caffi, ac roedd y coffi a'r deisen yn flasus tu hwnt. Mae pawb yn siarad Saesneg yma felly er ein bod ni wedi trio dysgu'r geiriau cywir mewn Iseldireg (*Mag ik koffie en appeltaart alstublieft*), doedd dim eu hangen arnon ni. Oedd yn damed o siomedigaeth i Ger oedd wedi ysgrifennu popeth yn ffonetig yn ei nodiadur. A doedd dim ishe Iseldireg chwaith wrth siarad gydag Elsje nac wrth ordro cwrw a ffowlyn a *chips* i swper mewn tafarn ar ddiwedd y dydd. Gobeithio y caiff Ger gyfle i ddefnyddio'i Almaeneg fory pan ddechreuwn ni ar ein siwrne drwy'r Almaen i Copenhagen.

Delyth

Fel yr o'n i wedi amau ers misoedd, daeth Justin draw i'r swyddfa heddiw – yn dal cynllun ad-drefnu yn ei law. Roeddwn i'n gwybod taw arbed arian oedd wrth wraidd yr holl nonsens *touchy feely* 'ma! A dim sôn am y cyfle i roi adborth fel yr oedd e wedi addo! Dw i'n cael cadw fy swydd (am nawr, am wn i) ond mae e am i mi weinyddu'r toriadau. Doeddwn i ddim yn hapus i wneud hyn o gwbwl ac fe wrthodais, gan ei atgoffa y dylai e wneud y sacio – ynghyd â rhywun o HR.

Diolch i'r nefoedd doedd ganddo ddim dewis – roedd Sally o HR yn fy nghefnogi. Ond roedd nifer o wynebau trist a lot fawr o ddagrau yn y swyddfa prynhawn 'ma. Pan gyrhaeddais i adre doedd gen i ddim awydd gwneud dim ond eistedd o flaen y teledu yn syllu'n ddiflas ar ryw nonsens. Drama oedd hi, dw i'n meddwl, ond wnes i ddim ei gweld na'i chlywed. Yn pen draw fe gymerais i dabled cysgu a mynd i'r gwely.

Anwen

O'n i'n methu aros yn y tŷ heddiw – o'dd 'na deulu bach yn dod i'w weld, mam a thad a phlentyn bach, ma'n debyg. Yn teimlo mor drist. Cofio am Rhys a Llio a finne'n dod yma, yn deulu bach ifanc, yn llawn gobaith am ddyfodol sydd bellach yn rhacs. Ond gobeithio y byddan nhw'n ei hoffi gan fod cynigion eraill yn araf yn dod.

Nia

Wel, fe gafodd Ger ei ddymuniad – bu'n rhaid iddo ddefnyddio'i Almaeneg herciog sawl gwaith heddiw oherwydd i ni golli'r cysylltiad i København gan fod ein trên yn hwyr yn cyrraedd Hamburg. Buon ni'n rhuthro o gwmpas gorsaf Hamburg yn trio gweld os oedd yna drên arall (doedd 'na ddim), ac yna'n trio ffeindio ffordd o gadw seddi ar y trên cynta fory. Roedden ni wedi prynu brechdanau a chreision ar gyfer y daith i Ddenmarc yn barod, felly yn y pen draw fe gerddon ni draw at y gwesty agosa i'r orsaf a phrynu dwy botel o gwrw cyn syrthio i'r gwely i stwffio'r cwbwl lot a gwylio'r newyddion mewn Almaeneg. Ddim yn union beth yr oedden ni wedi ei gynllunio ond mae Ger yn dweud y cawn ni rywfaint o'r arian yn ôl am y gwesty oddi wrth y cwmni trenau. Ac a bod yn hollol onest, wnes i eitha mwynhau'r ddrama.

Fe godon ni am saith fore nesa a rhuthro am yr orsaf, prynu coffi a byns cardamom (hyfryd iawn) a bwrw am blatfform chwech a'r trên i København. A diolch byth ein bod ni wedi llogi seddi, achos roedd y trên yn llawn iawn. Roedd un sedd ar bwys y ffenestr, felly fe newidodd Ger a fi seddi cwpwl o weithiau er mwyn i ni'n dau gael tro yn edrych allan ar yr olygfa. Yn anffodus, roedd e'n eitha siomedig ar y cyfan – y tir yn fflat ac yn anniddorol, gydag ambell lyn neu bont nawr ac yn y man. Yn wir, roedd y dyn tocynnau mor falch o un bont yn arbennig fe wnaeth e gyhoeddiad ar y tannoi i dynnu'n sylw ato! Yn Saesneg ac Almaeneg. Mae PAWB yn amlieithog yma.

Fe gyrhaeddon ni København erbyn amser cinio, ac am ddinas braf a gosgeiddig! Wedi i ni ollwng ein cesys (ac oedd, roedd Ger yn hollol iawn mi roedd hi'n werth prynu'r rhai gyda'r pedair olwyn – maen nhw'n symud mor rhwydd ar draws y pafin), roedden ni mewn airbnb y tro hwn ('your host is Klaus who says hi and welcome'), fe aethon ni am dro hir o gwmpas y ddinas a gweld nifer o adeiladau cyfarwydd o'r gyfres wych honno, *Borgen* – y senedd a'r plasty brenhinol ac ati. Roedd hi'n dipyn o wâc i weld môr-forwyn fach enwog Hans Christian Andersen a dyna'r unig fan lle'r oedd yna dorfeydd. Roedd København mor lân a thawel ar ôl bwrlwm Amsterdam. A chydag awyr las (er ei bod hi dipyn oerach yma) edrychai'r cwbwl mor brydferth yn yr haul. Mae popeth yn gweithio'n wych yma – does dim sbwriel ar y strydoedd, mae 'na lefydd ailgylchu ymhobman, ac mae'r drafnidiaeth gyhoeddus yn lân ac yn rhwydd i'w defnyddio. Ac mae'n ymddangos nad oes neb yn ddigartref yma chwaith, hyd y gwelon ni beth bynnag.

Ond, o dier, roedd hi'n ddrud! Roedd Ger wedi rhoi lot fawr o Kroner Daneg ar y cerdyn credyd yr oedd e wedi ei brynu yn y Swyddfa Bost (sy'n golygu nad ydych chi'n gorfod talu llog wrth brynu pethe), oedd yn beth da iawn, achos roedd eisiau lot fawr o Kroner yn y lle bwyta bendigedig ffeindion ni ar y Cei. Fe gafodd Ger gimwch a finne rhyw fath o bysgod mewn crwstyn halen oedd yn nefolaidd. A tharten ffrwythau a hufen melyn tew i bwdin, a diolch byth, gan i ni sticio at y cwrw lleol, doedd e ddim mor ddrud ag yr oedden ni wedi'i ofni.

Roedd pawb yn ffeind ofnadwy ac eto doedd dim angen ymarfer ein Daneg, er bod nodiadur Ger yn llawn dywediadau defnyddiol – 'beth yw pris y cimwch os gwelwch chi'n dda?' ('hvor meget er hummeren venligst?'), 'ai dyma'r ffordd at y fôr-forwyn?' ('er dette vejen til havfruen?') ac 'oes 'na fferyllydd cyfagos?' ('er der en kemiker i nærheden?'). Roedd angen moddion diffyg traul ar Ger. Gormod o gwrw a *chips*, am wn i.

Delyth

A hithau'n ddydd Sadwrn es i draw i helpu Anwen i glirio'r atig. Ro'n i'n falch o gael cwmni a chyfle i feddwl am rywbeth ond therapi a'r problemau yn y gwaith. Roedd hithau hefyd braidd yn isel gan fod neb wedi gwneud cynnig ar y tŷ eto. Ond, o dier, mae ganddi gymaint o bethau i'w sortio. Dyw'r tŷ ddim mewn cyflwr deniadol iawn ac mae'n siŵr nad yw hynny'n helpu. Mae angen rhoi trefn ar gymaint o stwff, er bod Huw a Llio wedi mynd â pheth gyda nhw yn barod – dillad y plant, llyfrau ysgol, silffoedd o lyfrau sydd heb eu darllen ers oes pys, atig yn llawn hen addurniadau Nadolig, cesys sydd ddim yn cau, bocsys sgidiau, teclynnau cegin, gemau bwrdd (tri bocsed anferth) a bagiau plastig yn llawn teganau rhad wedi eu casglu o gracyrs a chomics. Ar ben hyn i gyd roedd yna gyfrifiaduron, peiriannau sychu gwallt a theclynnau cegin i gyd wedi torri, a bocsed ar ôl bocsed o gylchgronau. A dyw Anwen ddim yn gwybod lle i droi.

Anwen

O, ma Del yn wych weithe. O'dd hi wedi dod mewn *dungarees* (drud iawn yr olwg) a menig rwber, ac fe eisteddodd hi yn yr atig fawlyd 'na yn fy ngorfodi i i benderfynu beth i neud â'r holl *clutter* sy'n llanw'r lle. O'n i'n meddwl bo fi wedi cael gwared ar gyment ohono fe ond ma lot ar ôl o hyd. Ma gyda ni beil o stwff sy'n dda i ddim fydd yn mynd i'r sgip ma Del wedi'i ordro ar gyfer wythnos nesa. Wedyn fe gasglon ni sawl bag yn llawn pethe i'w hailgylchu (dillad y plant, ro'n i'n methu edrych arnyn nhw), pethe i'w dodi ar eBay (ma

Del am ddangos i fi shwd i neud hyn), a dw i wedi rhoi dau focs go fawr heibio sy'n cynnwys pethe pwysig na alla i eu taflu. Ro'n i mor falch o'i chwmni, fe geson ni sgwrs dda wrth gymoni – deall nad yw pethe'n wych yn y gwaith ar hyn o bryd. Awgrymodd hi ein bod ni'n mynd mas i swper (lle llysfwytaol, wrth gwrs, o'dd ddim yn ffôl a bod yn deg) a mynnodd hi dalu hefyd. Ma hi mor garedig.

Delyth

Wnes i fwynhau helpu Anwen. Ac mae hi'n rhwydd cynnal sgwrs pan eich bod chi wrthi'n gwneud rhywbeth fel clirio – y siarad yn fwy llyfn gan nad y'ch chi'n edrych ar eich gilydd. Mae Anwen yn gallu bod yn annwyl iawn – pan dyw hi ddim yn chwerthin ar fy mhen. Credu iddi eitha mwynhau'r bwyd heno – tipyn o fuddugoliaeth gan ei fod mor iachus!

Wrth: niagerrhiwbeina@gmail.com
I: delyth@lawsonevans.com
anwenarhyssplott@gmail.com
Wedi cyrraedd Stockholm – 'di cael *smörgåsbord* a chwrw eliffant yn barod! Wedi cerdded 20,000 cam ddoe. Mae gan Ger bothell mewn man poenus!

Wrth: niagerrhiwbeina@gmail.com
I: delyth@lawsonevans.com
anwenarhyssplott@gmail.com
Aethon ni i noson werin mewn tafarn. Fe ganodd Ger 'Yma o Hyd' a chael pawb i ymuno yn y gytgan!

Wrth: niagerrhiwbeina@gmail.com
I: delyth@lawsonevans.com
anwenarhyssplott@gmail.com
Ger wedi prynu het ffwr. Mae'n edrych fel Omar Sharif!

Anwen

Nia'n danfon negeseuon doniol iawn – ma'u taith nhw'n swno'n blydi ffantastic. Trio peidio gadel i'r genfigen sy'n corddi yn fy stumog i fy niflasu. Ond ma'n anodd peidio cofio bod Rhys a finne 'di bwriadu teithio hefyd.

'Neidiwn ni ar y trên i rywle, An,' o'dd e wastod yn gweud – ac o'n ni'n dau wedi ffansïo Sgandinafia a Stockholm yn arbennig. Wedyn ar gwch i'r *fjords* yn Norwy, reit lan i'r top i gyfarfod pobol frodorol y Sámi a gweld y Northern Lights. 'Unwaith i Angharad fynd,' o'dd y mantra. Wel, sai'n gweld e'n mynd nawr, ddim gyda'r blydi efeilliaid a'r ddwyfol Emma.

Pe bawn i â mwy o *get up and go* ethen i yno eniwe.

Delyth

O, dier, dyw taith Nia ddim yn apelio o gwbwl, tocynnau trên economi, brechdane a chrisps ar ben bob stori a chysgu mewn B&B. Sori, na.

Wrth: niagerrhiwbeina@gmail.com
I: delyth@lawsonevans.com
anwenarhyssplott@gmail.com
Cwch i Helsinki yn anhygoel! Pwll nofio, casino a sinema! Bwffe 40 ewro am fynydd o fwyd! Cimwch, ffowlyn a *chips*, pasta, nŵdls a *stir-fry*! A chwrw!!!

Wrth: niagerrhiwbeina@gmail.com
I: delyth@lawsonevans.com
anwenarhyssplott@gmail.com
Ger wedi mynd 'nôl i'r bwffe eto i chwilio am ragor o gwrw!

Wrth: niagerrhiwbeina@gmail.com
I: delyth@lawsonevans.com
anwenarhyssplott@gmail.com
Bwrdd pwdinau anhygoel! Lluniau ar y ffordd!

Anwen

Torri 'nghalon yn gweld neges Nia am y cwch i Helsinki. Wastod wedi ishe mynd i Helsinki.

Delyth

Oes rhaid iddyn nhw fwyta gymaint o carbs?

Wrth: niagerrhiwbeina@gmail.com
I: delyth@lawsonevans.com
anwenarhyssplott@gmail.com
'Nôl yn y stafell nawr ac agor y gwely mas o'r wal – digon cyfforddus wedi i ni ffeindio'r clustogau! Welon ni gaplan oedd 'run ffunud ag Eirwen. Fe gerddon ni i'r cyfeiriad arall. *Just in case...*

Delyth

Ddim am ddweud hyn wrth Nia ond mae'r cychod yn y Baltig yn enwog am bartïon plu a theithiau *booze cruise*. Ych-a-fi. Dim diolch. A thynnu gwely allan o'r wal! Erchyll!

Wrth: niagerrhiwbeina@gmail.com
I: delyth@lawsonevans.com
anwenarhyssplott@gmail.com
Syrpréis! Ger wedi dod â hanner potel o *prosecco* o'r bar!

Anwen
Mynd i ddiffodd fy ffôn a mynd i'r gwely. Alla i ddim darllen mwy am yr hwyl ma'n nhw'n ei ga'l.

Delyth
Bydd diffyg traul a phen tost gan y ddau erbyn y bore!

Nia
O, fe fwynheais i ar y cwch anferth o Stockholm i Helsinki – roedd yna bwll nofio, *sauna*, casino, sawl lle bwyta a nifer o ddeciau llydan i gerdded ar eu hyd. Ges i gymaint o wefr o fod allan ar y dec ar ddechrau'r siwrne yn gwylio ynysoedd yr *archipelago* yn mynd heibio, ond roedd hi'n rhy oer i aros yn hir felly fe aethon ni mewn i'r caffi i gael siocled poeth a theisen er mwyn twymo. Roedd yn anhygoel gweld y cwch yn symud yn rhwydd drwy'r llwybr cul rhwng yr ynysoedd wrth adael Stockholm. Edrychai bob un ohonynt yn debyg, yr un coed pinwydd, a thai pren lliw rhwd a ffenestri gwyn. Ddim yn siŵr sut oedd rhywun yn gwybod pa un oedd p'run!

Fe gawson ni noson dda o gwsg ar y cwch, er ei fod e'n orlawn a bod nifer o'n cyd-hwylwyr yn manteisio ar yr alcohol rhad a'r siopau *duty free*. Ond roedd y stafelloedd cysgu yn bell o'r cyffro hynny ac yn syndod o dawel. Ac er i ni ddeffro pan laniodd y cwch ar ynys yn oriau mân y bore, doedden ni ddim ar ddi-hun yn hir. Roedd yna rywbeth swynol iawn am weld y bobol yn mynd â dod o'r ynys anghysbell ac yna bwrw allan eto am y môr mawr ar ein taith i Helsinki. Roedd Ger a fi'n teimlo fel petaen ni mewn ffilm!

Edrychai Helsinki yn ysblennydd yn haul y bore bach, mae'n ddinas brydferth a gosgeiddig. Y strydoedd yn llydan braf a'r siopau a'r fflatiau naill ochr iddynt yn hardd ac yn foethus. Tramiau lliwgar yn llifo heibio'n rhwydd a neb ar frys. Mae'r eglwys fawr wen sydd ar fryn bach reit ynghanol y ddinas yn drawiadol iawn – a dweud y gwir, roedd hi mor wyn roedd rhywun yn cael ei ddallu jyst wrth edrych arni. Ond ges i siom pan es i i fewn – roedd y tawelwch a'r moelni yn orthrymus, y nenfwd yn arswydus o uchel a llyfnder diddiwedd y muriau claerwyn yn bygwth achosi pendro. Mor wahanol i'r eglwys uniongred Rwsiaidd drws nesa, oedd yn teimlo'n fwy cartrefol a chroesawgar gyda'i thyrrau siâp winwns lliwgar a'r torfeydd llon yn llifo trwy'r drysau. Roedd yn rhyfeddol o foethus, yn gyforiog o ganhwyllau, llestri aur ac eiconau, pob un ohonynt wedi eu gorchuddio â haen o arian, oedd yn disgleirio yn yr hanner tywyllwch. Yn aml, 'mond wynebau'r saint oedd i'w gweld o dan y cloriau sgleiniog ac roedd prosesiwn o fenywod yn nadreddu o gwmpas yr eglwys yn eu cusanu. Bysai Dad wedi cael abwth, ond ro'n i wedi fy nghyffwrdd gan y ddefod a chan gryfder eu ffydd.

Mae Helsinki yn ddrytach hyd yn oed na Stockholm, y siopau'n hyfryd ond yn ddiarhebol o ddrud. Fe es i i fewn i un o'r enw Marimekko oedd yn llawn dillad godidog mewn patrymau lliwgar. Ac fe gerddes i'n syth allan eto wedi i mi weld y prisoedd! Mae'r llefydd bwyta hefyd mor ddeniadol, yn llawn pysgod cregyn ac eog wedi'i smygu ond allen ni ddim fforddio llawer mwy na brechdan neu ddarn o bitsa.

Hoffai Ger i ni drio *sauna* tra ein bod ni yma. Mae e wedi darllen bod 'na dros ddwy filiwn ohonyn nhw yn y Ffindir! Mae menywod a dynion yn mynd yno ar wahân, diolch byth. Ond dw i ddim yn siŵr os ydw i'n ffansïo fe. Yr holl noethni 'na. A'r chwys. Ha! Fe fydd y merched yn chwerthin!

Anwen

Ma negeseuon Nia'n dal i gyrraedd – ddim yn siŵr sut i'w hateb. Ddim ishe swno fel hen surbwch.

Wrth: niagerrhiwbeina@gmail.com
I: delyth@lawsonevans.com
anwenarhyssplott@gmail.com
Aeth Ger i'r *sauna* ac fe es i gael coffi yn y farchnad. Pob math o bysgod yma a thuniau o gig arth!!! Llun ar y ffordd!

Wrth: delyth@lawsonevans.com
At: niagerrhiwbeina@gmail.com
anwenarhyssplott@gmail.com
Wedi edrych ar y we – mae cig arth yn isel mewn colestrol ond mae 'na beryg ei fod yn cynnwys paraseitiau! Bydd yn ofalus, Nia!

Anwen

O'n i'n teimlo y dylen i weud rhwbeth yn lle anwybyddu negeseuon Nia. Felly:

Wrth: anwenarhyssplott@gmail.com
At: niagerrhiwbeina@gmail.com
delyth@lawsonevans.com
Shwd goffi sy 'na?

Wrth: niagerrhiwbeina@gmail.com
I: delyth@lawsonevans.com
anwenarhyssplott@gmail.com
Coffi o bob math, Anwen! Wedi cyrraedd tŷ cyfaill Ger, jyst tu fas i Helsinki. Eira trwm yma – sobor o bert. Jens a'i wraig yn groesawgar iawn. Yn mynd i goginio swper traddodiadol i ni o gig carw!

Wrth: niagerrhiwbeina@gmail.com
I: delyth@lawsonevans.com
anwenarhyssplott@gmail.com
Stop press – mae gan Jens *sauna*. Ger ar dân ishe mynd iddo fe!

Wrth: delyth@lawsonevans.com
I: niagerrhiwbeina@gmail.com
anwenarhyssplott@gmail.com
Sauna yn dda iawn i'r croen, yn ôl bob sôn, Nia!

Wrth: niagerrhiwbeina@gmail.com
I: delyth@lawsonevans.com
anwenarhyssplott@gmail.com
Newsflash. Y *sauna*'n anhygoel! Cadwodd Jens a'i wraig, Sylvi, eu siwtiau nofio mlaen!!!! Neidiodd pawb ond fi i fewn i'r llyn bach tu fas i'r caban. Eira o gwmpas y llyn a darnau o iâ yn nofio ar wyneb y dŵr. Gwallgo! Es i 'nôl i'r tŷ i gael cawod.

Anwen

Pam na alla i fod yn hapus dros Nia? Ma hi wedi ca'l amser caled ofnadwy gyda Ger dros y misoedd diwetha, pam na alla i ffeindio fe yn fy nghalon i ddathlu gyda hi nawr eu bod nhw'n ca'l y fath antur? Ma'r chwerwedd 'ma'n lliwio popeth ar hyn o bryd. Alla i ddim edrych ar Facebook bellach – gormod o lunie o gyple gwengar yn neud pethe gwych gyda'i gilydd.

Ma Del yn meddwl y dylwn i weld therapydd a licen i neud. Rhywun i wrando a chyfle i arllwys yr holl wenwyn 'ma mas o'n system. Ond ma'n nhw mor ddrud, o'n i bron â thagu ar fy *latte* pan wedodd Del faint o'dd hi'n dalu.

Nia

Roedd y fferi i Tallinn mor gyflym! Dim ond dwy awr i ffwrdd o Helsinki. A rhyfedd meddwl ein bod ni reit ar bwys Rwsia! Y môr yn dawel a'r awyr yn las. Ac roedd Maimu a Kalju (fe gwrddodd Ger a Kalju yn y coleg) yn disgwyl amdanon ni ar y cei ac fe gawson ni groeso rhyfeddol ganddyn nhw – a stafell hyfryd yn eu fflat am ddwy noson. Mae Tallinn yn ddinas hardd a hynafol. Mor ddiddorol deall gan Maimu bod Estonia a Chymru yn eitha tebyg – yr un pwyslais ar ddiwylliant gwerin (mae 'na lot o ganu corawl yma hefyd), a hwythau hefyd wedi gweld adfywiad yn eu hiaith, wedi ennill lot fawr o dir diwylliannol yn ôl ers iddyn nhw gael annibyniaeth o Rwsia ar ddechrau'r nawdegau. Ond yn ôl Kalju mae 'na densiynau'n dechrau codi rhwng yr Estoniaid a'r Rwsiaid (mae dros 30% o bobol Estonia o dras Rwsieg), yn enwedig yn sgil y rhyfel rhwng Rwsia a'r Wcráin.

Treulion ni ddau ddiwrnod hapus iawn yn crwydro

Tallinn, dinas ac iddi ganol mediefal heb ei chyffwrdd gan ddifrod bomiau'r Ail Ryfel Byd. Fe ddringon ni'r rhiw i'r castell ysblennydd, a sawru'r golygfeydd dros y ddinas, cyn teithio ar dram i'r amgueddfa gelf oedd yn llawn trysorau gan artistiaid cwbwl anghyfarwydd ond gwych. Yna i un o blastai haf Tzar Nicholas, oedd yn lle bach hyfryd, yn gwneud i rywun feddwl am y Petit Trianon yn Versailles – lle i'r byddigions gael chwarae tŷ, mae'n amlwg. A chofio wrth grwydro am ddiwedd trist y ddau deulu brenhinol. Gawson ni fwyd bendigedig hefyd, yn arbennig rhywbeth o'r enw *pelmeni*, dwmplenni bach Rwsaidd yn llawn tatws a chig mewn cawl madarch sawrus. A salad betys a *sauerkraut*! Yn goron ar y cyfan oedd ymweliad ag amgueddfa'r KGB, sef llawr cyfan ar ben gwesty drutaf Tallinn, lle'r oedd meicroffon ym mhob stafell wely a phopeth wedi ei adael fel roedd e ar y dydd ddihangodd y swyddogion 'nôl i Rwsia! Papurau, dillad, teclynnau ysbïo ac yn y blaen. Roedd Tallinn yn egsotig ac yn gyffrous a dw i mor falch ein bod wedi cael y cyfle i fynd yno.

Roedd hi'n fwy swnllyd ar y cwch 'nôl i Stockholm gan ei bod hi'n nos Wener. Lot o bartïon plu a llai o deuluoedd. Ond roedd y bwyd yn wych eto yn y bwffe ac yn syndod o dawel yn yr ardaloedd cysgu diolch byth. Stopiodd y cwch eto yn oriau mân y bore gan ddeffro ni'n dau. Fe dreulion ni ryw hanner awr yn gwylio'r mynd a dod o'r cwch i'r ynys ynghanol Môr y Baltig.

Rhywsut, achos ein bod ni'n dau yn eistedd yn ein cwiltiau yn edrych allan drwy'r ffenestr, roedd hi'n rhwyddach i Ger drafod pethau anodd. Achos o'r diwedd dechreuodd e siarad am sut oedd e wedi bod yn teimlo ers ymddeol. Dywedodd e fod colli strwythur yr Eglwys wedi bod yn ergyd fawr iddo ac (ro'n i'n iawn) roedd ofn y gwacter arno fe. Roedd y gwaith yn y carchar a'r holl bwyllgorau yn ymgais i ffeindio rhyw bwrpas yn ei fywyd. Ei fod ar goll braidd nawr a ddim yn siŵr beth i'w wneud nesa. Dywedodd e fod trafod hyn gyda Jens a Kalju wedi bod yn help – y ddau ohonyn nhw wedi ymddeol hefyd, ond yn ffeindio'r newid mawr yn rhwyddach na Ger. Y ddau wedi gwneud yn siŵr fod yna strwythur yn eu bywydau – rhywfaint o waith gwirfoddol ond hefyd amser i hamddena a theithio a Ger yn rhyfeddu nad oedden nhw'n teimlo'n euog am hyn o gwbwl. Bues i'n ofalus i beidio â dweud gormod – jyst gadael iddo fe siarad.

Ond ar y diwedd fe wnaeth e gyfaddefiad arall. Dim jyst *mid-life crisis* yw hwn, fel yr oedd Anwen yn awgrymu. Mae Geraint wedi colli ei ffydd.

Anwen

Mwy o gliro. Trio peidio meddwl am neges ddiweddara Nia o Tallinn – swno mor gyffrous a diddorol.

Ro'n i'n falch o weld sgip Del yn cyrraedd, do'dd dim amser i fi genfigennu mwy gan fod gen i gyment o stwff i'w sorto. Diolch i'r nefo'dd fe dda'th Huw draw i helpu fi i dwlu pethe i grombil yr anghenfil. Diawl, o'dd e'n teimlo'n dda i ga'l gwared ar gyment o rybish! Ac yn y prynhawn, ar ôl bore caled, o dwlu (siŵr bo cyhyre teidi 'da fi yn fy mreichie ar ôl yr holl ymarfer corff 'ma) fe ddechreues i restru pethe ar Vinted ac eBay, fel y dangosodd Del i fi. Eto – teimlad da. A chyfle i feddwl am rwbeth mwy positif na'r hyn allai Rhys a finne fod wedi'i neud petai e heb redeg bant gyda chroten hanner ei oed.

Delyth

Pethau'n eitha caled yn y swyddfa bore 'ma gan fod sawl un yn ein gadael ni. Dim sôn am Justin yn unman – pathetig. Yn y pen draw fe drefnais i *canapés* a *prosecco* a galw pawb draw i'r Ystafell Fwrdd ar ddiwedd y dydd i ddiolch i'r rhai oedd yn mynd. Fawr o beth mewn gwirionedd ond o leia ro'n i'n medru cynnig geirda a dangos fy nghefnogaeth. Bu'n rhaid i fi ddweud gair, oedd yn anodd. Doedd neb oedd yn gadael heddiw eisiau mynd. Ac roedd pawb yn gwybod hynny. Fe ddywedais i rywbeth eitha cyffredinol am werth eu gwasanaeth i'r cwmni a dymuno'n dda iddynt wrth ddechrau eu 'penodau newydd', ystrydeb dw i'n gwybod, ond rhyw fath o gysur, am wn i.

Roedd y rhai ifanc yn iawn – dau wedi cael gwaith arall yn barod. Y rhai hŷn ddim cystal. A finne'n poeni braidd taw fi fydd nesa.

Nia

Ry'n ni'n dal i deithio ac mae Ger yn ymddangos yn hapusach ers iddo rannu ei ofidiau. Buon ni'n ei drafod eto ar y trên i Berlin. Dyw e ddim yn siŵr beth fydd y cam nesa. Dywedodd Ger, 'Dw i'n meddwl bod ishe i fi ailfeddwl pethe. Ffeindio ffordd newydd o fyw.'

Ro'n i'n ofni am funud ei fod e'n awgrymu ein bod ni'n gwahanu (sôn am paranoid) ac fe ddywedais i'n betrusgar, 'Ai fi yw'r broblem, Ger? Ti'n dal i fod yn hapus i fod yn briod gyda fi?'

Ges i gwtsh yn syth, diolch byth, ac esboniodd e taw nid fi oedd ar fai ond y gwacter ysbrydol oedd yn ei lethu. Ac ar ben hynny, fe gyfaddefodd e mod i'n hollol iawn am yr effaith mae gweithio yn y carchar wedi bod yn ei gael ar ei ysbryd.

'Ti'n gweld, Nia, o'n i'n meddwl y byddwn i'n iawn yn gwasanaethu yn y carchar. Ond fe ges i sioc. Welais i gymaint o dristwch ac anobaith yno. A doedd dim sôn am Dduw yn unman.'

Awgrymes i ei fod e'n cysylltu gyda'r Esgob pan awn ni adre. Gweld pa gyngor y gall e roi. Alla i ddim credu taw Ger yw'r ficer cynta i amau ei ffydd ar ôl ymddeol. Roedd Ger yn meddwl bod hyn yn syniad da – ond dw i'n gwybod y bydd rhaid i fi ei wthio i wneud hyn. Dw i jyst yn gobeithio bydd e'n parhau i siarad yn agored am ei deimladau – dyw e ddim wedi bod yn un da am wneud hyn yn y gorffennol. Yn dueddol o ddweud taw pwy bynnag oedd yn dioddef ac yn chwilio cymorth ganddo oedd bwysicaf, heb ystyried ei hun o gwbwl. Ac roedd hyn yn iawn, mae'n amlwg, pan oedd gan Ger strwythur a chefnogaeth yr Eglwys yn gefn. Ond mae colli'r rhain wedi bod yn ergyd iddo, ac yn un dyw e ddim wedi ei ddeall yn iawn chwaith.

Wedi i ni gyrraedd Berlin, dywedodd Ger ei fod am anghofio am ei ddiflastod am dipyn a'i fod wedi cael digon ar fod mor hunanol. Felly wedi i ni gyrraedd y gwesty fe benderfynais i wneud ymdrech i godi ei galon – ffeindiais i le da i gael cinio (roedd yna ddigon o argymhellion ar y we) a threfnu trip ar fws o amgylch y ddinas. Roedd yn beth cyffrous cael teithio drwy ardaloedd a oedd tu ôl i'r llen haearn pan oeddwn i'n blentyn, ac roedd gweld olion y wal fawr yn ysgytwol. Mae'n ddinas hardd, yn enwedig y darn oedd yn y dwyrain sy'n llawn pensaernïaeth fawreddog. Mae'n deimlad braidd yn anesmwyth cyfaddef ei fod yn bertach na'r ardal orllewinol sydd heb yr un urddas rhywsut.

Yn y prynhawn fe deithion ni ar y trams sy'n britho'r dwyrain, lawr at ddarn mawr o'r hen wal reit at bwys yr afon, sydd bellach wedi ei gorchuddio â lluniau dychanol a graffiti o bob math. Eto, yn brofiad eitha ysgytwol. Does dim llawer o sôn am yr Ail Ryfel Byd yn y ddinas erbyn hyn. Hanes y wal sy'n fwyaf amlwg ac eithriad yw'r gofeb dorcalonnus i'r Iddewon.

Yn y nos buon ni'n bwyta *bratwurst* ac yn yfed cwrw ac fe gafodd Ger ymarfer ei Almaeneg. Ac ro'n i'n ei weld e dipyn yn hapusach erbyn diwedd y dydd.

Anwen

Ebrill wedi gorffen a'r haf ar y ffordd o'r diwedd. Ydw i'n teimlo damed yn ysgafnach? Wel, ma rhywun wedi rhoi cynnig ar y tŷ.

Nia

Ar ein ffordd i Lille i ddal yr Eurostar ac mae Ger fel tase fe'n benderfynol o drafod popeth ond ei broblemau. Yn sôn am y gwyliau nesa yn barod – wedi cael blas aruthrol ar y siwrne medde fe. Sy'n beth da, wrth gwrs – dw i'n falch iawn i feddwl y bydd mwy o dripiau i ddod. Mi ydw innau wedi mwynhau bod mewn bybl bach o deithio, heb orfod gwneud unrhyw benderfyniadau mawr. A meddwl yn rhy galed am ddim. Ond pan gyrhaeddwn ni adre bydd rhaid i Ger a fi drafod ei ofn a'i iselder. Ac mae'r ffaith ei fod yn dal i sôn am lanw pob dydd yn ymchwilio ein taith nesa yn awgrymu bod Ger yn gwybod hynny hefyd.

Anwen

Gwerthu'r tŷ

Nia

Mynnu bod Ger yn ffono'r Esgob

Delyth

Darllen *Why You Matter to You – A Manual for Loving Yourself*

Anwen

Wrth gliro fe ffeindies i'r hen ffôn 'na eto a'i ddodi fe ar *charge* – ma fe wastod yn dda ca'l ffôn sbar. Do'dd dim ishe i fi fynd i siop *dodgy* i'w ddatgloi e wedi'r cyfan achos dries i ddyddiade'r Grand Slam diwetha ac fe withon nhw'n syth! *Honestly*, ma Rhys mor blydi *predictable*.

Ond un peth rhyfedd. Ma sawl galwad oddi wrth rif dw i ddim yn ei nabod. Dim neges. Od. Falle dria i ffono'r rhif i weld pwy sy 'na. O feddwl, fe ddechreuodd Rhys ddefnyddio rhif ffôn newydd ar ôl y busnes hacio 'na – meddwl iddo weud wrth bawb ei fod e wedi newid ei rif bryd hynny. Ac o'n i'n meddwl bod y cownt yma wedi cau. Ond ma'n amlwg bod Rhys wedi anghofio. Ma fe siŵr o fod yn dal i dalu'r bil! Ha!!

Delyth

Mae siarad gydag Andy wedi bod yn eitha help. Dim ond chwech sesiwn gawson ni ond roedd e'n dda iawn am gynnig persbectif. Dywedodd e, 'you've done most of the work, Delyth', ac awgrymu ei fod e'n bryd i fi gyfeirio fy egni at y byd tu fas, mwynhau fy hun a ffocysu ar yr hyn y galla i wneud yn hytrach na meddwl am fy methiannau. Dywedodd e, 'Now is the time for you to look outwards with curiosity and compassion for yourself.'

Geiriau hyfryd. Ond anodd i'w dilyn.

Anwen

Pan ddes i 'nôl o'r caffi fe benderfynes i alw'r rhif dierth ar ffôn Rhys. Bues i bron â chael harten pan atebodd menyw ag acen Americanaidd. 'Hi,' medde hi, 'are you calling on Reece

Jones's phone?' 'Yes,' medde fi. 'Who is this please?' Seibiant. O'n i'n gallu ei chlywed hi'n anadlu'n drwm.

'Who is this?' wedes i eto.

'I have been trying to reach him as I have some news for Reece,' medde hi.

Wedes i, 'Well who are you exactly?'

Seibiant hir.

'His daughter.'

Delyth

Hoffwn i gynnig talu i Anwen gael sesiynau gydag Andy, ond dw i ddim yn meddwl y byddai hi'n fodlon. Fe allwn i awgrymu ei bod hi'n cael sesiynau am ddim gyda Relate falle – maen nhw'n trafod pob math o broblemau, yn cynnwys tor priodas, wrth gwrs.

Nia

Ry'n ni 'nôl! Llond ces o olch a phost i'w sortio. Nodyn hyfryd oddi wrth y Rabbi gwrddodd Ger wrth wasanaethu yn y carchar. Wedi awgrymu eu bod yn cwrdd i gael cinio. Ger yn eitha brwdfrydig am hyn. Falle y gall y Rabbi (Simon yw ei enw, dw i'n meddwl) godi calon Ger.

Ar y trên 'nôl o Lundain buodd e'n trafod y gwyliau nesa eto. Yn awgrymu treulio amser yn adeiladu muriau carreg yn ardal y Peaks. Fe ddangosodd e'r hybyseb i fi ar y ffôn. Ry'ch chi'n gweithio am rai oriau bob dydd ac yn cyd-swpera – ac yn aros mewn *gastro pub* yn Bakewell. Mae'n swnio fel gwaith caled. Ond mae Ger mor frwdfrydig ac o leia bydden ni gyda'n gilydd. Mae 'na gyfleoedd i gerdded hefyd, yn ôl Ger. Dim ond bod 'na wydred o Merlot ar ddiwedd y dydd fe fydda i'n iawn.

Dw i ddim am wthio'r busnes cysylltu gyda'r Esgob eto – am i Ger wneud pan fydd e'n barod. Ond yn gobeithio na fydd hynny'n rhy bell i ffwrdd. Poeni bod Ger wedi mynd yn ôl i'w gragen ac am anwybyddu'r creisis. Mae'n gymaint rhwyddach gwneud hynny wrth gwrs, pwy all feio fe?

Delyth

Wel! Ym mrecwast y clwb busnes bore 'ma gwrddes i â rhywun braidd yn atyniadol. Glyndwr Watkins yw ei enw. Dyn busnes o Abertawe. Ro'n i wedi ordro paned o de gwyrdd pan eisteddodd Glyndwr lawr drws nesa i fi a chyflwyno'i hunan. Yn siarad Cymraeg yn iawn ac wedi clywed amdana i gan Catrin (chwarae teg iddi am unwaith), ac am ddweud helô. Fe ddechreuon ni sgwrsio ac, er mawr syndod i fi, fe lifodd pethau. Mae e'n canu gyda chôr meibion yng Nghaerdydd, yn berchen ar fwthyn bach yn Sir Benfro a newydd brynu cwch sydd yn y marina yn Abertawe. Ofynnodd e am fy rhif ffôn!

Anwen

Wedi i fi gael fy anal i 'nôl wedes i, 'What are you talking about? What do you mean, his daughter?'

'I need to speak to Reece,' mynte hi eto.

'Well, I'm afraid you can't,' wedes i.

'Why not?'

'Because he left me for another woman nine months ago,' medde fi.

Seibiant.

'Oh my god, I'm so sorry,' medde hi.

Wedes i, 'I'm sorry, but who are you?'

Seibiant arall yna da'th yr ateb eto.
'My name is Anna. I think... Reece is my Dad.'

Delyth

Gobeithio y gwnaiff e ffonio. Roedd e'n eitha hardd, gwallt trwchus wedi britho, llygaid gwyrdd trawiadol a siwt wedi ei thorri'n dda. Roedd e'n rhwydd i siarad ag e hefyd. Byddai cael tamaid o hwyl gydag e mor braf. Ond yn ormod i'w ddisgwyl rhywsut gyda fy record i.

Mae gwaith mor anodd ar hyn o bryd, ond diolch byth fod Sally o HR wedi fy nghefnogi ac yn mynnu taw Justin oedd yn gwneud y sacio. Mae'r cwmni wedi colli sawl cyfreithiwr ifanc ac mae dau o'r partneriaid wedi gorfod ymddeol yn gynnar. Teimlo'n well mod i wedi cael y cyfle i ddweud diolch wrthyn nhw fis diwethaf. Ac fel o'n i'n ofni mae Head Office am i ni chwilio am swyddfeydd rhatach. Ond ar nodyn mwy positif (chwedl James) mae un swyddfa sy'n cael ei hystyried yn y Bae a byddai hynny braidd yn hyfryd. Tamaid yn bell o ganol y ddinas efallai ond dyna beth yw pwynt ein cownt Uber!

Anwen

Do'n i jyst ddim yn gwbod beth i'w weud. *I mean like WTF*, ys dywedai Angharad. A'th hi mla'n â'r stori.

'My Mom, Alicia that is, met Reece on a Summer School in 1980. They got... together, and I was born in 1981. But she never told him, she went back to the US and got married, had me, raised me with my stepdad. Put his name on my birth certificate.'

'But that's over 40 years ago, why are you getting in touch now?'

'Mom only told me the truth last year before she died. She wanted me to know because her husband had recently died and couldn't be hurt by the news any more. It's taken me this long to find Reece.'

O'n i'm yn gwbod beth i'w weud. O'dd hyn wedi digwydd yr haf cyn i fi gwrdd â Rhys ac o'dd e'n amlwg nad o'dd e'n gwybod dim amdano. Ac eniwe, shwd ddiawl o'dd hi mor siŵr? Fe ofynnes iddi, 'How do you know he's your dad?'

'Well, I look nothing like the man my mother married. And she showed me a photo of Reece. I look just like him.'

'He never mentioned it to me. We got together in 1981.'

'I suppose he didn't think it was significant. My Mom never told him. It was a one night stand, a last fling before she got married.'

'I see.'

'Look, I'm coming to the UK next month. I'm hoping to meet Reece. Do you think he'd be happy to see me?'

'Well... I don't know.'

'I just need... closure, I suppose. It's such a shock finding that my dad wasn't... my dad.'

'Yes... I can understand that.'

'Where does he live?'

'Still in Cardiff,' medde fi. 'He isn't rich, you know. And, well, he's got twins with this other woman.'

'Oh, God. It's all so complicated... Sorry, do you mind me asking if you and him have kids?'

'Well, yes we do – two daughters and a son.'

'They're my half siblings, I suppose.'

'Yes, well, I suppose... if...'

'If I'm telling the truth? I really am. And if Reece was

willing, we could do a DNA test. Would... you be willing to meet me? And your kids?'

'I really don't think...'

'It would mean so much to me. I just need to know... who I am.'

Felly, fe gytunes i i gwrdd â hi. Yn John Lewis. Yn y caffi. Ddwedodd hi y bydda i'n ei nabod hi yn syth.

Delyth

Teg yw dweud bod newyddion Anwen wedi ein llorio ni i gyd bore 'ma! Roedd Anwen yn edrych yn hollol *shell-shocked*. A dyw hi ddim wedi dweud wrth y plant eto.

Ac o, am hyfryd – wedi i fi gyrraedd y swyddfa fe ffoniodd Glyndwr. Cynnig swper ym Mro Morgannwg nos yfory!

Nia

Wel, Anwen, druan. Rhys a'r affêr a nawr mae'r Anna 'ma wedi dod o rywle. Plentyn arall i Rhys. Wel, nid plentyn mohoni bellach, mae hi dros ddeugain ac yn ddoctor. Yn byw yn yr Unol Daleithiau.

Delyth

Fe gytunais i! Mynd i brynu ffrog newydd amser cinio.

Nia

Dyw hi ddim yn gwybod sut y bydd Huw, Angharad a Llio'n teimlo.

Delyth

Bues i'n siarad gyda Glyndwr am y peth dros swper heno. Peth braf oedd cael fy nghasglu mewn car crand a mynd allan i'r wlad i fwyta. Roedd popeth yn ei glas heno – y ddraenen wen fel ewyn hufennog yn taenu'r llwyni wrth i ni wibio heibio. A Glyndwr yn sôn wrtha i am ei wythnos – trip busnes i Lundain, cyfarfod bwrdd yn Aberystwyth a thwrnament golff yn y Celtic Manor.

Dyw Glyndwr ddim yn meddwl y dylai Anwen ymyrryd â sefyllfa Anna. Busnes Rhys yw sortio hyn.

Nia

Mae Anwen yn bwriadu cwrdd â'r Anna yma mewn caffi yng Nghaerdydd. Methu penderfynu os ydy hi'n gwneud y peth iawn. Dyw Ger ddim yn siŵr chwaith. Mae e wedi gweld gymaint o anhapusrwydd teuluol dros y blynyddoedd – yn enwedig os oes 'na arian rhywle yn y pictiwr. Ac mae Del yn dal i ofni ei fod yn rhyw fath o sgam.

Delyth

Meddwl bod Anwen yn hollol boncers. Sgam yw hwn siŵr o fod. Ac fe fydd hi'n sylweddoli hynny pan gwrddith hi â'r ferch 'ma. A busnes Rhys yw e mewn gwirionedd. Ddim yn meddwl y dylai hi gwrdd ag Anna hebddo fe.

Mae Glyndwr wedi awgrymu noson yn yr opera wythnos nesa. Dw i ddim wedi dweud wrth y merched amdano fe eto – dw i ddim yn siŵr os bydden nhw'n ei hoffi e, wel, ei wleidyddiaeth, beth bynnag. Dyw e ddim yn hiliol, wrth gwrs, ond mae e'n meddwl y byddai Reform yn gwneud byd o les i Gymru. Dw i ddim yn berson gwleidyddol, felly, dyw e ddim yn fy mhoeni i, ond alla i ddychmygu beth fydde Anwen yn dweud pe bai hi'n clywed hynny. Byddai Nia'n iawn, ond Anwen...?

Na. Dw i ddim yn meddwl y byddai hi'n deall, rhywsut.

Nia

Es i draw i'r ganolfan ffoaduriaid heddiw. Ro'n i'n meddwl am Anwen wrth i fi bilo tatws bore 'ma (gwneud *latkes* gydag Olena o'r Wcráin). Beth mae hi'n ei obeithio fydd yn digwydd yn y cyfarfod 'ma gydag Anna, ys gwn i? Eisiau bod yn siŵr mae hi, am wn i, cyn dweud wrth y plant. Ond mae hi wedi bod mor ddewr ac mi o'n i'n gweld yr iselder yn dechrau codi. Dw i ddim ishe iddi gymeryd cam yn ôl.

Alla i weld wrth feddwl am brofiad Ger, mor rhwydd mae iselder yn gafael yn rhywun, a pha mor anodd yw siarad am y peth hefyd. Mae e'n bendant yn osgoi gwneud hynny. Yn canolbwyntio ar bopeth heblaw delio â'i broblemau. Dim sôn eto am gysylltu gyda'r Esgob. Falle y bydd ein trip nesa'n gyfle i fi godi hyn eto. Diolch byth, roedd y cwrs adeiladu muriau yn y Peaks yn llawn (!) felly mae Geraint wedi bwcio penwythnos yn cerdded ym Mannau Brycheiniog yn lle hynny. Byddwn ni'n aros mewn *yurt*.

Delyth

Gwers golff gyda Glyndwr – yn ôl bob sôn mae gen i swing ardderchog! Teimlo'n eitha cartrefol ar y *19th hole* – sawl un yr oeddwn i'n adnabod yno. Ac roedd Marged Melangell yn edrych yn eitha cefigennus o 'ngweld i gyda Glyndwr.

Mae golff yn fwy o hwyl nag oeddwn i'n ei feddwl. Braf bod allan yn y wlad – a bydd rhaid i fi gael dillad mwy pwrpasol. Mae 'na siop yn y clwb yn gwerthu rhai ond fe wna i edrych ar y we hefyd. Am fod yn *chic* os yn bosib, er nad yw'r lliwiau na'r patrymau yn apelgar iawn. Ond dw i'n siŵr bydd modd ffeindio dillad golff sydd hefyd yn chwaethus.

Anwen

Ma Nia a Del yn meddwl bo fi'n hollol boncers yn cytuno i gwrdd ag Anna. Ond alla i ddim caniatáu iddi siarad 'da'r plant heb i mi gwrdd â hi gynta. Dyw hi ddim wedi cysylltu â Rhys eto. Geith e sioc ofnadwy. O leia galla i checio rhywfaint ar ei stori hi cyn iddi dynnu Rhys, ac yn fwy pwysig, y plant i hyn i gyd. Ac ry'n ni'n cwrdd mewn lle cyhoeddus, felly bydd e'n gwbwl saff.

Ac ma fe'n rhwbeth newydd i feddwl amdano, yn hytrach na'r cylch diddiwedd yma o euogrwydd a galar. Wedi ca'l digon ar fi fy hun, y *divorcee* diflas. Yr unig beth arall sydd gyda fi yn fy mywyd yw symud tŷ. O leia roedd cynnig y pâr ifanc welodd y tŷ fis diwetha yn un da. Ac ma'n nhw am fwrw mla'n gyda'r *survey*. Sy'n golygu bod amser yn gwasgu os dw i'n mynd i ffeindio rhwle teidi i fyw.

Nia

Wel, does dim tŷ bach mewn *yurt*! Roedd rhaid crwydro i gwt bach ar ochr arall y gwersyll ganol nos. Neb o gwmpas (diolch byth, a finne mewn gŵn nos, welis a *fleece*), heblaw am garw bach edrychodd yn syn arna i wrth i fi droedio heibio. Edrychon ni i fyw llygaid ein gilydd am rai eiliadau cyn i ryw sŵn ei ddychryn. Diflannodd yn dawel i'r nos – er, roedd hi wedi dechrau gwawrio'n barod, felly, fe allen i ei weld yn mynd yn eitha pell ar draws y cae drws nesa. Roedd hi'n hynod o swynol yno. 'Mond sŵn y gwynt yn siffrwd dail yn y coed. Hyfryd.

Delyth

Wedio ffeindio dillad golffio eitha derbyniol – *beige* a gwyn yn hytrach na'r patrymau llachar 'na oedd ar gael yn siop y clwb. Glyndwr yn fy nghanmol pan agorais y drws iddo.

Awyrgylch hyfryd allan ar y *green* – yr haul yn gwenu ar y twyni ac awel fach yn ein cadw ni'n eitha cyfforddus hefyd. Mae Glyndwr yn dweud mod i'n 'natural', ac yn wir, dw i'n ffeindio hi'n eitha rhwydd taro'r bêl ac yn mwynhau dilyn ei thrywydd tuag at y twll terfynol.

Mae'r cinio yn y clwb bob amser yn hyfryd – digon o ddewis i fi a safon y bwyd yn uchel. Ro'n i'n meddwl bore 'ma gymaint y byddwn i wedi gallu manteisio ar y diddordeb hyn pan o'n i'n ifanc ac yn gorfod cydweithio ag Arfon a Syr David. Mae hi mor rhwydd cysylltu â phob math o bobol bwysig yno – y lle'n llawn barnwyr, uwch bartneriaid a phobol busnes.

Ond dyna ni. Fel y soniodd Andy – edrych ar yr hyn dw i'n medru ei gyflawni sy'n bwysig, yn hytrach na phoeni am orffennol na ellir ei newid. Ac mae'n rhwydd gwneud hynny gyda Glyndwr yn gwmni, ac mewn lle mor braf.

Nia

Ges i gawod a golchi 'ngwallt yn y cytiau drws nesa i'r tai bach. Bach yn *basic* falle, ond do'n i ddim yn meindio – ro'n i'n gallu edrych allan ar y caeau wrth i mi ymolch!

Yna fe gawson ni frecwast yn yr haul tu allan i'r *yurt*, paned a brechdanau cig moch (mae Geraint wedi mynd yn *dab hand* ar ddefnyddio'r stof fach). Wrth fwyta, edrychais i ar fy oriawr – deg o'r gloch. Sylweddolais y byddai Anwen ac Anna wedi cwrdd erbyn hyn.

Anwen

Fe gerddes i mewn i'r caffi. Ac fe weles i hi'n syth, yn eistedd wrth y ffenestr. Yr un sbit â Rhys. Yr un gwallt tywyll a'r llyged mowr glas. Roedd y ddwy ohonon ni'n swil i ddechre – ond do'dd dim amheuaeth.

'Well,' wedes i, 'Rhys was a dark horse, wasn't he?'

Edrychodd Anna'n bryderus a gweud, 'Honestly, Mom swore that Reece had no idea. She was about to get married and didn't want to rock the boat. I was born 8 months after the wedding. She really loved her husband, the man I thought was my dad. So she kept the secret. And it's amazing that she managed to do this, I look nothing like him.'

'Did he suspect, do you think?'

'Well, if he did, he kept it to himself. Treated me like the other kids. He was a great dad. I kind of wish she hadn't told me. Especially now that Reece is... well, complicated. Do you think he'll want to see me?'

O'n i ddim yn gwbod beth i'w weud.

Nia

Aethon ni am dro hir ar y Bannau. Synnais i gymaint o flodau oedd yn y perthi – Meillion, Blodyn Neidr, Llygaid y Dydd a Dant y Llew mor felyn â chanol wy organig. Roedd hi'n hyfryd cerdded ar hyd y gwyrddni a siarad gyda Ger am bopeth a dim byd. Penderfynais i beidio â gofyn gormod am y creisis, gan ei fod yn ymddangos mor hapus, a doeddwn i ddim am sbwylo'r foment. Ond dw i'n poeni ei fod e'n dal i fod yn annaturiol o egnïol – yn dringo'r llethrau'n rhwydd (tra mod i'n hwffian a phwffian ar ei ôl) ac yn cynnig trefnu'r gwyliau nesa cyn i ni orffen yr un yma. Wrth i ni fwyta'n picnic yng nghysgod Draenen Wen (roedd yr haul wedi cynhesu dipyn, erbyn hyn, ac ro'n i'n poeni y byddai fy nhrwyn yn goch cyn diwedd y dydd), awgrymodd Ger, am ein bod yn mwynhau gymaint, y dylen ni ystyried cerdded y llwybr i Santiago de Compostela!

Meddyliais i'n sydyn y gallwn i arwain y sgwrs at drafod ei ffydd, pererindod yw'r llwybr hwnnw wedi'r cyfan. Ond newid y pwnc wnaeth Ger pan ofynnais i os oedd hon am fod yn siwrne ysbrydol, a dechrau trafod pa amser o'r flwyddyn fyddai orau i ni fynd o ran tywydd, ac a ddylen ni fynd ar ben ein hunain neu mewn grŵp.

Mi ddylen ni fod yn trafod ei iselder, ond dw i'n ormod o lwfrgi ar hyn o bryd. Mae popeth yn teimlo'n well ar yr wyneb a dw i ddim am gorddi'r dyfroedd.

Delyth

Wedi llwyddo o'r diwedd i wahodd Nia ac Anwen draw i swper – am drio ryseitiau Pixie a, gwell fyth, mae Anwen yn dod draw i helpu. Dw i'n siŵr y caiff hi flas ar goginio pan fydd hi'n gweld mor rhwydd yw paratoi bwydydd da.

Anwen

Chwarae teg i Del o'dd hi wedi mynd i lot o drafferth ac fe fues i'n pilo grawnwin a thorri coese asbaragus iddi. Ond dyw Del ddim yn un am carbs felly o'dd rhaid i Nia a finne stopo am *chips* ar y ffordd adre.

Delyth

Meddwl i'r merched fwynhau. A dw i'n gobeithio falle y gwnaiff Anwen roi tro ar baratoi pryd tebyg i'w hunan adre!

Nia

Am noson hyfryd – er nad oedd cweit digon i'w fwyta, roedd Delyth yn llawen iawn (llawer mwy nag arfer) ac roedd y bwyd yn hynod o flasus. A lot o bethau hyfryd nad oeddwn i wedi eu trio o'r blaen – rhyw fath o *kimchi* gyda garlleg a *dill* a iogwrt gafr gyda stiw llysieuol. Dim reis yn anffodus.

Anwen

Wedi gwahodd Anna draw i swper nos fory. Ma hi 'di penderfynu aros yng Nghaerdydd am ychydig ddyddie a dw i am fod yn hollol siŵr y galla i ymddiried ynddi cyn bo fi'n gweud unrhyw beth wrth y teulu.

Teimlo'n rhyfedd bo fi wedi clywed am y gyfrinach anferth yma cyn Rhys. Sut yn y byd y bydd posib torri'r newyddion i'r plant? A bod yn gwbwl onest, wi ddim yn siŵr beth wedan nhw. Does dim drama fawr mewn gwirionedd. *One night stand* cyn i fi a Rhys gwrdd. Ond dw i ddim yn meddwl y bydd Llio yn hoffi'r newyddion o gwbwl.

Ma fe wedi fy siglo i hefyd. Does dim hawl 'da fi i deimlo'n grac mewn gwirionedd – hen hanes yw hwn cyn bo fi'n nabod Rhys. Ond ma'r plant yn wahanol. Ma Anna'n hanner chwaer iddyn nhw wedi'r cwbwl.

Ffaeles i gysgu eto. Y meddylie'n corddi'n ddi-stop. A phan lwyddes i i gwympo i gwsg arwynebol, ro'dd fy mreuddwydion yn troi o gwmpas Rhys. A 'ma beth sy'n od – y Rhys ifanc o'dd e, fel o'dd e yn Aber. Y *mullet* a'r crys denim *cut-off* 'na. O'dd e'n dwli ar wisgo hwnna achos bod e'n dangos ei freichie, o'dd yn itha cyhyrog pry'ny. Credu ei fod e'n meddwl ei fod yn edrych fel Bono. O'dd e'n dwli ar U2 – yr unig fand Sisneg o'dd e'n lico. Ma'n od beth sy'n gafel yn yr isymwybod, on'd yw e?

Ffonies i Gill ben bore – o'dd hi'n nabod Rhys ymhell cyn fi, Cwrs yr Urdd ac yn y bla'n. Ofynnes i iddi os o'dd hi'n meddwl bod Rhys yn anffyddlon i fi o'r dechre'n deg? Whare teg, o'dd hi'n gysur mawr, gweud bod Rhys yr un peth ers iddi nabod e, bod e ddim yn berson gwahanol cyn iddo fe gwrdd â fi. A bod hi wastod wedi meddwl taw dyn un menyw ar y tro oedd Rhys. Ddim yn whare o gwmpas na brifo teimlade pobol, fel o'dd lot o'r bois eraill yn neud.

Wedodd hi, 'A blydi hel, An, o'dd e siŵr o fod yn gaib. Meddylie di gyment o nosweithie tebyg geson ni yn Panty. Sai'n cofio hanner y bois gysges i 'da nhw. O'dd pethe mor wahanol cyn AIDS, ond o'dd e? O'dd pawb ar y pil a neb yn poeni lot am y peth.'

Sy'n hollol iawn, wrth gwrs. Ond o'dd hi'n deall mod i'n

teimlo'n od. A jyw, os dw i'n gwbwl onest, fi'n genfigennus hefyd. Ei fod e wedi cenhedlu plentyn ar *one night stand*. Meddwl am y nwyd, yr egni o'dd angen i neud hynny. Nawr dw i'n poeni ei fod e'n meddwl am yr Alicia 'ma pan o'n ni'n briod. Ai dyna pam bo dim lot o nwyd yn ein priodas ni? Fe geson ni dri o blant, do. Ond doedd dim tân gwyllt yn y gwely. Ro'n i'n fwy o ffrindie na chariadon. Ac ma meddwl am hynny yn fy neud i'n drist ofnadwy.

Nia

Roedd Anwen yn llawn consýrn yn y caffi bore 'ma – poeni y dylai siarad gyda Rhys cyn i Anna gysylltu ag e, ond mae Del a finne'n gwbwl siŵr na ddylai hi wneud hynny. Ac ry'n ni'n meddwl taw Rhys ddylai ddweud wrth y plant hefyd.

Delyth

Mae Anwen yn rhy garedig o lawer i Rhys. Wedi dweud hynny, bydd e'n wyllt ei bod hi'n gwybod cyn iddo fe glywed.

Anwen

Ma Anna'n mynd i ffono Rhys heddiw. Beth yn y byd wedith e? A beth fydd y ddwyfol Emma yn ei feddwl?

Nia

O, dier. Mae Ger wedi prynu mwy o *lycra*. Ac wedi crybwyll mynd i Santiago di Compostela eto. Reit, o'n i'n meddwl, dyma fy nghyfle i siarad gyda Ger am ei greisis ffydd.

Dywedais i, 'Grêt, Ger, ond falle byddai'n werth cael

sgwrs gyda'r Esgob cyn i ti ystyried gwneud rhywbeth mor fawr â hyn? O ran dy ffydd? Neu ydy pethau'n teimlo'n well ers i ni ddod yn ôl o Sgandinafia?'

Am funud ro'n i'n meddwl ei fod e'n mynd i fy ateb ond, na, fe gododd e'n sydyn a dweud bod ganddo ddosbarth *boxercise* yn y *gym*. A bant ag e ar gefn ei feic, yn ei *lycra* newydd. Erbyn iddo fe ddod adre roedd y foment wedi pasio ac fe gawson ni swper o flaen y teli (risoto gyda ffowlyn a *chorizo*, diolch, Jamie Oliver) yn gwylio rhyw gyfres dditectif newydd ar Netflix.

Delyth

Galwad oddi wrth un o gyn bartneriaid y cwmni – mae e'n anhapus iawn am y ffordd gafodd e ei drin gan Justin. Yn ystyried mynd gydag e i dribiwnlys. Mae ei wraig yn erbyn gwneud hynny – yn awyddus iddyn nhw fynd ar wyliau hir o gwmpas y byd a threulio mwy o amser gyda'r wyrion. Roedd e am wybod beth oedd fy marn i. Dywedais wrtho mod i'n meddwl bod ei wraig yn iawn ac y dylai e fwynhau ei fywyd yn hytrach na mynd i'r gyfraith. Does neb yn elwa o hynny. A dw i'n siarad fel cyfreithwraig.

Pe bawn ni wedi cael y sgwrs yma rai misoedd yn ôl byddwn i wedi rhoi ateb hollol wahanol, am wn i. Ond nawr fod Glyndwr yn fy mywyd dw i'n teimlo gymaint mwy bodlon. Mae wedi dechrau sôn am fynd i ffwrdd gyda'n gilydd am benwythnos. Yn amlwg mae am i ni glosio, mynd i'r 'next level', fel yr oedden nhw'n arfer dweud yn *Cosmopolitan*. Sy'n eitha sialens ond un dw i'n barod amdani, dw i'n meddwl.

Ddim mor siŵr mod i'n barod i ddweud wrth y merched eto, serch hynny.

Anwen

Ffonodd Rhys mewn tymer wyllt. Anna.

O'dd e'n siŵr bo fi wedi rhoi ei gyfeiriad iddi, fel ffordd o ddial. 'A blydi hel, An' – o'dd e ddim yn meddwl y gallen i fod mor *petty*! Os do fe, 'te. Roies i lond ceg iddo fe. Atgoffes i fe ei bod hi wedi ffono ei hen ffôn, bo fi jyst yn trio amddiffyn ei blant e rhag mwy o boen. Taw nid fy mai i oedd y ffaith ei fod e wedi bod yn whare o gwmpas gyda mam Anna, na chwaith ei fod e wedi rhedeg bant gydag Emma, a bod ishe iddo fe dyfu lan a derbyn bach o gyfrifoldeb am unwaith.

Diffoddodd e'r ffôn.

Nia

Mae Ger yn gwneud unrhyw beth ond trafod yr hyn sy'n ei boeni. Trafod teithiau myfyrio i Nepal, ymuno â dosbarth Sbaeneg, dechrau cwrs crochenwaith. A heno ddaeth e ddim adre tan un ar ddeg – wedi bod am dro hir a heb sylwi ar yr amser, medde fe.

Dw i ddim yn siŵr beth i'w wneud. Os na wnaiff Ger siarad gyda fi, bydd yn rhaid i fi ffeindio ffordd o'i gymell i siarad gyda rhywun arall.

Anwen

Tua awr yn hwyrach fe dda'th Anna ar y ffôn. Yn ei dagrau.

'Reece was horrible, told me he didn't want to know. I tried to explain that I didn't want anything, just a chance to meet, but he was so angry!'

A'th hi mla'n a mla'n ac o'n i ddim yn gwbod beth i'w weud.

Delyth

Glyndwr yn awgrymu penwythnos i ffwrdd ac yn sydyn iawn dw i'n cael traed oer. Licen i drafod gyda'r merched. Ond dy'n nhw ddim yn gwybod am Glyndwr eto. Efallai gallen i drafod gyda Nia – mae hi mor annwyl. Byddai ddim ots gyda hi am wleidyddiaeth.

Anwen

Ffonodd Rhys eto. Wedi tawelu erbyn hyn.
    Medde fe, 'Wyt ti'n meddwl ei bod hi'n dweud y gwir?'
    Atebes i'n ofalus. O'n i ddim ishe tantrym arall.
    'Odw, Rhys. Wi yn.'
    'Pam?'
    'Ma hi 'run sbit â ti, yn un peth.'
    'Odi ddi?'
    'O, blydi hel – odi, Rhys, creda fi!'
    O'n i ddim yn y mŵd i helpu'r diawl. Ond wedyn fe feddylies i am y plant. A meddwl shwd bydden nhw'n ymateb i'r newyddion 'ma.

Nia

Del am gwrdd am baned heb Anwen. O, dier. Ddim eisiau i'r ddwy gweryla eto. Alla i ddim delio gyda hynny a finne'n poeni gymaint am Ger.

Anwen

Ffonodd Anna eto. Ma Rhys wedi cytuno i'w gweld hi. Fory.

Nia

Wel am newyddion neis. A'r rheswm am y baned? Mae cariad gyda Del! Swnio'n hyfryd ac yn amlwg yn ei gwneud hi'n hapus iawn. Ond mae Del yn poeni y bydd ei wleidyddiaeth yn anodd i Anwen ei dderbyn. Dw i'n meddwl, unwaith bydd Anwen yn gweld mor hapus yw Del y bydd hi'n deall.

Ger wedi dechrau cwrs Hot Yoga.

Delyth

Mae Nia'n meddwl y bydd Anwen yn iawn ac yn derbyn Glyndwr fel y mae e. Wedi'r cyfan, mae ganddi bethau pwysicach i feddwl amdanyn nhw, rhwng Rhys a'r Anna 'ma a symud tŷ. Dal yn nerfus am y peth ond bydd rhaid i fi ddweud rhywbeth – dw i ddim yn hoffi cuddio dim oddi wrth y merched. Ond mae Nia wedi cytuno i ddod am baned i gwrdd â Glyndwr cyn i fi ddweud dim wrth Anwen.

Anwen

Rhys eto. Yn swno'n fwy normal. Bron yn hapus.

'Ocê,' wedodd e, 'mae hi yn debyg i fi. Ac mae hi'n... neis. O'dd e'n *mindblowing* ond yn... dda.'

Wedes i bo fi'n falch eu bod nhw wedi cwrdd a bo fi'n ei hoffi hi hefyd, ond fod Del yn gweud y dyle hi ga'l prawf DNA. O'dd e'n cytuno â hynny.

Y cwestiwn nesa yw shwd ma fe'n mynd i weud wrth y plant.

Nia

Mae Glyndwr yn ddyn hardd, a chwrtais iawn ac yn amlwg yn meddwl y byd o Del. Do'n i ddim yn gwybod cweit beth i'w feddwl. Wnaethon ni ddim trafod gwleidyddiaeth, jyst ei gefndir (o Abertawe) ei ddiddordeb mewn canu corawl a hwylio. Ac roedd yn rhwydd iawn i wneud ag e. Dw i'n mynd i esgus mod i ddim wedi cwrdd ag e cyn Anwen. Ond dw i'n teimlo braidd yn annifyr am y peth.

Dal i bendilio o un pegwn i'r llall am beth i wneud am Ger. Barodd yr ioga ddim yn hir, diolch byth – dywedodd Ger ei fod yn rhy dwym! Wnes i drio peidio â chwerthin pan ddywedodd e hynny. Dim sôn pellach am y bererindod chwaith.

Un peth sydd wedi codi fy nghalon yw ei fod wedi penderfynu ailgysylltu â rhai o'r cyfeillion wnaeth e yn y carchar. A hyn yn sgil y ffaith iddo gael blas arbennig ar ei ginio gyda'r Rabbi. Dywedodd e fod Simon a fe'n rhannu lot o dir cyffredin a'i fod yn eiddgar i 'archwilio agweddau mwy eciwmenaidd'. Mae e felly wedi cysylltu gyda'r Imam, yr Offeiriad Catholig, a hyd yn oed y fenyw baganaidd! Falle taw dyma'i ffordd e o ddelio gyda'r creisis?

Anwen

Wi'n meddwl y byddan nhw'n lico Anna pan ddo'n nhw dros y sioc. Ma hi'n un o'r Americanwyr prin 'na sydd wedi teithio Ewrop a ddim yn hoffi Trump. Ma ganddi blant itha ifanc fydd yn hanner cefndryd i blant Llio, wrth gwrs. Dyw e ddim lan i fi shwd ma Rhys yn gweud wrthyn nhw ond alla i ddim godde meddwl amdano fe'n neud cawdel o bethe chwaith, ac ma Nia a Del, ill dwy, yn meddwl y dylen i fod yna hefyd. A dw i'n meddwl eu bod nhw'n iawn.

Whare teg i Del, o'dd hi'n llawn cyngor, er ei bod hi'n amlwg ishe siarad am y sboner newydd 'ma sydd 'da hi. *Dark horse* arall, myn yffach i. Ers faint ma hwnna wedi bod yn mynd mla'n, ys gwn i?

Delyth

Roedd Anwen yn falch drosta i. Gobeithio bydd hi'n hoffi Glyndwr pan ddaw hi i'w nabod e. Ddim yn meddwl bod Nia wedi sôn wrthi am ei bolitics. Ddim ei fod e'n siarad rhyw lawer amdano ond mae e wedi dweud wrtha i ddwywaith bod angen newid ar Gymru a bod sosialaeth ddim yn gweithio. Dyw hwnna ddim yn fy mhoeni i, meddwl bod lot o wir yn ei safbwynt. Ond mae Anwen yn aelod o Blaid Cymru ac yn meddwl bod Llafur yn 'Doris glas' felly dw i'n meddwl y bydd gagendor rhyngddyn nhw.

Jyst gobeithio y gallwn ni osgoi trafod hyn.

Anwen

Ma Rhys yn cytuno y dylwn i fod yna pan ma fe'n gweud wrth y plant am Anna. Felly pan fydd Huw a Llio yn dod draw am baned brynhawn Sadwrn, tra mae Angharad adre, geith e ollwng y *bombshell* bryd hynny.

Delyth

Y penwythnos gyda Glyndwr wedi cyrraedd. Siwrne i Sir Benfro am swper ac aros y nos mewn gwesty.

Nia

Mae Del wedi mynd i ffwrdd am y penwythnos gyda Glyndwr. Brynodd hi ffrog newydd i'w gwisgo i swper – tri chan punt! Ac esgidiau hefyd am bris tebyg. Wel, mae hi'n haeddu trît bach. Gobeithio y bydd y penwythnos yn mynd yn iawn – mae hi mor sensitif ac yn brifo'n rhwydd.

Ger yn mynd am ginio figan gyda'r fenyw baganaidd – Cowslip yw ei henw hi ac mae gan Ger dipyn o feddwl ohoni. Mae am ddweud wrthi taw Briallen Mair yw ei henw yn Gymraeg. Aeth e am swper gyda Mohammed yr Iman wythnos diwethaf ac wythnos nesa mae e'n mynd i Offeren. Dw i jyst yn gobeithio bydd y chwilio 'ma yn ei helpu.

Delyth

Wel. Cymysg oedd y penwythnos. Trio gwneud sens o bethau wrth gofnodi'r hyn ddigwyddodd.

Fe gasglodd Glyndwr fi ac fe gawson ni daith dda i Ddinbych-y-pysgod. Diolch byth, doedd dim gormod o draffig ac fe alwon ni yn y gerddi botaneg tu fas i Gaerfyrddin ar y ffordd. Blodau a golygfeydd ysgubol a'r ddau ohonon ni'n mwynhau edrych o gwmpas. Ro'n i'n teimlo mor hapus ac wedi ymlacio yn llwyr yn ei gwmni. Y gwesty hefyd yn braf, golygfeydd syfrdanol dros y môr. Un ystafell.

Dywedodd Glyndwr, 'Gobeithio bod hyn yn iawn, Delyth? Alla i gael stafell arall os hoffet ti?' Roedd ieir bach yr haf yn dawnsio yn fy stumog wrth i fi wenu a dweud, na, fod hyn yn iawn.

Fe newidiais i fy nillad newydd i fynd lawr i swper, gan ennyn canmoliaeth wrth Glyndwr am y ffrog a'r sgidiau (Louboutin). Y sgwrs yn llifo wrth i ni fwyta. Mae Glyndwr yn mwynhau canu yn y côr, wedi fy ngwahodd i gyngerdd yn Eglwys Gadeiriol Llandaf cyn bo hir. Neis meddwl ei fod yn edrych ymlaen i ryw fath o ddyfodol gyda'n gilydd. Fe ddangosodd e ddiddordeb yn fy ngwaith a'r symud swyddfa ac, wrth gwrs, ry'n ni'n troi mewn cylchoedd digon tebyg ac yn nabod nifer o'r un bobol. Roedd e'n ddoniol iawn am Marged Melangell – meddwl yn wir ei bod hi wedi ei lygadu e fel gŵr rhif pump (do'n i ddim wedi sylweddoli bod pethe wedi gorffen gyda gŵr rhif pedwar)! Roedd yna ddigon o amrywiaeth ar y fwydlen – bwyd figan hyd yn oed. Ond roedd presenoldeb yr ieir bach yr haf yn meddwl nad oedd gen i ryw lawer o ddiddordeb mewn bwyta.

Aethon ni lan i'r stafell ar ôl swper ac roedd e'n boléit iawn – fe ddefnyddiais i'r baddondy gyntaf, newid i ddillad nos newydd yr o'n i wedi eu prynu'n arbennig – gŵn nos sidan o liw eirin.

Eto dywedodd Glyndwr, 'Wow, ti'n edrych yn *stunning*, Delyth'. Ac fe gusanodd e fi. O'n i ar ben y byd! Roedd popeth yn teimlo'n hollol naturiol ac iawn. Aeth e i newid a defnyddio'r baddondy ac fe es i fewn i'r gwely i'w ddisgwyl. Roedd fy nghalon yn curo'n wallgo, ro'n i mor nerfus.

Ond ar ôl iddo ddod i fewn i'r gwely fe ddiffoddodd e'r golau, rhoi cusan arall i fi a throi drosodd i gysgu!

Ges i gymaint o sioc, am funud neu ddwy ro'n i wedi fy mharlysu. Yna fe ddiffoddais innau fy ngolau gan feddwl efallai y byddai'n troi 'nôl ata i. Ond, na, daeth sŵn chwyrnu ysgafn ganddo bron yn syth. Ac er ei fod yn neis cael corff cynnes drws nesa i fi, ro'n i wedi fy siomi rhywsut. Er nad ydw i erioed wedi mwynhau'r math yna o beth o'r blaen, ro'n i wedi gobeithio y byddai'n wahanol gyda Glyndwr. Y byddwn i yn 'gadael fynd', yn cael profiad rhamantus yn llawn... wel, nwyd am wn i. Rhywbeth na ches i gyda Roderick na Stuart. A rhyfedd o beth, roedd y gusan wedi fy nghyffroi ac ro'n i'n dyheu amdano am unwaith. Oedd ddim fel fi o gwbwl. Roedd cwsg yn hir yn dod tra bod Glyndwr yn chwyrnu'n hapus wrth fy ymyl.

A'r bore nesa soniodd e ddim gair am y peth. Gawson ni frecwast ddigon dymunol gyda'n gilydd a thaith i Abergwaun lle fwyton ni ginio braf mewn bwyty â golygfeydd ysblennydd. Eto, llifodd y sgwrs – mae'n amlwg ei fod yn mwynhau fy nghwmni ac ry'n ni'n chwerthin cryn dipyn. Ond beth aeth o'i le yn y gwely?

Anwen

Llio'n uffernol o grac. Am i Anna gael prawf DNA. A'th Huw yn dawel. Ac fe ddechreuodd Angharad lefen. Diolch, Rhys. Diolch yn fawr.

A bod yn deg do'dd y prynhawn ddim cynddrwg ag o'n i wedi'i ofni. O'dd pethe'n anodd iawn i ddechre wrth reswm. Rhys yn trio siarad 'da nhw a'r tri ddim ishe clywed beth o'dd 'dag e i'w weud. Wedodd e fod e mor falch i'w gweld nhw a wedodd Angharad, 'Cut the crap, Dad, gweda beth sy 'da ti i'w ddweud.'

O'dd Rhys yn *useless*. Yn ffaelu ca'l y geirie mas. O'n i'n eistedd ar fy nwylo yn dyheu am ymyrryd. O'n i ishe gweud, 'Gryndwch, fe gafodd eich tad *one night stand* 'nôl yn yr wythdegau ac ma ffrwyth y noson honno wedi dod draw o America i weud "helô".'

Ond allen i ddim.

O'r diwedd dechreuodd e fwmblan, 'Wel, fel hyn mae hi', a 'Wi mor flin am hyn ond, wel... o'dd 'da fi ddim syniad...'

Ac yn araf da'th y cwbwl mas.

Edrychodd y tri arno fe'n syn.

'WTF?' medde Angharad. 'WTF, Dadi!'

A'th Llio'n boncers a dechre gweiddi. 'Ti 'di ffoistio efeilliaid arnon ni'n barod – alla i ddim credu bod plentyn ARALL gyda ti hefyd. Mae e mor *EMBARRASSING*, Dad! Mae'n ddigon o beth dy fod ti wedi rhedeg bant gyda merch hanner dy oedran, ond nawr mae'n rhaid i fi esbonio bod sgerbwd ARALL yn dy gwpwrdd di i deulu James, sy'n bobol barchus a phwysig yng Nghaerdydd!'

O'dd Llio wastod yn bach o *drama queen*.

O'n i'n poeni mwy am Huw – a'th e'n welw reit a wedodd e ddim gair wrth ei dad. Ofynnes i os o'dd e'n ocê, ac fe driodd e wenu a gweud ei fod e'n iawn, ond o'n i'n gallu gweld ei fod wedi'i siglo.

O'dd Rhys yn ei ddagre, yn gweud, 'Wi mor sori, wi mor sori,' drosodd a throsodd.

O'n i wedi ca'l digon.

'Ocê,' wedes i. 'Ma'ch tad wedi neud *fuck up* anferth arall ond, whare teg, o'dd e'n gwbod dim byd am hyn a wi ddim yn credu allwch chi feio fe'n llwyr. Ac ma Anna'n neis iawn, wi'n meddwl byddwch chi'n lico hi. Ma hi'n ddoctor, dyw hi ddim ishe arian na dim byd fel'na, ma hi jyst ishe gwbod pwy yw hi ac o le ma hi'n dod.'

Da'th pregeth arall oddi wrth Llio am brofion DNA. Wedes i bo fi'n meddwl y bydde Anna'n hapus i ga'l prawf. Ai bod hi yng Nghaerdydd nawr ac yn awyddus i gwrdd â nhw. A dylen nhw neud hynny – cyn i Anna fynd 'nôl i'r Unol

Daleithiau. Wedes i y gallen nhw benderfynu wedyn os o'n nhw am ddod i'w nabod hi. Do'n nhw ddim yn hapus iawn am y peth ond o'n nhw'n itha chwilfrydig erbyn hyn, wi'n credu, ac fe gytunon nhw i gwrdd â hi. Felly a'th Rhys i'w ffono hi ac fe wnes i baned i bawb.

A phan gerddodd hi i fewn, o'dd pawb yn gallu gweld yn syth mor debyg o'dd hi i Rhys. O'dd lot o gwtsian a mwy o ddagre. A whare teg, a'th Huw draw ati a gweud, 'Look, I'm sorry, we've all had a bit of a shock, but we can all see straight away, I mean you look more like him than we do!' Sy'n gweud lot am fy *genes* i! *Go, Llambed Girls*!

Yn y pen draw fe agores i botel o win a dodi cwpwl o bitsas yn y ffwrn ac fe wellodd pethe mas draw. Wedodd Anna bod hi mor ddiolchgar am y croeso ond o'dd hi'n meddwl dyle hi neud prawf DNA, o'dd yn neis iawn ohoni. Ac fe geson ni weld llunie o'i phlant hi a fuodd hi a Llio yn clebran am Montessori, gan bod plant Anna mewn ysgol Montessori yn Efrog Newydd, so o'dd hwnna'n ocê.

Rhys gafodd hi waetha mewn gwirionedd. O'dd pawb yn hoffi Anna ac yn gweld dim bai arni hi. Ond sai'n credu bod neb wedi madde i Rhys am Emma a'r efeilliaid eto.

Delyth

'Nôl yn y gwaith. Yn dal i feddwl am y penwythnos. Pam wnaeth Glyndwr ddim cyffwrdd â fi? Oedd e'n bod yn barchus mewn rhyw ffordd? Efallai nad yw e am ruthro i gymhlethu pethau. Ond os felly, pam llogi un ystafell? Dw i jyst ddim yn deall.

Soniais i wrth y merched yn y caffi ddoe ac roedden nhw'n siŵr taw dangos parch tuag ata i oedd Glyndwr. Nia'n dweud ei bod yn meddwl ei fod yn *chivalrous* iawn!

Anwen yn dweud wrtha i am beidio â phoeni – bod dynion yn gallu bod yn nerfus hefyd!

Beth bynnag, mae Anwen yn llawn gofid am y plant (mae Llio'n hollol iawn, wrth gwrs, dylai Anna gael prawf DNA) ac mae Nia'n poeni bod Geraint yn *obsessed* gyda bwcio gwyliau nawr.

Nia

Rhaid cyfaddef (er nad oeddwn i am ddweud hyn wrth Del), mod i'n meddwl fod Glyndwr wedi ymddwyn braidd yn rhyfedd gyda hi – pam llogi un stafell os oedd e ddim am gysgu gyda hi? Doeddwn i ddim am ddweud unrhyw beth i'w phoeni – roedd Del yn edrych yn eitha anhapus am y peth yn barod. Croesi bysedd bydd Glyndwr yn ennill ei hyder cyn bo hir. A dw i mor falch o glywed bod pethau wedi mynd yn weddol gyda'r plant ac Anna. Roedd Anwen mor ddoniol wrth ddweud yr hanes yn y caffi bore 'ma. Meddwl, serch hynny, ei fod yn dipyn o straen arni.

Mae Ger yn mynd i swper Sikh heno – dechreuodd e sgwrsio gyda'r gyrrwr ddaeth â chyrri i ni wythnos diwethaf ac fe wnaeth e wahodd Ger draw i'r ganolfan Sikh leol. Mae e'n ymddangos yn hapusach, er mae'r ymddygiad *hyper* 'ma yn fy mhoeni. Ac mae Ger yn dda am guddio ei deimladau. Dw i jyst yn dymuno ei fod e'n iawn.

Delyth

Dw i ddim yn deall sut mae Anwen yn gallu chwerthin am bethau sy'n amlwg yn achosi poen iddi. *Coping mechanism*, mae'n siŵr. Roedd Andy yn sôn am hynny'n aml. Ond allwn i ddim chwerthin fel'na. Mae'r pethau 'ma'n mynd yn rhy ddwfn.

Yn dal i feddwl am Glyndwr. Ydw i jyst ddim yn ddigon deniadol? Ond mae e bob amser mor barod i 'nghanmol i – ac yn sylwi ar fy nillad, yn dweud mod i'n edrych yn dda. Ac yn barod iawn i ddal fy mraich pan ry'n ni'n cyrraedd y clwb golff (mor falch bod Marged Melangell yn ei weld yn gwneud hynny) ac yn rhuthro i agor drysau i fi ac yn y blaen. Dw i jyst ddim yn deall.

Anwen

Druan o Del – Glyndwr ddim yn lot o Casanova. Gobeithio ffeindith e ei *mojo* cyn bo hir! Ma Del yn haeddu bach o hwyl.

Fe gafodd Anna a finne ddiwrnod hyfryd yn crwydro Caerdydd. Yr Amgueddfa, yr arcêds a'r Farchnad. Anna wedi ei phlesio. Yna fe gerddon ni ar draws y morglawdd a mwynhau'r golygfeydd mas dros y môr. O'dd Caerdydd yn edrych yn itha pert gan ei bod hi'n ddiwrnod braf, heb y glaw mân arferol a'r niwloedd diflas. Ma Anna'n debyg i Rhys mewn sawl ffordd – ma hi'n bwyllog ac yn pwyso a mesur popeth cyn ateb, yn gwmws fel o'dd Rhys yn arfer neud, ac ma hi'n ddoniol hefyd, fel o'dd e'n gallu bod hefyd pan o'dd e ddim mewn *grump*. Fe es i â chwpwl o lunie ohono fe'n ifanc iddi gael eu gweld. Ofynnodd hi os allai hi gadw un ohonyn nhw – Rhys mewn denim o'i gorun i'w sawdl gyda *mullet* a barf!

Da'th hi 'nôl i'r tŷ a bues i'n sôn wrthi am Aber ac am ddyddie Rhys fel rebel gwleidyddol – wrth gwrs, do'dd hi ddim yn gwbod lot am yr iaith Gymraeg a dim o gwbwl am y frwydr dros y Sianel. Ond fe driodd hi ddangos diddordeb

– er iddi wherthin pan welodd hi'r llun o Rhys a finne ar y rali CND fawr yn Llundain! Whare teg, o'dd golwg y diawl arnon ni!

Ro'n ni'n arfer bod mor grac, fi a Rhys. CND, Cymdeithas, Anti-Nazi League. I ble a'th yr holl egni 'na? Rhaid i fi gyfadde, o gofio 'nôl, bo fi'n euog weithie o feirniadu Rhys am boeni am y pethe hyn tra bo fi'n meddwl mwy am fagu teulu. Ac o'n i wastod wedi blino – weithie o'dd cliro'r llestri a bwydo'r plant yn ddigon i'w gyflawni mewn diwrnod. Heb sôn am achub y byd. Ife fi stopodd Rhys? Neu oedden ni'n dau yr un mor ddioglyd?

Beth bynnag, nawr dw i'n meddwl taw pobol fel fi ddyle fod yn protestio – Just Stop Oil, ac yn y bla'n. Ni bobol barchus ddyle fod yn mynd i'r carchar, dim y plant ifanc 'ma sy jyst yn dechre'u bywyde.

Ma treulio amser gydag Anna wedi bod yn neis. Ond o'dd trafod Rhys fel siarad am hen ffrind. Doedden ni ddim yn *soulmates*. Ma'r profiad yma wedi neud i fi weld hynny'n glir. Meddwl falle bod Anna dipyn bach yn siomedig yn ei thad.

Wedodd hi, 'It's been lovely, Anwen, but I've got a lot to process. And Reece... well, that's also a lot to think about, isn't it?'

Wi'n dechre teimlo'n sori dros Rhys. Falle bo 'dag e efeilliaid newydd a phartner ifanc pert, on'd does dim Cymra'g rhyngddo fe a'i blant eraill. Ac o'dd golwg druenus arno fe'n gadel fan hyn. Ac ar ben y cwbwl, wedodd e bod yr efeilliaid ddim yn cysgu. Ei fod e ac Emma wedi blino'n shwps. O'dd 'na amser pan fydden i wedi dwli clywed hyn. Ond nawr, odw, wi'n teimlo'n itha blin drostyn nhw.

Ond a gweud y gwir wi wedi ca'l hen ddigon ar y saga. Licsen i fynd bant i rywle i ddianc oddi wrth yr holl beth.

Nia

Mae Geraint wedi awgrymu ein bod yn mynd i fyfyrio mewn pabell ar ben mynydd yn Ardal y Llynnoedd am y penwythnos. Yn cynnwys bath iâ bob bore! Dw i'n poeni nawr. Mae e mor ddigyfeiriad ac yn gwibio o un peth i'r llall. A dyw e ddim yn barod i siarad am unrhyw beth difrifol, yn newid y pwnc os dw i'n mentro gofyn sut mae e'n teimlo. Ond yr hyn sy'n fy mhoeni i fwyaf yw ei fod e wedi dechrau codi yn y nos, yn methu cysgu. Dyw hyn ddim yn normal i Ger sydd fel arfer yn chwyrnu'n hapus am o leia wyth awr bob nos. Mae'n rhaid i fi wneud rhywbeth.

Mehefin

Anwen

Gwin coch
Cwrw
Sorto Rhys a'r blydi tŷ

Nia

Sgons
Pastis
Sortio Ger a'r Esgob

Delyth

Osgoi bwydydd gwael
Sortio fy mherthynas gyda Glyndwr

Nia

Awgrymodd Anwen ein bod ni'n mynd ar drip bach. Wedi cael ei hysbrydoli gan Ger a finne, medde hi! Ac mae hi wedi cael llond bol ar ddrama fawr yr wythnosau diwetha. Ond dw i'n poeni am adael Ger.

Delyth

Dw i ddim am adael Glyndwr a ninnau newydd ffeindio'n gilydd!

Anwen

Trip cerdded bach yn y wlad. 'Na beth fydde'n neis. Llogi bwthyn yng Nghernyw falle? A hithe'n dal i fod yn dymor ysgol mi ddylen ni fedru ffeindio rhwbeth.

Nia

Hoffwn i fynd, mae meddwl am gerdded ar hyd arfordir Cernyw yn ddeniadol iawn. Mae Ger yn meddwl y dylwn i fynd, er ei fod yn fyr rybudd. Dw i ddim yn siŵr, gan mod i'n dal i boeni amdano fe – dw i'n aml yn ddiweddar wedi deffro yn oriau mân y bore a'i ffeindio fe yn y gadair esmwyth yn darllen, neu lawr yn y gegin yn yfed Horlicks. Dries i siarad gydag e bore 'ma eto. Ddywedodd e ei fod e'n iawn a mod i'n ffysan am ddim byd. A rhuthro mas i wers Tai Chi.

Delyth

Mae Anwen yn dweud ei bod hi'n meddwl y byddai'n beth da i fi ddangos i Glyndwr bod gen i fywyd llawn tu hwnt iddo fe. Efallai ei bod hi'n iawn. Ond dw i ddim am iddo fe ffeindio rhywun arall tra mod i i ffwrdd. Mae e mor hardd a deniadol, dw i'n siŵr fod sawl un o fenywod y clwb golff ar ei ôl e.

Anwen

Wedi ffeindio bwthyn neis, sy'n rhad, os y'n ni'n fo'lon mynd yno ddydd Sadwrn – sef y diwrnod ar ôl fory!

Nia

Ar ôl dioddef noson arall heb gwsg gan fod Ger wedi codi o'r gwely sawl gwaith, ges i grych ymenyddol. Edrychais i ar wefan yr Eglwys i weld os oes yna adnoddau cwnsela i rai sydd wedi ymddeol. Ac oes. Mae 'na rif i'w ffonio.

Delyth

Diolch byth. Fel mae'n digwydd mae Glyndwr i ffwrdd am ddau ddiwrnod wythnos nesa felly mae'n dod i daro'n deg. Ac mi ddylai fod yn braf (ac yn dawel) yng Nghernyw ym mis Mehefin cyn i'r ysgolion gau. Felly alla i fynd heb boeni'n ormodol. Wel, yn fwy nag arfer beth bynnag.

Nia

Pacio ar gyfer fory. Mae Ger yn bendant bod yn rhaid i fi fynd. Ond dw i wedi cytuno ar un amod – ei fod yn ffonio'r rhif cwnsela tra mod i yng Nghernyw. Fe roies i *ultimatum* iddo fe bore 'ma am dri o'r gloch. Yn un peth, ry'n ni'n dau wedi blino'n lân ar ôl yr holl nosweithiau toredig yma. Ac o'r diwedd fe gytunodd Ger i ffonio'r rhif 'pan fydd e'n teimlo'n barod'. Ofynnes i pryd fyddai hynny ac fe gytunodd y byddai fe wedi gwneud erbyn i fi ddod yn ôl o Gernyw. Do'n i ddim yn teimlo gallen i wneud mwy o wthio, a dw i ddim yn siŵr am hyn o gwbwl, ond mae Ger yn dweud bod yn rhaid i fi fanteisio ar y cyfle i fod gyda fy ffrindiau. Ac mae e wedi addo, wedi'r cyfan.

Mae'r tywydd yn edrych yn gyfnewidiol iawn – wedi bod yn edrych ar wefan y BBC. Glaw a haul, ond ddim yn rhy oer. Bydd ein cotiau Sgandinafaidd yn rhy gynnes ond mae gen i hen anorac ysgafn sy'n cadw'r dŵr mas a *fleece* pinc fydd yn gweithio'n dda os oes angen cadw'n gynnes. Bydd y bag cefn bach brynais i i gerdded ar y gwyliau ym mis Ebrill yn berffaith – lle i gadw potel ddŵr, het, eli haul, llyfr, tisiws a phlasters Compeed rhag ofn i mi gael pothelli. A losin – *humbugs* sydd orau am ryw *boost* bach. Ond ddim yn meddwl y bydd Delyth yn eu mwynhau. Plisgyn coed a siafins glaswellt iddi hi – er, mae hi'n edrych gymaint yn well ers stopio'r *clean eating* dwl 'na. Falle gallwn ni ei pherswadio hi i fwyta sgonsen tra byddwn ni yng Nghernyw.

Am ffonio Ger bob dydd tra byddwn ni i ffwrdd.

Delyth

Reit. Dillad wedi eu pacio – cot law a sgidiau ysgafn Gore-Tex, het i guddio rhag yr haul, haenau o siwmperi a chrysau T i'w gwisgo a'u diosg, yn ôl yr angen. *Capsule wardrobe*.

Anwen

O'n i mor hwyr yn pacio neithiwr – dwles i beil o stwff mewn i'r unig gês o'dd 'da fi o'dd ddim wedi torri. A nawr ni yma!! Dyw'r bwthyn ddim cweit mor smart ag o'dd y llunie'n awgrymu ond ma'n ddigon cyfforddus. Stafell yr un (*en suite*, diolch byth, dw i 'di mynd yn rhy hen i rannu tŷ bach gydag unrhyw un) a golygfeydd bendigedig. Ysgwn i os gallwn ni dreulio wythnos yma heb ladd ein gilydd?

Ma Del wedi dod â bocs yn llawn *supplements* a photeli o *probiotics*, dw i 'di dod â gwin gwyn a photel o *fizz*, ac ma cês Nia'n llawr llyfrau. Dyna ni'n tair mewn *nutshell*.

Nia

Jyw oedd y wlad yn bert wrth i ni wibio heibio yng nghar Delyth. Seddi cyfforddus ac *air-con* – bach yn wahanol i'r bwced rhydlyd mae Ger a fi'n gyrru.

Mae teithio at y bont yn gwneud i fi gofio am ein siwrne flynyddol i Symonds Yat yn Sir Fynwy i weld yr olygfa ryfeddol yn y dyffryn islaw – yr afon Gwy yn fwa gosgeiddig a'r coedwigoedd o'n cwmpas yn ffrwydrad o liw – yn goch, oren a melyn, gan taw ym mis hydref oedden ni'n arfer mynd. Yna paned a sgonsen yn Tintern a gweddi fach gan Dad yn yr Abaty. O'dd e wastod yn manteisio ar bob cyfle i weddïo – yn hoffi 'talu deposit bach ym manc Duw'. Chwarae teg iddo fe. Wi'n gweld ishe fe a Mam yn fwy nawr wrth heneiddio.

Wi'n dal i deimlo'n gyffrous wrth groesi'r Hafren. Dy'n ni ddim yn dueddol o ddefnyddio'r hen bont nawr, er taw honna sydd berta, a mwya rhamantus. Ro'n ni byth a hefyd yn croesi honno pan o'n ni'n blant – tripie i Fryste i weld chwaer fy nhad. Ac o'dd Dadi wastod yn dweud 'jobyn diflas' ar ôl talu'r ddeuswllt a chwech i groesi, o weld y trueiniaid yn eu bocsys bach ar y bont. A phawb yn chwerthin bob tro. Ddim yn gwybod pam. Un o'r pethau teuluol dwl 'na does neb arall yn ei ddeall.

O'n i'n dwli hefyd ar fynd i'r hen Aust Services, cofio lot o goncrit a ffenestri anferth. O'dd e'n teimlo mor fodern – ro'n ni'n galw yno ar bob trip ysgol i Fryste neu Lundain. Y plant yn heidio lan llofft i brynu losin ac edrych allan dros y bont. Roedd yr olygfa mor ddramatig. Swyddfeydd yw'r adeilad yna nawr, yn ôl bob sôn. 'Na beth yw gwastraff. Ys gwn i os ydy'r gweithwyr yn treulio oriau'n syllu mas o'r ffenestri mawrion? Neu ydyn nhw'n gaeth i'w *spreadsheets* a'u ffigurau blynyddol, yn eu siwtiau tywyll, parchus? Oes 'na unrhyw un yno yn sylwi ar y machlud?

'Na ni eto – fi a 'nychymyg. Roedd yr athrawon yn yr ysgol yn dweud mod i'n rhy freuddwydiol. A nawr, ar ôl blynyddoedd o lafurio yng ngwinllan yr Eglwys, mae e wedi dod yn ôl. Yr oriau o hamdden yn agor yr hen ddrws. Ddylwn i wneud rhywbeth ag e falle – ydy cadw dyddiadur yn ddigon o beth? Neu ddylwn i drio sgrifennu ffuglen? Falle. Ond dw i ddim yn dda am wthio fy hun i wneud pethau newydd. Falle gall Ger a fi wneud rhywbeth creadigol gyda'n gilydd? Roedd e'n eitha llawen wrth i fi lwytho 'mag i gar Del bore 'ma. Ges i gusan a chwtsh ac roedd e'n swnio'n iawn pan ffonies i fe jyst nawr. Dywedodd e fod e wedi ordro cyrri ac am wylio *The Godfather* heno. Yn meddwl ffonio'r rhif cwnsela fory. A'i fod e'n gweld ishe fi'n barod. Ro'n i bron â chrio pan ddywedodd e hynny. Mae mor rhyfedd bod ar wyliau hebddo fe.

Beth bynnag, ry'n ni yma yng Nghernyw a rhaid i fi drio

bod yn bositif. Dw i 'di dod â thipyn o lyfrau (hen ffefrynnau a rhai newydd – Pym, Angharad Price a nofel ddiweddara Bethan Gwanas) fydd yn help. A dw i am wneud lot o gerdded a bwyta pastis a sgons. Methu cofio os ydyn nhw'n taenu'r jam gynta yng Nghernyw. O, wel, fe fydd rhywun yn siŵr o ddweud wrtha i...

Delyth

Roedd y siwrne'n well na'r disgwyl, dim gormod o draffig ar yr M5 er ei bod hi'n ddydd Sadwrn – ond fe fynnais i ein bod yn gadael yn gynnar, felly, roedd hynny'n help mawr. Mae pentre Trebetherick yn hyfryd ond yn dawel – cryn dipyn o dai haf yma, mae'n debyg.

Yn ôl fy arfer ar wyliau fe ddadbaciais yn syth a rhoi popeth heibio. Ar y funud ola fe ychwanegais i ffrog a blows smart ar gyfer mynd allan i swper. Gobeithio gallwn ni wneud hynny ambell waith. Mae'r bwthyn yn iawn ond dw i ddim am dreulio bob nos yma. Mae 'na ambell le neis yn Padstow, wrth gwrs. Diolch byth, mae digon o le yn yr oergell i fi storio fy mhoteli bach o *kefir* ac o leia dw i 'di dod â digon o *supplements* gyda fi. Mae'n siŵr bydd y lleill eisiau bwyta rwtsh, ond does dim rhaid i fi wneud. Wedi dechrau rhoi'r pwysau yn ôl (ac mae Glyndwr yn dweud ei fod yn hoffi menywod 'gyda thipyn o gnawd arnyn nhw'), ond dw i ddim am fynd yn dew! Ac, wrth gwrs, mae gormod o siwgr a bwydydd wedi'u prosesu fel gwenwyn.

Bydd cerdded bob dydd yn dda ac mi fydd y Fitbit yn handi i recordio fy nghamau. Ac fe alla i wneud tamaid o *Yoga with Adriene* yn fy stafell bob bore. Dw i'n benderfynol hefyd o beidio â ffonio'r swyddfa nac edrych ar ebyst. Os dw i'n mynd i fod yma am wythnos, man a man i fi ddefnyddio'r cyfle i wneud *re-set* bach. Mae 'na sba addawol mewn gwesty pum munud i ffwrdd a dw i am drio rhai o'u triniaethau nhw tra mod i yma. Mae'r *Cornish mud soak* yn swnio'n dda. Ambell un yn defnyddio gwymon lleol hefyd. A malwod! Ond efallai fod hwnna gam yn rhy bell?

Mae'n braf cael cwmni ar wyliau. Heb gael hynny ers... wel, ers dyddiau Stuart, mae'n siŵr. Hy! Yr enw yn dal i achosi poen. Mae'n rhaid i mi drio meddwl am yr amseroedd da. Cyn i'w ferch e fusnesa. Fel tase eisiau arian Stuart arna i! A'r mwlsyn yn gwrando arni. Wel, dyna ni. Symudodd e i ffwrdd i fod yn agosach ati hi a'i wyrion a dyna ddiwedd ar y mater.

Anwen

Jyw, ma dillad Delyth yn smart. Cardigans *cashmere* drud – ma'n amlwg nag o's gwyfynod yn ei chypyrdde hi. Byse'r cardigans 'na'n dylle dros nos yn fy rhai i. Ond, wedyn, pa wyfyn feiddie fyta dillad Del? Buodd hi'n mwmian rhwbeth am sba bore 'ma. Nia'n itha brwdfrydig hefyd. Fe ddylen i drio, sbo. Ond sai'n mofyn neud dim byd *embarrassing*. O'dd Del yn sôn am ryw drinieth lle ma malwod yn crwydro dros eich wyneb! Jocan o'dd hi, wi'n credu...

Nia

Malwod! Na, wir. Dw i ddim yn meindio *massage* bach ac mae'r driniaeth gwymon yn apelio. Ond malwod! Dim diolch!

Anwen

Ma'r pyb drws nesa'n lyfli. Sai'n credu bod Del yn gwbwl gartrefol yno ond, whare teg iddi, fe wna'th hi ymdrech deg. Gormod o *stodge* ar y fwydlen, am wn i, ond ro'dd y Steak and Kidney Pie yn nefolaidd. Y grefi trwchus, brown a'r tato stwnsh. A phys mawr boliog hen ffasiwn. Iym. O'n i'n rhy llawn i bwdin! Ac o'n i bach yn gaib hefyd. Rhwng y *fizz* a'r gwin coch, 'mond jyst stagro adre lwyddes i neud.

Nia

Noson hyfryd mewn tafarn hen ffasiwn a bwyd arbennig. Gwydred o *prosecco* ac yna stiw ffowlyn blasus iawn. Ac fe fwytais i bwdin jam hefyd. Rial trît. Anfonais i lun o'r pwdin jam at Ger ac fe ges i 'lym, iym' 'nôl wrtho fe!

Delyth

Wel, fe lwyddais i ffeindio rhyw fath o bryd drwy gyfuno cwpwl o startyrs. Mecryll a phupur a salad caws gafr. Roedd y *prosecco*'n hyfryd ac roedd hi'n noson hwyliog iawn. Fe roliodd y tair ohonon ni adre. Mae'n brofiad braidd yn hyfryd hyd yn hyn, y gwmnïaeth, y tair ohonon ni'n chwerthin – dw i'n mwynhau! Ac mae'n braf fod gen i rywun i ddanfon tecst atyn nhw adre – a chwpwl o luniau o'r bwthyn a'r môr. A chael ateb neis yn ôl gan Glyndwr.

Anwen

Braf gweld Del yn ymlacio. Ac fe gafodd hi wydred o *brosecco* hefyd – anhygoel! Bwyd cwningen gafodd hi i'w fwyta ond falle gallwn ni demtio hi i fwyta cwpwl o carbs cyn diwedd yr wythnos.

Nia

Fe ges i awr hyfryd gyda Barbara Pym cyn cysgu. Buodd Ger a finne'n tecsto rhagor hefyd – danfonodd e lun o'i swper ata i ac fe ddanfonais i lun o'r stafell. Helpodd hynny fi i gysgu er bod y gwely'n teimlo'n fawr ac yn wag heb Ger.

Anwen

Gysges i fel trogen am y tro cynta ers miso'dd. 'Na beth ma llond côl o bei a gwin coch yn ei neud i rywun. Neis am newid.

Delyth

Mae'r merched eraill yn gallu bwyta gymaint! Aethon ni allan i gael brecwast ac fe gafodd Anwen a Nia lond platied o fwyd – selsig, wyau, hash browns, bîns ac yn y blaen. Fe ges i goffi du ac wy wedi'i botsio. Er mawr syndod i fi roedd ganddyn nhw fara heb gliwten, oedd ddim yn ddrwg o gwbwl.

Nia

Roedd y brecwast yn ddechrau gwych i'r diwrnod ac yna fe gerddon ni am ddwy awr ar hyd yr arfordir. Buon ni mor lwcus gyda'r tywydd, er ei bod hi bach yn wlyb yn y bore fe wellodd y tywydd yn gyflym. Bu'n rhaid i mi dynnu'r *fleece* ar ôl tipyn, ro'n i wedi twymo gymaint. Diolch byth i mi gofio gwisgo haenau – ddysges i hynny ar ôl gwylio penodau o *Am Dro*. Ha! Mae 'na ryw werth mewn teledu wedi'r cyfan. Tecst gan Ger – *selfie* yn ei byjamas! Gafodd e lun o 'mrecwast i! Ges i *emoji* bawd lan yn ôl ganddo.

Anwen

Roedd y gwynt wrth ein cefnau yn ein gwthio mla'n. A finne'n teimlo'n gryfach gyda phob cam. Ond wi'n gwisgo'r dillad anghywir. Ma ishe cot *waterproof* ysgafn arna i a siwmper a chrys T odano fe. Dim hen got Huw o Tesco sy'n dwym ac yn sych ond yn pwyso fel tunnell pan y'ch chi'n trio dringo'r creigiau. Falle wela i rwbeth addas yn Padstow. Ma Del yn sôn am Gore-Tex drwy'r amser. Fe ofynna i iddi helpu fi i whilo. Diawl, ma ishe i fi hala ar fy hunan weithie – ie, pam lai? Fe bryna i sgidie cerdded teidi a chot law ysgafn! A wi'n ffansïo siwmper bert hefyd. Ma 'na lot o siope lyfli yma – arian twristiaid ma'n siŵr. Ma hi'n Sea Salt ac yn Joules ar ben bob stori. A buddsoddiad yw e, wedi'r cwbwl – y fi newydd ffit sy'n cerdded i bobman, yn myfyrio ac yn byw yn y foment. *Yeah, right*. Gawn ni weld pa mor hir barith hwnna.

Delyth

Mor falch o fy esgidiau Gore-Tex. Ysgafn ac yn hyblyg. Fe ddanfonais i decst at Glyndwr – golygfa hyfryd dros y môr. Fe ges i ateb yn ôl yn syth. A chusan ar y diwedd.

Anwen

Ges i fore gwael heddi. O'dd *loads* o gyple canol oed ar y llwybr – ro'n nhw'n edrych fel y teip o'dd wedi ymddeol yn gynnar er mwyn teithio'r byd. Blydi Rhys. Wedyn o'dd 'na bâr drws nesa i ni yn Costa. Yn ordro coffi a wherthin fel ffylied ar ryw jôc breifat. A'r wraig yn watsio'r ford tra ei fod e'n mynd draw i'r ciw, a hi'n gweiddi 'don't forget the decaf'. O'dd rhaid i fi droi i ffwrdd. O'dd y dagre'n cronni. Blydi, blydi Rhys.

Nia

Mae MOR rhyfedd heb Ger. Mae e'n swno'n ddigon hapus pan dw i'n ffonio ac mae e'n llanw'r diwrnodau'n rhwydd. Ddoe, roedd e wedi seiclo'r holl ffordd lan i'r maes parcio ar ben mynydd Caerffili.

Ond dw i'n siomedig iawn ei fod e heb ffonio'r rhif cwnsela eto. Er ei fod yn swno'n iawn ar y ffôn, fydda i ddim yn hapus nes ei fod e wedi gwneud.

Delyth

Roedd yna bâr yn Costa yn dadlau am ba goffi i'w yfed. Dier mi, o'dd y wraig yn edrych yn hen. Wedi rhoi'r gore i wneud unrhyw ymdrech, mae'n amlwg. Yn gwisgo 'run dillad cerdded â'i gŵr. Dim colur, sgidiau cyfforddus. Ond dim steil.

Ro'n i'n hoffi mynd ar *mini breaks* gyda Stuart, i Lundain, neu ryw westy neis yn yr Home Counties. Finne wastod mewn rhywbeth newydd, smart ac roedd Stuart yn edrych yn iawn hefyd unwaith i fi siopa 'dag e. *Casual chic* – siaced ledr, jîns du, sgidie lledr da. Dyw e ddim yn anodd. Mae Glyndwr yn smart yn barod, diolch byth. A *newsflash*! Cysylltodd e heddiw ac awgrymu ein bod ni'n mynd i Baris! Mor hapus!

Ys gwn i a fyddai Dr G yn fodlon rhoi tamaid o *botox* i fi nawr mod i wedi ennill pwysau? Dw i eisiau edrych ar fy ngorau. Does dim diddordeb gan Nia nac Anwen mewn triniaeth o'r fath, wrth gwrs. Dim erioed. Ond wedyn dy'n nhw ddim yn cynnal swydd fawr lawn amser. Mae'r cleients angen cyfreithiwr profiadol a does dim esgus dros edrych fel hen gant erbyn hyn. Ond dw i'n synnu nad y'n nhw'n gwneud ychydig bach o ymdrech weithie. Stopiodd lot o bobol liwio'u gwallt adeg Covid. 'Embrace the grey' ac yn y blaen. Dim diolch. Ac mae gen i reswm arall dros edrych yn ifanc nawr!

Anwen

Pam yfes i gyment neithiwr? Ro'n i'n teimlo'n erchyll pan ddeffres i bore 'ma. 'Di gorfod llyncu cwpwl o barasetamols 'da 'mrecwast. Ac i goroni'r cyfan fe ges i neges WhatsApp gan Llio yn gofyn os o'n i wedi cofio pacio fy *statins*! Fel 'sen i wedi colli 'ngho'. *Role reversal*, myn yffach chi.

Ma Trebetherick yn lle pert iawn a'r traeth yn llawn adar yn nythu yn y twyni. Ond diawch, ma 'na lot o ail gartrefi yma – wel, ry'n ni'n aros mewn bwthyn gwylie, felly, ni ar fai hefyd. Sai'n gwbod shwd le yw hwn yn y gaeaf. Tywyll, weden i.

Ma'n neis bod bant. Wedi hala gormod o amser gatre yn ddiweddar. Yn hel meddylie. Ac ma'n lyfli bod gyda Nia a Del.

Delyth

Wrth gerdded dechreuais i feddwl am Stuart. Doedd ei ferch e ddim yn hoffi fi o'r cychwyn cyntaf, meddwl mod i'n ddylanwad drwg, am wn i. Roedd hi mor wahanol i fi, doedd hwnna ddim yn help. Dim llawer gyda ni'n gyffredin. 'Mond am ei phlant oedd hi'n siarad. Ac ro'dd e'n anodd cael yr wyrion draw i fy fflat i – gormod o bethe i'w torri yno a doedd jyst dim digon o le i ddau fachgen bach penderfynol. Fe dries i'n galed – wnes i ddim ffys pan dorrodd Barney'r gwydr 'na brynais i yn Fenis, na phan dasgodd Adam y pop 'na dros y soffa wen. Wnes i ddim dannod. Ddim am funud. Er bod y cwbwl wedi costio ceiniog a dime i fi eu sortio nhw.

Beth bynnag, does dim teulu gyda Glyndwr i fi boeni amdano. Diolch byth.

Nia

Roedd gen i dipyn o ben tost bore 'ma – llai o win heno, dw i'n meddwl! Ar ôl hanner awr o gerdded ar lwybr yr arfordir roedd fy mhen wedi clirio. Yr awyr yn las a'r llwyni'n llawn blodau hyfryd. Roedd y llwybr damaid yn garegog ac roedd rhaid i fi fod yn ofalus – do'ni ddim am gwympo a thorri asgwrn arall!

Gerddon ni heibio eglwys hynod St Enodoc – yn aml wedi ei chuddio gan haenau o dywod mae'n debyg, gan ei bod reit ar y traeth ac o fewn ffiniau clwb golff hefyd, sydd braidd yn rhyfedd. Mae bedd ysblennydd John Betjeman yma – roedd e'n hoff iawn o ddod i Gernyw, mae'n debyg, ac yn ymweld yn aml. Sais o'r Saeson, wrth gwrs, ond dw i'n hoffi ambell gerdd ganddo.

Dynnais i sawl llun a'u tecstio at Ger. Ges i rai 'nôl o'i feic ag e ar ben mynydd arall. *Lycra* o'i gorun i'w sawdl.

Delyth

Arhoson ni mewn caffi glan môr i gael paned ac fe fynnodd y merched mod i'n trio sgonsen gyda jam a hufen. O'n i'n teimlo mod i'n bwyta gwenwyn pur ond ro'n i am eu plesio, felly fe orffennais i'r cyfan. A bod yn hollol onest, doedd e ddim yn amhleserus, ac roedd y wên ar wynebau'r merched yn fendigedig.

Nia

O, roedd e'n hyfryd gweld Del yn mwynhau'r sgonsen!

Anwen

Druan o Del, o'dd hi'n amlwg bron â thagu ar y siwgr a'r hufen ond chwarae teg iddi, fe orffennodd hi'r cwbwl lot.

Nia

Mae'r wythnos yn hedfan heibio! Yn mwynhau fy hun yn fawr er mod i'n gweld eisiau Ger. Mae tecstio 'nôl a mla'n wedi bod yn lot o hwyl. Ddoe, benderfynon ni rannu lluniau o'r pethau mwya diflas allen ni ffeindio. Oedd yn anoddach i fi na Ger, gan mod i mewn lle mor brydferth. Ond ges i lot o hwyl yn tynnu lluniau biniau sbwriel ac arwyddion rhydlyd. Ac fe ddaeth lluniau o'r hysbysebion *pizza* sy'n dod drwy'r drws byth a hefyd a phatsyn o ardd fwdlyd o flaen y fflat gan Ger. Mae e'n dal i wneud i fi chwerthin ar ôl yr holl flynyddoedd 'ma. Ond plis, plis, plis, ffonia'r rhif cwnsela 'na, Ger!

Delyth

Alla i ddim credu gymaint dw i'n mwynhau. Ry'n ni wedi syrthio i fewn i rhythm braf. Brecwast da (iach i fi, afiach i'r ddwy arall), cerdded am ddwy awr neu fwy, yna tamaid arall i'w fwyta. Ac mae 'na ddigon o lefydd gwych o gwmpas i fi gael bwyd sy'n siwtio. A chwarae teg, dyw'r merched ddim yn disgwyl i fi fwyta sgonsen arall! Hapus i fi gael smŵddi neu rywbeth gyda mêl a cheirch tra'u bod nhw'n stwffio carbs. Yna 'nôl i'r bwthyn i ymlacio a darllen cyn swper. A chan mod i'n yfed cyn lleied, dw i'n gallu ein gyrru ni i lefydd bwyta hyfryd o gwmpas yr ardal.

Anwen

Ych-a-fi. Aethon ni i le o'r enw Rock heddiw – gyferbyn â Padstow. Lle braf yn llawn tai bwyta godidog ond ma'n amlwg bod hwn yn rhwle ma plant breintiedig yn ymgynnull pan fo'r ysgolion bonedd wedi cau am yr haf. Ro'n nhw'n erchyll – i ddechre ma cannoedd ohonyn nhw o gwmpas, yn brefu yn eu lleisiau posh ac yn meddwi (a phopeth arall, lot o Ket o gwmpas, dw i'n meddwl), ar y traeth ac yn y caffis. Ma enwau cwbwl ddwl 'da nhw, fel Gudrun ac Orlando ac ma'n nhw'n dominyddu'r lle – allwch chi ddim dianc rhagddyn nhw yn unman. Ma'n debyg fod 'na gwch yn mynd yn ôl a mla'n i Padstow drwy'r dydd ac yn cludo haid ar ôl haid ohonyn nhw draw i Rock.

Ofynnes i yn y caffi lle geson ni baned o goffi os o'dd hyn yn normal, a rholiodd y fenyw ei llygaid.

Wedodd hi, 'It's always like this at the end of June – all the boarding schools have closed for the summer and these kids have so much money they just go wild here. And their parents are just as bad, if I'm onest.'

Ofynnes i shwd le oedd 'ma yn y gaeaf ac fe siglodd hi ei phen yn drist a gweud, 'It's pretty dead. Weekends are better when the second owners come, but off season we all struggle. And none of us can afford to live here, most Cornish people live inland now or in the less pretty places. Prices have shot up along the coast.'

Esbonies i fod llefydd fel Abersoch yn diodde fel hyn yng Nghymru a'n bod ni'n hen gyfarwydd â thai haf.

Wedodd hi, 'Yes and I hear it's the same in the Lake District. Some people have more money than sense. But it's the locals everywhere who suffer.' Bu'n rhaid iddi fynd, gan fod un o'r plant cyfoethog wedi chwydu yn y tŷ bach. Ych. Ddown ni ddim yma eto.

Nia

O, jyw, do'n i ddim yn hoffi Rock o gwbwl. Yn rhy lawn o lawer a phopeth mor ddrud.

Delyth

Methu deall pam bod y ddwy arall ddim yn hoffi Rock – mae 'na lefydd bwyta godidog yma. Ocê, roedd hi'n eitha llawn ond ro'n i'n hoffi'r awyrgylch fywiog. Ac roedd y fwydlen yn llawn pethau gwych – omlet dail gwyllt a diod pinwydd a lafant. Hyfryd!

Anwen

Ma bod yma gyda Del a Nia wedi bod yn falm o fath ond bydd rhaid i fi wynebu'r dyfodol pan af i adre. Ddyle Dave fod ar y ffôn i gadarnhau'r dyddiade cyfnewid, ac yn y bla'n. A bydd rhaid i fi ffeindio rhwle i fyw!! Wedi bod mor ddioglyd am hyn – ddim ishe wynebu realiti, am wn i.

Delyth

A fyddai ymddeol yn beth mor ddrwg os dw i'n llwyddo i lanw fy nyddiau gydag amseroedd hapus fel hyn? Ac efallai y byddai 'na dripiau gyda Glyndwr hefyd, wrth gwrs. A gwirfoddoli – fel ustus, efallai? Ddim yn siŵr wir, ond dyma'r tro cynta i fi feddwl am y peth mewn ffordd bositif. Efallai bod hynny'n arwyddocaol.

Anwen

Weles i dedi neis yn siop y National Trust. Falle af i 'nôl 'na fory i'w brynu i Cai. Meddwl bod Llio'n ocê gyda thedis. Dim siocled na losin i Cai bach, dim cig coch, 'mond pysgod *sustainable* a ffowlyn organig. Ma Llio'n esbonio hyn i fi fel 'sen i'n gwbod dim am y pethe 'ma. Fi'n dod o'r *punk generation* ond ma hi'n siarad 'da fi fel tasen i'n dod o oes Fictoria. A fel 'sen i heb fagu plentyn erio'd. Ma hi'n *kombucha* a *kefir* ar ben bob stori gyda Llio. A lla'th almwn a bara heb gliwten. Yn gwmws fel Del! Ond wedyn, ma digon o arian 'da hi, ma James yn ennill ffortiwn. Ma lot o'r nonsens 'ma'n dod wrth y mame eraill yn y Montessori, am wn i. Y bwyd boncers a dysgu'r babi nesa shwd i ddechre darllen tra'i fod e'n dal yn y groth.

Nia

Wedi dechrau darllen llyfr arbennig iawn gan ferch o'r enw Josie George sy'n byw gyda phoen ac anabledd. Mae'n llyfr llawen iawn – mae hi'n gwneud campwaith o sylwi ar y byd o'i chwmpas. Dries i wneud tamaid o sylwi ar y ffordd i Penzance ddoe yng nghar Del. Edrych yn fanwl ar liw'r lledr ar y sedd o 'mlaen i. Ar liw'r nenfwd yn y car. Ar wallt melyn Delyth a'r haul yn pipo drwy ffenestr ochr y car. Rhes o adar yn bropor ar y weiren deleffon wrth i ni wibio heibio. Hanner llaw Anwen wrth iddi afael yn ochr y sedd. Yna sylwi ar bethe o'n i'n eu teimlo, fy mhen ôl ar y sedd, fy nhraed yn eu sgidie, y sgarff o gwmpas fy ngwddf. Roedd e'n syndod gymaint oedd rhywun yn ymlacio. Diddorol.

Del

Wedi perswadio'r ddwy i ddod i'r sba fory – wedi prynu pecyn diwrnod i'r tair ohonon ni.

Anwen

Chwarae Teg i Del, ma hi wedi mynnu talu i ni fynd i'r sba fory. Ma'n nhw'n cynnig pob math o driniaethe ond dw i 'di gweud wrth Del bo fi ddim yn mynd i gael *colonic irrigation* nac unrhyw beth sy'n ymwneud â malwod!!!

Nia

Haleliwia! Fe decstiodd Ger – o'r diwedd mae e wedi cysylltu gyda'r rhif cwnsela. Wedi gwneud apwyntiad i siarad gyda rhywun wythnos nesa. Dw i mor falch! Alla i fwynhau'r sba nawr – malwod neu beidio!

Delyth

Diwrnod llwyddiannus iawn i ni i gyd, dw i'n meddwl – *facial* gwymon, bath mwd ac *eyebrow* ac *eyelash tint*. Roedd y ddwy'n rhyfeddu at y gwahaniaeth mae wedi ei wneud i'w hwynebau! Buon ni yn y *sauna* hefyd (roedd Nia wedi cael blas ar hynny yn Sgandinafia), nofio, *jacuzzi*, prydau hyfryd a maethlon a gwydred o *prosecco* organig i ddathlu ar y diwedd!

Nia

Wedi mwynhau mas draw, roedd Delyth wedi awgrymu *eyelash* ac *eyebrow tint* ac mae'n rhaid cyfaddef eu bod wedi gwneud tipyn o wahaniaeth. Yn gwneud i fi edrych yn ifancach, yn ôl Del, sydd hefyd yn awgrymu y dylwn i gael *highlights* nesa! Falle wna i wir. Roedd popeth yn fendigedig – y bath mwd (pwy feddylie?), y *facial* a'r *sauna*. Mae gen i gymaint i'w ddweud wrth Ger pan fydda i adre!

Anwen

Beth sy'n bod arna i? Pam na allen i fwynhau'r diwrnod fel y ddwy arall? O'n i mor *tense* drwy'r dydd. Yn methu ymlacio – y *sauna*'n rhy dwym, y pwll nofio'n rhy oer ac o'dd y bath mwd yn erchyll – fel 'sen i'n boddi mewn llysnafedd brown. Ac ma'r blincin fflipin *tints* 'ma'n gwneud i fi edrych fel clown. Diolch byth bo 'da fi *fringe* i guddio fy aeliau.

Delyth

Yn flin fod yr wythnos yn dod i ben. Wedi bod mor hyfryd. Ond, o, mor braf fod gen i Glyndwr yn disgwyl amdana i pan af i adre.

Nia

Edrych ymlaen at weld Ger eto, wedi bod mor rhyfedd hebddo am yr wythnos. Ys gwn i os gwneith e sylwi ar fy aeliau newydd, smart?

Anwen

Ma hi 'di bod yn wythnos lyfli (heblaw am y sba), wi 'di joio'r cerdded yn arbennig. A'r môr. Dyna fy *happy place* i, am wn i. Ddim rili'n edrych mla'n at fynd yn ôl i dŷ gwag. Ond dyna ni, ma'n rhaid i fi symud mla'n. Fydda i ddim yno'n hir nawr ac ma'n bryd i fi whilo'n iawn am le neis i Angharad a finne fyw. A bydd hwnna'n beth positif, yn bydd e?

Gorffennaf

Anwen

Ffeindio lle i fyw
Anghofio am Rhys

Nia

Cefnogi Ger
Trio kombucha?

Delyth

Closio at Glyndwr
Blood moisturiser?

Anwen

Wel, o'n i newydd ddod mewn drwy'r drws a gollwng fy mag yn llawn dillad brwnt ar y llawr ac yn teimlo'n blydi diflas pan ffonodd Llio a gweud ei bod yn bryd i fi ddechre whilo am rywle i fyw. Ma hi'n galw amdana i mewn chwarter awr ac ry'n ni'n mynd i edrych ar ddau fflat. Llio wedi trefnu'r cwbwl. O'dd hi'n meddwl falle y bydden i'n ddiflas yn dod 'nôl o'r gwylie. Whare teg. Am syrpréis neis.

Nia

Mae'n hyfryd bod adre. Er i mi fwynhau'r gwyliau gyda'r merched, ro'n i mor falch i weld Ger eto. Yn teimlo'n chwithig iawn bod hebddo ar wyliau. Druan ohono fe, mae e'n poeni nawr am yr apwyntiad gyda'r cwnselydd. Yn ofni beth ddaw o'r broses. Ond mae e wedi addo mynd. A dw i'n gobeithio y bydd siarad gyda rhywun sy'n deall y sialensau sy'n codi pan fo rhywun yn ymddeol o'r Eglwys yn gwneud lles iddo fe.

Roedd e wedi cadw'r fflat yn daclus iawn – ond pan agorais i'r bag ailgylchu i'w roi yn y bin lawr llawr, gwelais ei fod e wedi cael pryd parod (neu Just Eat) bob nos. Dim rhyfedd fod y gegin fach fel pin mewn papur.

Delyth

'Nôl yn y swyddfa. Mor braf cael sôn am y gwyliau 'gyda fy ffrindiau'. A da hefyd oedd cael bod i ffwrdd oddi wrth nonsens Justin. Yn enwedig gan fod sibrydion am ein dyfodol yn rhemp. Ges i sgwrs gyda Gwyn, ddaeth yn uwch bartner tua'r un pryd â fi, ac roedd e'n eitha negyddol.

Dywedodd e, "Mond dechrau mae'r ymyrraeth o Lundain, Delyth. Creda di fi, mae modelau gwaith wedi newid – maen nhw eisiau llai o gostau a gorbenion. A mwy o fusnes.'

Mae e'n iawn, wrth gwrs. Ategodd Glyndwr hyn dros swper heno – mae e wedi gweld sawl cwmni'n crebachu ers Covid. Swyddfeydd llai o faint, mwy o weithio ar-lein. Ond un da am godi calon yw Glyndwr. Roedd gwydred o siampên yn fy nisgwyl, bwydlen hyfryd a chynlluniau ar y gweill i ni'n dau – penwythnosau i ffwrdd, noson yn yr opera a swper gyda'i hen ffrindiau wythnos nesa. Cael hi'n anodd credu bod hyn yn digwydd i fi – yn poeni mod i mewn breuddwyd ogoneddus a ddim am ddeffro. Yr unig gwmwl ar yr wybren yw'r diffyg cyffro yn y gwely. Pam nad ydw i'n gallu siarad ag e am hyn? Mae gormod o ofn arna i, 'na'r gwir amdani. Ddim am ddryllio'r hyn sydd gyda fi. Ddim eisiau gwthio Glyndwr i ffwrdd. A deffro o'r trwmgwsg hyfryd.

Anwen

Ma edrych am fflat gyda Llio yn blydi anodd. Ar un llaw ma'n lyfli ei bod hi ishe helpu. Ond ar y llaw arall ma hi'n fy nhrin i fel plentyn, neu'n wa'th fel hen berson – sylweddoles gyda braw bod un o'r fflatie o'dd hi wedi trefnu i fi weld yn *sheltered accommodation*! 'Mond 62 ydw i! Wedes i 'na' i hwnna'n go glou.

Diolch byth, ma hi bron â phopo – ma'r babi fod i ddod wythnos nesa. Felly bydd dim amser 'da hi i ffysan gyment drosta i wedi hynny. Welon ni gwpwl o lefydd itha neis ddoe, ddim cystal heddi, a dim un yn hollol iawn eto. Un broblem yw'r diffyg gardd neu falconi, ethen i bach yn boncers heb rywle i ishte tu fas. Whare teg, o'dd Llio'n gweud drwy'r amser ei bod hi ishe i fi fyw yn agos ati. Ond a bod yn sinigaidd, ife achos bo fi'n *babysitter* rhad ma hynny? Beth bynnag, dw i ddim ishe prynu un o'r llefydd wi 'di'u gweld hyd yn hyn ac ma Llio'n cytuno eu bod nhw ddim yn iawn i fi, diolch byth.

Delyth

Paned – heb Anwen – gyda Nia bore 'ma, gan fod Anwen yn ymweld â fflatiau gyda Llio. Dw i'n falch bod Llio *on the case*, mae mwy o siâp arni nag sydd ar Anwen. Gawson ni sgwrs ddifyr am gwnsela a therapi – fe rybuddiais i efallai y bydd teimladau a meddyliau anodd yn codi i'r wyneb ac yn esgor ar emosiynau go gryf yn Geraint. Ond fe fydd yn werth bob eiliad o ddioddefant yn y diwedd.

Nia

Mae Del yn bositif iawn am gwnsela Ger, er, fe rybuddiodd hi fod y broses yn gallu corddi'r dyfroedd ac y bydd angen tipyn o gefnogaeth ar Ger. Fel y dywedodd hi, 'Dw i'n dipyn o awdurdod ar hyn, Nia.' Wna i ddim sôn wrth Ger – mae'n well ei fod e'n dechrau'r broses heb unrhyw ddisgwyliadau, yn ôl Del. Ond dw i'n dymuno y caiff e fendith o fod wedi gwneud.

A dw i 'nôl yn gwirfoddoli – Banc Bwyd bore ddoe a'r ganolfan ffoaduriaid heddiw. Meiriona mor boenus ag erioed, yn cywiro ac yn beirniadu pawb a phopeth. Ond ers i mi glywed hanes ei bywyd, dyw e ddim yn fy mhoeni gymaint ag yr oedd e. Ac fe ges i wên ar un pwynt wedi i mi ddweud wrthi mod i'n hoffi ei sgarff. Felly dyna fi wedi gwneud rhywbeth positif yn lle cylchdroi mewn meddyliau negyddol, ys dywedai Del.

A newyddion gwych yn y ganolfan – mae Noor wedi cael caniatâd o'r diwedd i fyw'n swyddogol ym Mhrydain. Y cam nesa iddi hi yw ailhyfforddi – mae hi am weithio fel athrawes unwaith eto. Roedd hi mor hapus, ac a dweud y gwir, roedd ei llwyddiant ar ôl bron i dair blynedd o aros wedi codi calonnau sawl un arall yn y ganolfan. Dw i mor falch drosti. Ond am broses hirfaith! Dyw e ddim yn iawn. Ddim o gwbwl.

Anwen

Hiraethu am y gorffennol bore 'ma wrth ishte yn yr ardd yn yfed fy mhaned. Atgofion ym mhob twll a chornel. Y darn 'na o laswellt wna'th byth aildyfu'n iawn o dan y *paddling pool* rhad o Argos. Y tyllau lle buodd y siglen yn sefyll. O'dd y plant i gyd yn dwli ar honno. Y lawnt sy wastod yn llawn Dant y Llew, er gwaetha ymdrechion Rhys i'w dofi. Cornel Huw o'dd yn llawn blode a pherlysie pan o'dd e'n byw adre ond sy'n fes ar y cythrel nawr. 'Mond y llwyni lafant a rhosmari oroesodd wedi iddo fe symud mas. Y ffens isel ma pawb yn baglu drosti wrth gerdded i'r car. Y goleuade solar brynon ni i ddathlu pen-blwydd Llio, sydd ond yn gwitho ganol haf erbyn hyn.

Gyment o atgofion. O'n i'n falch pan glywes i gar Llio'n cyrraedd i ga'l dianc rhagddyn nhw.

Nia

Nefi blw! Wedi cael fy ngalw i fod ar reithgor! Ddim yr amser mwya cyfleus gan fod Ger ar fin dechrau ar ei sesiynau cwnsela. Fe gafodd e sgwrs gychwynnol bore 'ma oedd yn argoeli'n dda, yn ôl Ger. Roedd e'n hoffi'r cwnselydd (dyn o'r enw Thaddeus), ac fe gododd hwnnw ei galon drwy ddweud bod nifer o ficeriaid yn cael cyfnodau o amheuaeth a diflastod ar ôl ymddeol. Ond does dim dewis 'da fi, mae'n rhaid i fi fynd i Lys y Goron Caerdydd a mynd yno bob dydd am bythefnos neu hyd nes i'r achos orffen. Mae bywyd yn rhyfedd, on'd yw e? Flwyddyn yn ôl byswn i fyth wedi meddwl y byddwn i'n gwirfoddoli mewn banc bwyd, neu wedi dod i nabod cylch o ffoaduriaid. A nawr mae profiad newydd arall ar y gweill. Mae fy nhrigeiniau yn fwy cyffrous nag yr oeddwn i wedi'i ddisgwyl!

Delyth

Swper gyda Tudur ac Elinor, hen ffrindiau i Glyndwr. Roedden nhw'n groesawgar iawn, bwyd Eidalaidd wedi ei goginio'n wych gan Elinor (er bod gormod o carbs, wrth gwrs), a thŷ anhygoel yn Llandaf. Carthenni hynafol, telyn fawr yn y gornel a waliau'n llawn Kyffins.

Roedd yr actor Tecwyn Williams a'i ŵr Steve yno hefyd (hen ffrindiau i Elinor, mae'n debyg), ac roedd Tecwyn yn llawn straeon doniol am Hollywood (roedd yn chwarae rhan bwtler mewn rhyw *franchise* ffilm mawr) a llwyfannau Llundain. Llwyddodd Glyndwr i ddal ei dir gyda nifer o straeon da hefyd ac roedd hi'n hyfryd bod yn rhan o noson mor hwyliog. Bob hyn a hyn, gallwn deimlo llaw Glyndwr yn anwesu fy nghefn. Ro'n i'n teimlo mor hapus.

Ond wrth i ni adael fe sibrydodd Elinor yn fy nghlust, 'Mae e'n werth ambell gyfaddawd, Delyth. Gei di ddim neb mwy triw nac yn fwy hael.'

Do'n i ddim yn gwybod beth i'w ddweud ond mae'n amlwg nad oedd hi'n disgwyl ymateb achos fe ges i sws ar y ddwy foch a gwên ganddi cyn i Glyndwr fy nhywys at y car. Ond dw i'n meddwl mod i'n deall yn iawn am beth oedd hi'n sôn.

Anwen

Methu ffeindio unrhyw le teidi i fyw. Llio'n dechre colli amynedd gyda fi.

Nia

Diwrnod cyntaf ar y rheithgor fory. Ddim yn siŵr beth i'w wisgo – rhywbeth cyfforddus, am wn i. A chardigan. Haenau wastod yn beth da. A Ger yn mynd am sesiwn arall gyda'r cwnselydd.

Delyth

Penwythnos ym Mharis gyda Glyndwr. Trio prosesu'r profiad wrth sôn amdano fan hyn.

Fe gawson ni amser bendigedig fel arfer. Roedd y gwesty yn ardal y Marais yn odidog, yn llawn cymeriad ond yn hynod gysurus hefyd. Mae Glyndwr yn nabod Paris yn dda iawn, bu'n fyfyriwr yma am flwyddyn. Wnes i fwynhau gweld ardaloedd oedd yn newydd i fi, fel y Canal Saint-Martin, lle gwrddon ni â Maurice a Chantal, hen ffrindiau i Glyndwr, i gael cinio. Unwaith yn rhagor roedd y sgwrs yn llifo (roedd eu Saesneg nhw'n wych) a finne'n cael gymaint o hwyl.

Buon ni'n cerdded yn yr Île Saint-Louis lle fynnodd

Glyndwr brynu ffrog i fi mewn siop arbennig o *chic* yn llawn dillad sidan lliwgar. Wedyn neidion ni i fewn i dacsi i Cartier lle brynodd e glustdlysau i fi! Aethon ni i La Tour d'Argent i gael swper ac roedd y bwyd yn ysgubol. Yna fe dreulion ni fore Sul yn crwydro'r Musée d'Orsay – oedd yn brofiad arbennig gan fod gan Glyndwr ffrind sy'n gweithio fel curadur yno. Gawson ni bryd arall ar lannau'r Seine cyn hedfan adre bnawn Sul. Y cyfan fel ffantasi godidog, fel bod mewn ffilm am y penwythnos mwyaf delfrydol posib ym Mharis.

Un stafell ac un gwely yn y gwesty. Ond cwtch a sws a dim byd mwy. Eto.

Nia

Wel, am brofiad rhyfedd yw bod ar reithgor. Bob bore, ry'ch chi'n eistedd mewn ystafell fawr yn llawn cadeiriau yn disgwyl i weld os cewch chi eich galw. Ystafell ddiflas, goleuadau stribed blinedig a chadeiriau brown anghyfforddus. Mae'r carped yn edrych fel tase paneidiau di-rif o goffi wedi cael eu tasgu drosto dros y blynyddoedd ac mae'r waliau'n llwyd ac yn foel, heblaw am bosteri yn rhybuddio am yr hyn na ddylid ei wneud mewn llys ac ambell un arall yn ein hatgoffa nad oes cyflog am y gwaith ond bod modd hawlio treuliau.

Doedd dim rhaid i fi aros yn hir – ges i fy ngalw bron yn syth a chael fy nhywys lan llofft i un o'r llysoedd gyda rhyw bymtheg o bobol eraill. Yna penderfynodd y Bargyfreithwyr pa rai ohonon ni oedd yn cael aros i fod ar y rheithgor a chael ein galw, un i un, i eistedd mewn sedd arbennig – fynna fyddwn ni drwy gydol yr achos, mae'n debyg.

Mae popeth yn ffurfiol iawn – tyngu llw (wnes i hynny'n

Gymraeg, wrth gwrs, ond roeddwn i'n siomedig taw fi oedd yr unig un i wneud), cael darlith gan y Barnwr am swyddogaeth rheithgor a'r hyn sy'n ddisgwyliedig ganddon ni, ac yna o'r diwedd yr wybodaeth bwysig am natur yr achos oedd ar y gweill. Diolch byth, dim achos o drais na llofruddiaeth mohono ond achos o fygythiad rhwng un bachgen a'r llall. Sy'n ddigon gwael, wrth gwrs, ond dw i ddim yn gorfod ymwneud â manylion erchyll, ac mae hwnna'n dipyn o ryddhad a finne'n mynd adre at Ger bob nos, sy'n ffeindio'r broses gwnsela'n dipyn o sialens, fel y rhybuddiodd Del.

Daethpwyd â'r diffynnydd i'r bocs – ac, o dier, roedd golwg druenus arno. Yn welw reit, ac mi o'n i'n gallu gweld ei fod yn crynu. Darllenwyd y cyhuddiad yn ei erbyn ac yna cododd Bargyfreithiwr yr erlynydd i ddechrau olrhain yr achos. Aeth hyn ymlaen am weddill y prynhawn gyda'r Bargyfreithiwr (gŵr digon ifanc yr olwg) yn mynd drwy bob agwedd o'r achos gyda chrib fân ac yn ein cyfeirio, bob yn hyn, at fwndel o luniau a dogfennau oedd wedi ei osod o'n blaenau gan Glerc y Llys.

Roedd y diffynnydd, yn ôl bob sôn, wedi defnyddio iaith dreisgar (fe esboniwyd y *slang* i ni) oedd yn achos ofn a phryder. Mae'n anodd credu bod y bachgen ifanc gwelw o'n blaenau wedi bod yn fygythiad i unrhyw un, ond falle mod i'n fwy sensitif nag arfer ar hyn o bryd a bod eisiau i fi galedu fy nghalon rhyw fymryn. Ond dw i'n ffeindio hynny'n anodd. A yw hynny'n wendid neu gryfder? Mae'r truan sydd o flaen ei well o gefndir tlawd ac, mae'n debyg, bod cyffuriau ac alcohol yn ei lethu, ond mae'r achos yn ei erbyn yn ymddangos yn dila iawn. Dw i ddim yn siŵr sut gyrhaeddodd e'r llys o gwbwl.

A dw i ddim yn gwybod beth mae fy nghyd-aelodau yn ei feddwl. Dy'n ni ddim i fod i siarad gyda'n gilydd o gwbwl nes ein bod yn ymgynnull yn Ystafell y Rheithgor i drafod yr achos yn swyddogol. Ond ry'n ni'n gwenu ar ein gilydd ac yn rholio'n llygaid a thwtian pan ry'n ni'n cael ein danfon allan o'r llys. Sy'n digwydd yn syndod o aml pan fo'r Barnwr am drafod materion gyda'r Bargyfreithwyr allai wyro'r dystiolaeth.

Anwen

Wedi syrffedu ar ôl gweld pump lle heddi. Dim un ohonyn nhw'n iawn. Sai'n credu bod Dave yn hapus bo fi'n cymeryd gyment o amser i whilo. Ma fe wedi fy rhybuddio i fod y pâr ifanc ishe gosod dyddiade cyfnewid/cwblhau. Ond, sori, sai'n mynd i ruthro penderfyniad mor bwysig. Da'th Nia 'da fi heddi hefyd gan ei bod hi'n ddydd Sadwrn a'r llys ar gau, ac o'dd hi'n cytuno bod dim un o'r fflatie'n iawn i fi. Licsen i fyw yn eu bloc nhw – balconis lyfli a phopeth yn newydd. Ond sdim un o'r fflatie yna ar werth yn anffodus.

Wedi gweud hynny, ma fflatie'n gallu bod yn anodd – *service charge* ac yn y bla'n. A chymdogion bach yn agos atoch chi. Ond alla i ddim fforddio tŷ ar ôl i fi roi siâr Rhys iddo fe. Ddim yng Nghaerdydd beth bynnag.

Delyth

Does dim dwywaith ei bod hi bob amser yn hyfryd i fod yng nghwmni Glyndwr. Mae e'n gwmni difyr, mae e mor ystyriol ohona i a dyw e ddim yn chwarae gemau dwl – mae e yno pan mae'n addo bod ac yn llawn diddordeb yn yr hyn rwy'n ei deimlo a meddwl. Arhosodd e gyda fi yn y fflat eto neithiwr, ac am brofiad braf cael deffro gyda rhywun arall ar fore Sul. Y diwrnod diflas hwnnw sydd wedi bod mor anodd i fi dros y blynyddoedd. Gawson ni frecwast ar y balconi ac yna diwrnod bendigedig yn chwarae golff gyda Tudur ac Elinor a swper yn y clwb. Ro'n i ar ben y byd. Ac yn dechre gofyn. Oes ots nad yw Glyndwr yn gwneud mwy na rhannu fy ngwely?

Nia

Ar ôl tri diwrnod o wrando ar y dystiolaeth fe gawson ni glywed araith y Barnwr bore 'ma, oedd yn cyfeirio'r rheithgor mewn ffordd syndod o bendant. Fe bwysleisiodd e sawl gwaith na ddylai fod unrhyw fath o amheuaeth os oedden ni am ddanfon y gŵr ifanc i'r carchar. Ar ôl iddo orffen traethu fe aethpwyd â ni i Ystafell y Rheithgor i ddechrau trafod.

Roedd y stafell dipyn yn neisach na'r llys, gyda ffenestr fawr (sy'n agor yn llawn) a golygfa dros goed hyfryd. Roedd pawb yn hapus i fod allan o'r llys, ond eto, doedd dim modd ymlacio am fod 'na reolau llym am gyfnewid manylion personol, neu wyro oddi wrth yr achos. Ac roedd y drafodaeth yn siom ofnadwy gan fod sawl aelod o'r rheithgor wedi penderfynu bod y bachgen yn euog yn syth.

'He's obviously a bad lot,' medd un dyn mewn cot Barbour a throwser pinc tywyll.

'God, yes,' dywedodd menyw ganol oed oedd yn edrych fel tase hi wedi llyncu picynen ers i'r achos ddechrau. Roedd sawl un arall o gwmpas y bwrdd yn nodio pen hefyd. Synnais i faint ohonyn nhw oedd wedi dod â'u rhagfarnau personol i'r drafodaeth.

Ro'n i wedi gwylltio braidd. Felly ffeindiais i fy hun yn atgoffa pawb bod y dystiolaeth yn dila iawn. A bod y tystion (oedd mor ddifreintiedig â'r diffynnydd) yn methu cofio manylion sylfaenol, fel y dyddiadau perthnasol, nac yn wir llawer o fanylion am yr hyn ro'n nhw'n honni bod y diffynnydd wedi ei wneud. A'u bod nhw hefyd wedi newid eu tystiolaeth unwaith i'r Bargyfreithwr ddechrau eu cwestiynu.

Ond roedd ambell un o'r rheithgor yn benderfynol o gael y diffynnydd yn euog ar sail rhagfarn yn unig. Fe fynnais i, ac un ddynes arall, ein bod ni'n edrych eto, yn drylwyr, ar y bwndeli o luniau a dogfennau gawson ni ar ddechrau'r achos ac atgoffa'n hunain o'r hyn ddywedwyd gan y Barnwr am yr angen am dystiolaeth gadarn cyn dedfrydu rhywun i garchar. Ac er i ni newid rhai meddyliau o gwmpas y bwrdd, dw i'n mawr ofni y bydd y ddedfryd yn mynd yn erbyn yr hyn sy'n teimlo'n gyfiawn, i fi beth bynnag.

Pan gyrhaeddais i adre roedd Ger yn ôl o sesiwn gwnsela arall. Yn ei ffeindio'n eitha anodd, medde fe. Mae Thaddeus yn dda am wrando ond yn gofyn cwestiynau eitha heriol hefyd am ei ffydd, am bwrpas bywyd, ac yn y blaen. Mae Ger yn dweud nad oes gan Thaddeus atebion ond ei fod e'n agor y drws i Ger allu ystyried y pethau 'ma mewn man diogel.

Ofynnais i os oedd e'n meddwl bod hyn yn ormod iddo. Ro'n i'n poeni'n sydyn mod i wedi ei wthio tuag at ddibyn emosiynol. Dw i'n meddwl bod y profiad o fod ar y rheithgor (a gweld y trueiniaid yn y llys) wedi fy ngwneud yn fwy parod i weld tristwch ac anobaith ymhobman.

Atebodd e'n syth, 'Na na, yn rhyfedd iawn, er ei fod e'n gwneud i fi feddwl am beth sy'n fy siglo i'r eitha, dw i'n teimlo bod baich wedi codi oddi ar fy ysgwyddau. Bod e'n iawn, yn iach hyd yn oed i ofyn y cwestiynau 'ma. A mod i'n dal ar ryw fath o siwrne ysbrydol. Mae crefydd yn gofyn am naid grediniol, Nia. Weithiau, does dim modd esbonio na rhesymegu – jyst credu ac ildio. Ro'n i wedi anghofio hynny.'

Roedd y ddau ohonon ni mor flinedig fe ordron ni *take away* ac agor potel o Rioja. A gwylio'r diweddara ar Walter Presents gan feddwl am ein hamser hyfryd yn Sgandinafia. Rhyfedd gweld yr holl eira a rhew a hithau mor ferwedig yma.

Anwen

Ymweld â fflatie eraill heddiw – y cynta'n ofnadwy o dywyll ac yn ddrud, yr ail yn llai na'r disgwyl a'r trydydd mewn man anffodus. Sŵn traffig yr hewl fawr i'w glywed yn glir ym mhob stafell. Del dda'th heddiw ac roedd hi'n fwy o Margo yn *The Good Life* nag erio'd, yn itha dirmygus ac yn rhedeg ei bys ar draws silffoedd a byrdde i ddangos y llwch! Ond o'dd hi'n cytuno nad o'dd un o'r llefydd yn iawn.

Wedi gweld ar WalesOnline (sianelu ysbryd Mam eto) bod 'na lefydd rhatach a neisach yn y Barri. Falle af i lawr i weld beth sydd ar ga'l. O'dd Del yn itha dirmygus o'r syniad yma hefyd, ond dw i ddim yn meddwl bod 'da fi lot o ddewis.

Delyth

Bore rhwystredig yn edrych ar fflatiau gydag Anwen. Teimlo drosti. Roedden nhw i gyd yn hynod o ddiflas. Ac mae hi nawr yn sôn am symud i'r Barri! O, dier. Roedd Mam bob amser yn dweud taw lle coman oedd y Barri.

Chips, eli haul a'r ffair. Dw i ddim yn meddwl ei fod yn swnio fel y math o le hoffwn i fyw. Er, soniodd Glyndwr fod 'na glwb golff neis ar gyrion y dref.

Nia

Mae Ystafell y Rheithgor mor ferwedig, dw i'n siŵr ein bod ni'n araf yn cytuno am ein bod yn hanner cysgu. Fe fydda i'n falch pan fydd hyn drosodd. Edrych ymlaen at ddychwelyd at y ganolfan ffoaduriaid, a hyd yn oed at Meiriona a'r banc bwyd.

Ger yn ddistaw heno. Dweud bod ganddo lot ar ei feddwl ond ei fod wrthi'n 'prosesu'. Gobeithio bod hyn yn beth da...

Anwen

Wedi trefnu i fynd lawr i'r Barri. Ymweld â sawl fflat yno. Hoffwn i gael golygfa o'r môr os yn bosib. A bod yn agos at drafnidiaeth gyhoeddus. Ddim yn gallu fforddio car bellach, sai'n credu. Ma Rhys yn gyrru'r car teuluol ond ma hwnnw mor hen ma fe werth nesa peth i ddim. A does 'da fi ddim arian i brynu fflat a char newydd. Dyw Del ddim yn hoffi'r syniad o fyw yn y Barri o gwbwl. Ond wedyn dyw arian ddim yn broblem iddi hi.

Delyth

Ro'n i'n meddwl mod i'n teimlo'n iawn, ond heno fe fues i'n troi a throsi tan oriau mân y bore yn poeni. Pam nad oes dim yn digwydd gyda Glyndwr yn y gwely? Ry'n ni'n cysgu gyda'n gilydd. Ond dim byd mwy na hynny. Pam?

Beth sy'n bod arna i? A pham na alla i drafod hyn gydag e? Does dim asgwrn cefn gyda fi, dyna'r gwir amdani. Dw i ddim am ofyn y cwestiwn achos dw i'n ofni clywed yr ateb.

Nia

Teimlo'n well nawr fod y ddedfryd drosodd 10 i 2 – di-euog. Roedd geiriau'r ddynes arall (Naomi oedd ei henw) a finne wedi llwyddo i berswadio'r mwyafrif nad oedd yna ddigon o dystiolaeth i ddanfon y bachgen i'r carchar. Diolch byth. Un peth roedd pawb yn cytuno amdano fe oedd fod yr achos yn rhy dila i fod yn y llys o gwbwl. Bai'r CPS yw hynny, yn ôl Naomi. Wel, dw i jyst yn gobeithio y bydd y truan yn cael cyfle nawr i wella'i hunan a'i fywyd.

Roedd Ger mewn hwyliau gwell heno, yn dweud iddo gael sesiwn anodd ond positif gyda Thaddeus heddiw. Roedd Del yn iawn – mae'r gwaith cwnsela wedi corddi'r dyfroedd ond dw i'n meddwl bod Ger yn elwa yn araf bach. Yn dweud eto bod siarad yn onest am ei ofnau a'r euogrwydd yn help mawr (beth yn y byd sydd gyda Ger i deimlo'n euog amdano, dw i ddim yn gwybod). A'i fod e'n cael yr argraff bod Thaddeus yn gyfarwydd iawn â'r math o broblemau mae Ger yn eu hwynebau.

Camau bychain ymlaen, dw i'n meddwl.

Delyth

Penwythnos sydyn yn Rhufain gyda Glyndwr. Mi ddylwn i fod ar ben y byd – dw i wedi breuddwydio am hyn am flynyddoedd. Cymar hardd, yn mwynhau fy nghwmni ac yn fy nhywys i lefydd hyfryd.

Ac roedd popeth yn berffaith – bwyd blasus (a finne'n llwyddo i osgoi pasta), cerdded o gwmpas y Forum, y Pantheon a'r Colosseo. Trip i'r Via del Corso i siopa, a Glyndwr mor hael ag erioed, yn prynu sgarff sidan Pucci i fi. Yna paned yn Babingtons ar waelod y Grisiau Sbaeneg. *Prosecco* mewn bar yn Trastevere ac yna pryd mewn bwyty yn edrych allan dros y Campo de' Fiori. Gwesty 5 seren ar bwys y Fatican.

Ond wedi i Glyndwr ddweud cymaint iddo fwynhau'r diwrnod, syrthiodd yn syth i drwmgwsg. Tra mod i ar ddihun am oriau.

Anwen

Fe gyrrhaeddod y babi! Merch fach ac ma hi'n bictiwr! Cafodd Llio amser itha rhwydd tro hyn – y cwbwl drosodd mewn pump awr ac o'dd hi'n edrych yn grêt pan es i i'r ysbyty heno.

Ma Cai ar ben y byd – yn dwli'n lân ar yr holl fabis 'ma sy'n ei fywyd e'n sydyn. Sy'n beth da achos, diawl, rhwng popeth ma 'na lot ohonyn nhw! Es i ag anrheg iddo fe hefyd ac a'th hwnna lawr yn dda. Ma Llio'n dod adre o'r ysbyty fory a dw i'n mynd â Cai i San Ffagan tra bo hi a'r babi'n setlo. Dim enw eto.

Dw i mor ddiolchgar bod 'da fi'r plant lyfli 'ma yn fy mywyd i nawr. Wedi gweud hynny, ma fe'n itha neis gallu eu rhoi nhw 'nôl i'w rhieni ar ddiwedd y dydd. Ys gwn i os ydy'r efeilliaid wedi dechre cysgu trwy'r nos eto? O'dd Rhys yn arbenigwr mewn peidio deffro os o'dd ein plant ni'n llefen yn y nos. Ond 'na ni, falle bod y Rhys newydd 'ma yn wahanol. Yn addoli Gina Ford a'i hamserlenni dwl (wi'n cofio bo fi'n ffaelu codi mewn pryd i ddechre'r holl nonsens 'na), falle bod Rhys wedi prynu *blackout blinds* ac yn awdurdod ar *sleep training* nawr.

Nia

Fe ddangosodd Anwen lun o'r babi newydd i ni bore 'ma. Mae'n rhyfedd – ges i syndod o weld bod cenfigen yn dal i lechu rhywle yndda i. Ro'n i'n meddwl mod i wedi hen arfer erbyn hyn, ond eith y tristwch arbennig yna fyth i ffwrdd. Dw i'n gweld hynny nawr. Ac mae e mor boenus gydag wyrion ag yr oedd e gyda phlant.

Delyth

Wyres newydd i Anwen. Digon annwyl ond gobeithio na fydd hi'n siarad gormod amdani. Mae plant pobol eraill yn gallu bod yn boring iawn.

Nia

Thaddeus wedi awgrymu bod Ger yn mynd ar benwythnos myfyrio, yn dweud ei fod yn gallu bod yn llesol iawn, yn helpu rhywun i ailgysylltu â'i ffydd mewn ffordd gyhyrog. Jyst yn gobeithio y godith e galon Ger.

Anwen

Ymweld â thri fflat yn y Barri. Y ddau gynta yn iawn – bendant ma mwy o 'bang for your buck' (ys dywedai Kirstie a Phil) yma yn y Barri, ma'r fflatie dipyn yn rhatach ac yn fwy o faint. Ond dim golygfa a'r gerddi'n rhy fach.

Ond o'dd y trydydd yn fendigedig. Mewn hewl dawel ar

dop tŷ o dridegau'r ganrif ddiwetha. Yn edrych yn ddi-ddim ar bapur – dwy stafell wely, stafell fyw, cegin a baddondy. Ond yr hyn sy'n swyn gyfareddol yw'r balconi a'r olygfa – mas ar draws y môr i Wlad yr Haf. Ma 'na ynysoedd yn y pellter a digonedd o longau yn hwylio heibio.

Roedd hi'n hyfryd mas ar y balconi bach. Coedwig sydd ar waelod y rhiw o dan y tŷ, gyda'r traeth ac yna'r môr yr ochr arall i hwnna. Ma 'na fws yn mynd yn syth i Gaerdydd o reit tu fas i'r tŷ a dyw'r orsaf drenau ddim yn bell chwaith. Syrthies am y lle yn syth. Ond beth fydd y plant (a Nia a Del) yn meddwl, ys gwn i?

Nia

Mae Ger i ffwrdd yn myfyrio. Ac wedi cael presgripsiwn gan y doctor i helpu gyda'i iselder – awgrymodd Thaddeus y dylai ei ddefnyddio 'fel pont allan o'r creisis'. Mi fydd yn fis cyn iddo weld gwahaniaeth, yn ôl y meddyg. Ond dw i'n teimlo bod Ger dipyn yn well yn barod – bod y trafod a'r dadlwytho wedi gwneud byd o les iddo. Pan ddaw e 'nôl o'r penwythnos mae e am drafod gosod mwy o strwythur yn ei fywyd – a thrwy hynny osgoi'r pegynu eithafol, gobeithio, y gwibio sydyn o un syniad i'r llall a'r chwilio, chwilio, chwilio.

Tra'i fod e i ffwrdd dw i'n medru treulio amser gyda Del yn helpu Anwen i orffen clirio. Mae hi am symud i'r Barri! Poeni braidd am hyn ond mae hi'n dweud y bydd hi'n rhwydd iawn iddi ddod i Gaerdydd. Ond a fydd hi ar gael gymaint os oes rhaid iddi deithio i'n gweld ni?

Ddaeth Huw draw tra mod i yno. Am fachgen hyfryd. Gofynnodd e i fi os oeddwn i'n meddwl bod ei fam mewn lle gwell nag oedd hi wedi bod, ac ro'n i'n gallu ateb yn hollol onest mod i'n meddwl ei bod hi wedi symud ymlaen yn rhyfeddol o dda.

Mae Llio mor wahanol. Rhuthrodd hi i fewn ac ordro Anwen o gwmpas ac roeddwn i'n methu peidio â sylwi ei bod hi'n dipyn mwy materol na Huw – nid bod gan Anwen lot o bethau drud (yn fwy na finne) ond mae 'na set o lestri te braidd yn neis ar ôl ei mam ac fe sylwais ar Llio yn eu byseddu ac yn edrych ar y marciau ar waelod y cwpanau. Gwelodd Huw mod i'n edrych a rholio ei lygaid gan ddweud, 'Dere mla'n, Llio, bydd ishe rheina ar Mam yn y fflat,' a'u gosod nhw mewn bocs wedi ei farcio ar gyfer ei fam. Doedd Llio ddim yn edrych yn hapus iawn. Daeth Angharad ar ddiwedd y prynhawn (mae hi adre dros wyliau'r haf nawr ac yn symud i'r Barri gydag Anwen) ac roedd hithau, fel Huw, yn chwerthin am ben ei chwaer barus.

Anwen

Wedi ymweld â'r fflat gyda'r plant. Do'dd Llio ddim yn hapus o gwbwl i ddechre ond pan welodd hi'r olygfa o'dd hi'n deall pam dw i wedi cwympo am y lle. O'dd Angharad yn frwdfrydig hefyd – hoffi'r ddwy stafell wely ac yn sôn am addurno, a Huw, chwarae teg iddo, am brynu potie a phlanhigion arbennig i fi ddodi ar y balconi.

Dyw Pontcanna ddim yn bell ac fe alla i warchod Cai a Lois (y babi wedi ei henwi ar ôl mam-gu James, ma'n debyg, ddim yn hoffi fe lot os dw i'n onest ond o leia ma'n enw sy'n gweitho yn y ddwy iaith) yn rhwydd pan fydd ishe – ac o'dd Llio'n dwli ar y syniad ohonyn nhw'n ca'l diwrnode gyda fi ar lan y môr. Ac ma hi'n nabod ambell un sydd wedi symud yma'n ddiweddar – ma 'na dipyn o bobol yn siarad Cymraeg yma, yn ôl bob sôn.

Felly – pennod newydd yn dechre. Dw i'n gymysg o ofn a chyffro. Ond o leia dw i'n teimlo rhwbeth newydd – nid jyst y chwerwder a'r cenfigen. Ma pob newid yn *change*, ys dywedai Wncwl Trefor.

Delyth

Waw. Mae Anwen yn symud i'r Barri! Mae hi'n ddewr iawn. Allwn i ddim symud o fan hyn nawr. Ac i'r Barri! Wel, bydd angen iddi orffen gwagio'r tŷ ar frys.

Yn dyheu am drafod Glyndwr gyda'r merched ond mae gan y ddwy ohonyn nhw lond eu côl ar hyn o bryd. A dw i ddim yn gwybod lle i ddechrau.

Nia

Mae Anwen wedi cynnig cotiau, bagiau a sgidie i fi ar gyfer y ffoaduriaid. Mae ganddi *duvets* a chlustogau sbâr hefyd. Mae popeth wedi ei drefnu, mae hi'n mynd â llyfrau i'r llyfrgell gymunedol sydd bob amser yn chwilio am stoc. A dodrefn i'r British Heart Foundation. Wedyn fe fydd y criw wnaeth Huw awgrymu yn ailgylchu'r gweddill.

Dyw Anwen ddim am fynd â gormod o bethau gyda hi i'r fflat newydd. Cyfle i ddechrau eto, medde hi.

Delyth

Ar ôl noson arall heb gwsg dw i wedi penderfynu bod yn rhaid i fi ofyn i Glyndwr, yn blwmp ac yn blaen, pam nad yw e am gyffwrdd â fi. Wedi cael bron wythnos o nosweithiau toredig ac mae'n rhaid i fi gael gwybod y gwir. Alla i ddim mynd ymlaen fel hyn. Er mor swynol yw'r amser gyda Glyndwr mae cael fy ngwrthod fel hyn yn chwarae ar fy meddwl drwy'r amser. Heno ry'n ni'n mynd allan i swper. Bwrdd ar y teras mewn tŷ bwyta hyfryd. Digon o le i sgwrsio.

Ond nawr fod yr amser yn agosáu dw i ofn clywed beth fydd ganddo i'w ddweud.

Anwen

Ma Nia a Del wedi bod yn anhygoel yn helpu fi i sorto'r tŷ. Lot mwy o drefn 'da fi erbyn hyn. Yn enwedig gan bod y plant wedi gorffen mynd â'u pethe o'r diwedd. Dw i mor awyddus i adel y lle 'ma nawr. A chan bod y fflat yn y Barri lot yn rhatach, fydda i ddim mor dlawd ag o'n i wedi'i ofni, hyd yn oed ar ôl rhannu'r arian gyda Rhys. Wedi gweud hynny, bydd 'da fi gwpwl o flynyddo'dd caled o mla'n i achos fydd dim pensiwn 'da fi am bum mlynedd arall. Felly, bydd rhaid i fi whilo am ryw fath o waith. Rhwbeth tymhorol falle, ma bownd o fod swyddi fel'na yn y Barri. Neu ma'n bosib y galla i neud ambell shifft dysgu yn rhywle. Ma 'da fi gymwysterau, wedi'r cwbwl, er eu bod nhw o oes yr arch. Ond dw i'n mynd i weld beth sy'n bosib. Ma prinder athrawon, nag o's e?

Nia

Ger wedi cael amser buddiol iawn ar ei benwythnos myfyrio – yn dweud ei fod yn teimlo'n agosach at Dduw. Sy'n grêt, wrth gwrs, ond ys gwn i os taw Prozac neu Dduw sy'n gyfrifol am hyn? Ac oes ots mewn gwirionedd?

Ond mae e wedi dechrau siarad am y bererindod fawr i Santiago eto, i godi arian i ryw elusen, ac hefyd am gynllun i adeiladu waliau cerrig ym Mhen Llŷn. Mae'n wych ei weld yn hapus a brwdfrydig eto ond ydw i'n iawn hefyd i feddwl bod y *genie* allan o'r botel? Y bydd ein dyfodol yn llawn o gynlluniau mawr egnïol fel hyn? Nid *city break* mewn gwesty bach neis ond codi arian byth a hefyd a Ger yn gwthio ei hun i'r eithaf? Dries i siarad gydag e am hyn ond twt twtian wnaeth Ger a dweud ei fod yn teimlo'n hapus am y tro cyntaf ers amser maith. A'i fod yn ddiolchgar bod y cwmwl du wedi codi o'r diwedd.

Delyth

Dal i bendroni am eiriau Glyndwr neithiwr. Ddim yn gwybod beth i'w feddwl. Wedi cael y sioc ryfedda.

Anwen

Da'th Delyth draw i roi un golwg arall ar y peil o ddogfennau am y tŷ a'r insiwrans ac yn y bla'n. Yn wych fel arfer. Ond sylwes i'n syth fod 'na rwbeth o'i le.

Delyth

Doeddwn i ddim wedi bwriadu ond ffeindiais fy hun yn arllwys fy nghalon i Anwen.

Anwen

Ac fe ddywedodd hi rwbeth anhygoel. Dyw Glyndwr dal ddim yn cyffwrdd â hi yn y gwely – 'mond ambell gwtsh a sws fach. Ma fe wedi cyfadde wrthi nad yw e'n whilo am y 'math yna o berthynas' gyda chymar. Ei fod yn diwallu anghenion felly yn 'rhywle arall'.

O'n i bron â chwympo off y gader pan wedodd hi wrtha i ond dries i beidio â dangos hynny.

Delyth

Doedd Anwen ddim yn gwybod beth i'w feddwl chwaith. Ond roedd hi'n ddigon neis am y peth ac ro'n i'n teimlo'n well o gael rhannu'r gofid. Wedi bod yn meddwl a meddwl am y peth yn ddi-stop. Mae Glyndwr yn fy ngwneud i'n hapusach nag y mae unrhyw un wedi ei wneud erioed, hyd yn oed Stuart. Dw i'n deffro bob bore yn methu credu mod i ddim yn unig bellach. Bod rhywun yn poeni amdana i. Yn mwynhau fy nghwmni. Yn cynllunio pethau hyfryd i wneud gyda fi ac yn cynnig bywyd sydd mor llawn o brofiadau da. Ac mae e'n dweud ei fod am rannu fy nyfodol. Wedi dweud hynny sawl gwaith ac mae e'n cynllunio pethau fisoedd ymlaen nawr.

Oes ots felly nad yw e am gysgu gyda fi? Oherwydd os dw i'n onest gyda fy hunan, dyw rhyw ddim wedi bod yn bwysig i fi erioed. Wrth gwrs, dw i'n siomedig nag yw Glyndwr yn meddwl amdana i yn y ffordd yna, ond dyw hyn ddim yn fy mhoeni i gymaint ag y dyle fe. Dw i ddim yn teimlo'r angen i 'ddiwallu fy anghenion'. Dyna'r gwir amdani. Erioed wedi gwneud. Ydw i'n annaturiol? Ddylen i fod yn poeni am hyn?

Nia

Ges i eitha sioc o glywed gan Delyth am ei pherthynas blatonig gyda Glyndwr. Allwn i jyst ddim byw fel'na. Ond mae hi'n dweud ei bod hi'n mwynhau ei gwmni a'i bod hi'n teimlo'n well nawr o ddeall bod Glyndwr yn awyddus iawn i rannu dyfodol gyda hi. Wel, mae'r flwyddyn ddiwetha wedi gwneud i mi ofyn cwestiynau caled am natur hapusrwydd. Os ydy e'n gweithio i Del mae hynny'n iawn gyda fi. Ac o leia dyw Glyndwr ddim yn ei gwthio hi i adeiladu waliau cerrig neu gerdded milltiroedd yn Sbaen.

Delyth

Mae'r fflat mae Anwen yn ei brynu yn wirioneddol hyfryd. Angen addurno, wrth gwrs, ond mae'r olygfa'n fendigedig. Ac mae'r Barri llawer neisiach nag oeddwn i'n sylweddoli. Meddwl y bysai hyd yn oed Mam yn hoffi'r siopau coffi a'r tai bwyta. Daeth Glyndwr gyda fi i weld y fflat ac roedd e wedi gwirioni hefyd. Dim gair am wleidyddiaeth oddi wrth Anwen nac e, diolch byth. Meddwl eu bod ill dau yn deall ei gilydd yn iawn a ddim yn bwriadu mynd ar hyd y trywydd yna, er fy mwyn i.

Mae Glyndwr a finne'n deall ein gilydd yn well nawr hefyd. Ac fe ddywedodd e heno mod i'n ei wneud e'n hapus iawn. Dw i ddim yn gwybod yn union lle mae e'n 'diwallu ei anghenion'. Dywedodd Glyndwr na ddylen i boeni am hynna, bod ganddo 'hen drefniant' oedd ddim yn fygythiad o unrhyw fath i fi. Fe groesodd fy meddwl i y dylwn i ofyn mwy ond sylweddolais yn sydyn nad oeddwn i am wybod. Ddim rili. Dw i mor hoff o'r hyn y mae e'n ei gynnig i fi – y ciniawau crand, y gwyliau neis mewn gwestai drud, cwmni i fynychu digwyddiadau a chorff cynnes yn y gwely gyda'r nos. Dw i ddim am wneud dim i sbwylo hynny.

Ac fe ges i siom ar yr ochr orau wrth fynd ar ei gwch hefyd! Bydd rhaid prynu dillad pwrpasol i hwylio. Neis!

Nia

Mae Ger am ddod gyda fi i'r ganolfan ffoaduriaid. Dw i'n falch ei fod wedi dod yn ôl at ei goed, fel petai, mae e wedi dechrau mynychu'r Eglwys leol, sy'n beth da. Ro'n i'n hoffi'r awyrgylch yno yn fawr ond dw i ddim yn siŵr os bydda i'n mynd gydag e bob wythnos, serch hynny. Ond dw i'n gweld nawr bod rhaid i Ger gael strwythur pendant yn ei fywyd. Dw i'n eitha hapus yn darllen neu'n edrych ar y teledu ac yn gwirfoddoli weithiau. Ond mae'n rhaid i Ger gael pwrpas. Dyw e ddim yn mynd i dreulio prynhawn gyda fi yn gwylio *Homes Under the Hammer* ac *Escape to the Country*.

Cyfaddawd fydd hi yn y diwedd. A dw i 'di cytuno i fynd gydag e i Ben Llŷn wythnos nesa.

Anwen

Ffaelu credu beth ddigwyddodd heddi. Trio ei brosesu wrth sgrifennu.

Ges i sioc pan alwodd Rhys draw i fy ngweld i'n ddirybudd. Agores i'r drws a 'na lle'r o'dd e yn dal y dogfenne ysgariad, dagre'n powlio lawr ei foche fe.

'Wi 'di cal e'n wrong i gyd, Anwen!' wedodd e, rhwng pylie o lefen.

Edryches i arno fe'n syn. O'dd golwg *ridiculous* arno fe, yn sefyll yna'n beichio crio. Fel 'se fe mewn pennod o *Pobol y Cwm*. Do'dd dim clem 'da fi beth i'w weud. A gweud y gwir, y cwbwl o'n i am neud o'dd wherthin.

A'th Rhys mla'n. 'Ddylen i byth fod wedi ca'l affêr, sai'n gwybod beth gododd arna i. A nawr wi 'di colli popeth – 'y mhriodas, y plant, y blydi tŷ hyd yn o'd. Ac o'n i'n gallu gweld bod Anna'n meddwl bo fi'n idiot hefyd. Plis, An, alla i ddod mewn? Fi jyst ishe i ni siarad.'

Wthiodd e heibio i fi a ffeindies i'n hunan yn neud te iddo fe yn y gegin – un siwgr, 'mond sblash bach o la'th, a'r ddau ohonon ni'n ishte wrth y ford, yn ein manne arferol, fel tasen ni'n dal i fod yn briod. Ond wrth edrych arno fe'n sniffian ac yn sychu'i lyged sylweddoles i gyment o'dd pethe wedi newid. Bo fi ddim am fynd 'nôl i orffennol Rhys a finne ond am ddechre antur newydd. Bo fi'n edrych ymlaen at ddodrefnu fy fflat, at ddechre gwitho eto, at ddianc oddi wrth yr atgofion diflas yma yng Nghaerdydd.

Rhoies i'r baned iddo fe. 'Co ti.'

'Diolch. O's bisgien fach 'da ti, An?'

Hmm. O'dd Rhys yn dal i feddwl am ei fola. Hyd yn oed yn ei ddagre. Codes i a nôl y tun Fortnum ges i 'da Huw o'dd yn llawn bisgits siocled ges i gan Llio. Ie. Oddi wrth y plant lyfli o'dd wedi sefyll gyda fi dros y misoedd erchyll diwetha 'ma, yn edrych ar 'yn ôl i tra mae Rhys wedi bod bant yn ca'l *midlife crisis*.

'Be ti mofyn, Rhys?' Synnes i mor galed o'n i'n swno. Edrychodd e lan wrth ei fisgien mewn syndod ar ôl clywed y dur yn fy llais.

'Fel wedes i, An... Wi wedi gwneud camgymeriad. Wi ishe dod 'nôl.' Gafaelodd e yn y papure cyfreithiol a'u chwifio nhw cyn bwrw mla'n. 'Drycha, dyw hi ddim yn rhy hwyr. Sai wedi arwyddo rhain eto. Allwn ni stopo'r ysgariad. Mynd yn ôl i fel o'n ni.'

O'n i ffaelu credu'r peth! Ar ôl popeth, o'dd y diawl ishe dod 'nôl!

Golles i 'nhymer. Wedes i, 'Ond, Rhys, wi'n symud i'r

Barri. A bydd Angharad gyda fi pan fydd hi adre o'r coleg. Ti'n gwbod hyn yn iawn. Ni yng nghanol gwerthu'r tŷ 'ma. Gei di dy hanner.'

'Wi'n, wi'n gwybod ond, wel, gallwn ni feddwl eto am hynny. Y peth pwysig yw mod i'n gadel Emma ac am fod gyda ti. Wi'n gwybod 'ny nawr. Fi 'di bod yn ffwl, An. Plis, gweda y galli di fadde i fi?' Llyncodd e'r bisgit, dodi'r baned ar y ford ac edrych arna i. O'dd 'na seibiant. Itha hir.

Sylweddoles i bo fi wedi gafel yn un o'r cwshins Orla Kiely brynes i i fynd i'r Barri ac yn ei wasgu fe mor dynn o'dd tamed o'r stwffin yn dod mas o un cornel.

Edryches i ar Rhys, yn edrych arna i. Yn atgoffa fi o gi bach yn disgwyl trît. Ei ben ar dro a chysgod o wên yn chwarae ar ei wefuse. O'dd y diawl yn meddwl bod popeth yn iawn – bod *good old* Anwen yn mynd i agor ei breichie a'i groesawu fe adre.

Blydi hel. Twles i'r cwshin ar y soffa ac fe dda'th rhyw nerth o rhywle. Ffeindies i bo fi'n siarad yn dawel ac yn bwyllog. Ac fe gas e bregeth o'r galon.

'Sori, Rhys, ond alli ddim jyst galw fel hyn ar ôl rhacso 'mywyd i a disghw'l i bopeth fynd 'nôl fel o'dd e. Wi 'di llefen y glaw drostot ti, wi 'di cerdded milltiro'dd yn trio anghofio amdanat ti, wi 'di ystyried mynd i weld blydi therapist *for God's sake*. Ac o'r diwedd, ar ôl ca'l gwared ar ein holl bethe ni a ffarwelio gyda'r tŷ 'ma, a'r holl atgofion, a newid popeth yn fy mywyd, wi'n symud mla'n! I rwle ddewises i achos bo fi, a fi yn unig, yn ei lico fe. A ti'n gwbod beth, Rhys? Fi'n teimlo'n ocê. Wi'n symud i fflat lyfli ac ma'r plant a finne'n ffab – y'n ni lot agosach nag y buon ni, a gweud y gwir. Ma 'da fi ffrindie neis ac ma'n llun i ar wefan detio wedi ca'l lot o sylw.' (Celwydd noeth, wrth gwrs, ond o'dd Rhys ddim yn gwbod hynny.) 'So, na, Rhys. Dw i ddim ishe ti 'nôl.'

O'n i'n teimlo'n blydi grêt. Ocê, ro'n i'n teimlo eto bo fi wedi glanio mewn pennod o *Pobol y Cwm* ond *I was on a roll*, ys dywede Angharad. Fwres i mla'n, achos erbyn hyn o'n i'n blydi crac hefyd.

'A beth am Emma a'r babis? Ti jyst yn gadel nhw nawr? Ma 'da ti gyfrifoldebe newydd, Rhys! A falle bod Emma yn mynd ar dy nerfe di – diwedd annwyl, bydde hi'n ddigon i hala fi lan y wal. Ond ti redodd off 'da hi – o'dd bownd o fod rhwbeth rhyngoch chi. A nawr ma rhaid i ti feddwl amdani hi a'r babis!'

'Anwen, ni fod gyda'n gilydd.' O'dd Rhys ar fin llefen eto, ei lais yn crynu.

Dorres i ar ei draws e. 'Rhys. Glywest ti beth wedes i? Sai'n dy mofyn di 'nôl!'

Nawr o'n i rili yn teimlo ein bod ni ar ddiwedd pennod o opera sebon – yn disgwyl clywed cerddorieth Endaf Emlyn unrhyw funud, neu hyd yn oed *thud, thud, thud Eastenders*. Ac o'dd Rhys wedi dychryn erbyn hyn, yn gweld bo fi o ddifri. Tasgodd e gweddill y baned dros y ford ond wna'th yr un ohonon ni symud i'w sorto fe.

'Ond, Anwen...' medde fe o'r diwedd. Ond do'dd e'n ffaelu gorffen ei frawddeg.

So, wedes i eto wrtho fe am fynd. A gas e ddarlith arall.

'Ma'n bryd i ti dyfu lan, Rhys. Cer 'nôl at dy deulu newydd a gwna dy ddyletswydd. A falle wedyn bydd 'da ein plant ni damed o barch tuag atat ti. Os redi di bant eto, weda i wrthot ti nawr, fydd ddim gobeth caneri 'da ti i'w hennill nhw 'nôl. A chofia hyn yn fwy na dim byd arall, Rhys. DW I DDIM ISHE TI. Nawr, cer!'

Ac fe gododd e'n araf a mynd heb weud gair. Fel tase fe mewn perlewyg. Es i i'r gegin ac arllwys glased anferth o win gwyn.

Delyth

Mae Anwen yn dweud ei bod hi'n hapus ar ei phen ei hunan. A dyw hi ddim yn unig – mae ganddi wyrion a phlant sy'n llanw ei dyddiau. Ac mae hi'n sôn am fynd yn ôl i ddysgu! Wel, pob lwc iddi, ond does gen i ddim awydd mynd yn ôl at yr unigedd ro'n i'n ei deimlo cyn cwrdd â Glyndwr. Pan mae e'n aros dros nos mae'r fflat yn llawn a'r gwely'n gynnes. Ac, ie, iawn, dw i'n gwybod na fyddai pawb yn fodlon ar ein 'trefniant' ond dw i'n synnu cyn lleied mae hynny'n fy mhoeni i.

Ry'n ni'n mynd allan i swper fel cwpwl. Mae e'n fy ngyrru i Bath a Llundain am benwythnosau braf. Ry'n ni'n popio i Baris pan y'n ni'n ffansïo swper wrth y Seine. Dw i'n mwynhau'r golff, y tripiau i'r theatr a'r opera, heb sôn am yr anrhegion a'r blodau. Ond y peth pwysicaf oll yw mod i ddim bellach yn byw fy mywyd ar fy mhen fy hun.

Dw i ddim yn cytuno gyda phob dim mae e'n ei feddwl na'i ddweud. Ond mae e'n fy nhrin i fel brehnines. Ac mae hynny'n ddigon i fi.

Nia

Buon ni'n cerdded ar draeth Porth Neigwl ben bore 'ma. Traeth hir a llydan ac ewyn y tonnau yn y pellter yn gwynnu'r môr glas. Yna aeth Ger i adeiladu waliau cerrig ac fe eisteddais i yn yr ardd fach o flaen y B&B yn darllen. Felly dyna Ger allan yn y byd yn llafurio a finne'n mwynhau fy hun yn hamddena.

A dw i'n meddwl y galla i fyw gyda hynny. Achos mae Ger 'di addo y caf i *mini break* neis bob tro y mae e am wneud rhyw drip boncers yn codi arian i achosion da. Dyma ein 'new normal' ni.

Anwen

Yn y bôn ma Del fel Charlotte Lucas yn *Pride and Prejudice* – yn cyfaddawdu er mwyn cwmnïeth a statws cymdeithasol. Er bod Glyndwr yn neisach na Mr Collins, am wn i. Ma hi wedi ca'l hen ddigon ar fod yn unig, wedi treulio gormod o flynyddo'dd ar ei phen ei hunan. Ac ma'n amlwg ei bod hi'n mwynhau cwmni Glyndwr – a'r ciniawe a'r tripie ma fe'n eu trefnu iddi. Does dim sôn am gariad na thân gwyllt. Ond ma hi'n edrych yn hapus. Ac fel wedodd Nia – ydy hynny'n beth mor ofnadwy? Onid trio ffeindio ffordd o ymdopi â'r unigedd a'r ofn sy'n llechu o dan yr wyneb y'n ni i gyd yn y pen draw? Ffeindio rhyw bwrpas newydd i lanw'n dyddie wrth i'r haul fachlud. A'r eironi yw bo fi'n chwennych yr hyn ma hi'n dianc rhagddo, yn fy fflat newydd ar bwys y môr. Tra bod Nia'n hapus bod Ger wedi dod yn ôl ati, hyd yn oed os ydy e'n dal i wisgo ei *lycra* oren. (Er, dw i ddim yn gweld hi'n gadel iddo fe brynu tandem.) Ma hyd yn oed Nia annwyl yn gallu bod yn styfnig weithie.

'Nôl i'r caffi fory. Sgwrs dda gyda ffrindie. A diolch am gyfeillgarwch a choffi da.

CHWE MIS YN DDIWEDDARACH

Y Llais

MAB Y CÔR YN PRIODI

Codwyd y to yn yr Ambrose Arms nos Sadwrn ar ddiwrnod priodas Glyndwr Watkins a Delyth Morgan. Mae Glyndwr yn aelod brwd o Gôr Meibion Clydach ac fe ddaeth y criw i gyd ynghyd i ganu clodydd y pâr hapus. Roedd y briodferch mewn ffrog sidan glas golau Chanel a sgidiau Manolo Blahnik a Glyndwr yn gwisgo siwt Paul Smith. Roedd gan Delyth ddwy forwyn briodas, sef Anwen Jones a Nia Huws oedd mewn ffrogiau Dior sidan glas tywyll. Daeth 200 o westeion i'r wledd ysblennydd i fwynhau cimwch, cwinoa a smwddis algae gwyrdd.

South Wales Echo

FIFTH TIME LUCKY!

Life Coach Arfon Evans married charity fundraiser Marged Melangell on Saturday Morning at Cardiff City Hall making him her fifth husband. 'He's my hero,' she gushed, 'this time it's for keeps. Arfon has faced many challenges in his life and he's got so much get up and go.' Evans wore a Welsh rugby shirt whilst the bride and the seven bridesmaids were in cerise with touches of coral. The couple celebrated with a champagne breakfast at the St David's Hotel before jetting off to the Maldives for their honeymoon.

Y Baruc

CYLCH CINIO'R BARRI

Cafwyd noson arbennig yn y Cylch Cinio pan ddaeth Nia Huws i sôn am ei chyfnod yn Nepal. Roedd ei sgwrs yn hynod o ddiddorol – pwy feddyliai fod yna gymaint i'w ddysgu am garthffosiaeth? Ac roedd clywed am lwyddiannau ei gŵr, y Parchedig Geraint Wyn Huws, a'i gamp anhygoel yn adeiladu cant o dai bach mewn pythefnos yn rhyfeddol hefyd. Braf oedd gweld y lluniau ohono ef a'r tai bach. Fe wahoddwyd Mrs Huws gan aelod diweddara'r cylch, Anwen Jones, sydd newid symud i'r Barri o Gaerdydd. Hoffai'r Cylch ddiolch i Anwen am drefnu'r noson ac i estyn croeso ffurfiol iddi hi hefyd i'n cymuned glòs yma yn y Barri. Cofiwch am ein swper Gŵyl Ddewi fis nesa yn Mr Villa's yn y Cnap.

WalesOnline

THE JUMPING REV DOES IT AGAIN

The Reverend Geraint Wyn Huws has just competed his fifth bungee jump for charity at Queenstown in New Zealand. This time in an orange lycra one-piece in aid of Cancer Research! The Jumping Rev has now raised nearly a million pounds for charity. 'I'm so proud of him,' said his wife Nia, speaking from the luxurious Queenstown Lodge where Huws is recovering from his exertions, 'fundraising has given him a new lease of life since retiring from the Church.' The couple plan to walk the pilgrimage route to Santiago di Compostela next in aid of Tenovus. The Rev will be dressed as Tigger throughout.

Hefyd gan yr awdur:

£9.99

£8.99

£9.99

£9.99